Doppelte Buchführung

Reiner Quick • Hans-Jürgen Wurl

Doppelte Buchführung

Grundlagen – Übungsaufgaben – Lösungen

5., überarbeitete, erweiterte und aktualisierte Auflage

Reiner Quick
TU Darmstadt
Darmstadt, Deutschland

Hans-Jürgen Wurl
Berlin, Deutschland

ISBN 978-3-658-42595-1   ISBN 978-3-658-42596-8   (eBook)
https://doi.org/10.1007/978-3-658-42596-8

Die Deutsche Nationalbibliothek verzeichnet diese Publikation in der Deutschen Nationalbibliografie; detaillierte bibliografische Daten sind im Internet über https://portal.dnb.de abrufbar.

Planung/Lektorat: Irene Buttkus
Springer Gabler ist ein Imprint der eingetragenen Gesellschaft Springer Fachmedien Wiesbaden GmbH und ist ein Teil von Springer Nature.
Die Anschrift der Gesellschaft ist: Abraham-Lincoln-Str. 46, 65189 Wiesbaden, Germany

Das Papier dieses Produkts ist recyclebar.

Vorwort zur 5. Auflage

Das betriebliche Rechnungswesen dient der Informationsvermittlung und besteht im Wesentlichen aus den Komponenten „Finanzbuchführung" und „Betriebsbuchführung". Wer Rechnungswesen im Allgemeinen und die Bilanzierung im Speziellen verstehen möchte, der benötigt solide Kenntnisse der kaufmännischen Buchführung. Deren Vermittlung hat sich dieses Buch zum Ziel gesetzt. Einige konzeptionelle Besonderheiten sollen an dieser Stelle erwähnt werden. Der aktuelle Umsatzsteuersatz beträgt derzeit 19% (bzw. ermäßigt 7%). Um das Werk unabhängig von künftigen Veränderungen des Umsatzsteuersatzes zu gestalten und unnötige rechentechnische Schwierigkeiten zu vermeiden, basiert es durchgehend auf einem hypothetischen Umsatzsteuersatz von 20%. Zu Beginn des Buches weisen wir auf einige ausgewählte Lehrbücher zur Buchführung hin, deren ergänzende Nutzung hilfreich sein kann. Darüber hinaus geben wir wenige spezielle Literaturhinweise in den Fußnoten, ohne dass diese zu einem Literaturverzeichnis zusammengefasst werden. Trotz der Internationalisierung der Rechnungslegung basieren unsere Ausführungen auf den Normen des deutschen Handelsgesetzbuches. Buchführung bezieht sich in aller Regel auf den Einzelabschluss. Während für den Konzernabschluss die International Financial Reporting Standards angewendet werden müssen bzw. dürfen (§ 315a HGB), sind für Einzelabschlüsse weiterhin die Rechnungslegungs-, Prüfungs- und Offenlegungsvorschriften des Handelsgesetzbuches maßgeblich.

Das Lehrbuch richtet sich in erster Linie an Studierende von Universitäten, (Fach-) Hochschulen, Dualen Hochschulen, Verwaltungs- und Wirtschaftsakademien und vergleichbaren Bildungseinrichtungen. Seine Intention ist es, dem Leser einen soliden Überblick über die doppelte Buchführung zu vermitteln. Kompakt gehaltene und häufig durch Beispiele unterstützte theoretische Ausführungen werden durch eine Vielzahl von Aufgaben nebst zugehörigen Lösungshinweisen ergänzt. Somit eignet sich dieses Buch sowohl für den veranstaltungsbegleitenden Einsatz als auch zum Selbststudium.

Die nunmehr vorliegende überarbeitete Auflage ist zum einen durch zusätzliche Übungsmaterialien gekennzeichnet. So wurden z. B. Aufgabenstellungen zu einfachen Bestandsbuchungen oder komplette Musterklausuren neu eingefügt. Darüber hinaus enthält die Neuauflage nunmehr Ausführungen zu den Folgen einer mangelhaften Buchführung. Zudem waren Anpassungen an gesetzliche Änderungen bzw. ökonomische Rahmenbedingungen, wie z. B. die Sozialversicherungssätze, erforderlich.

Bei der Erstellung der fünften Auflage hat uns Herr M.Sc. Julian Kordisch tatkräftig unterstützt. Ihm gebührt unser Dank. Gleiches gilt für die studentischen Hilfskräfte des Fachgebietes „Rechnungswesen, Controlling und Wirtschaftsprüfung" der TU

Darmstadt, Frau Rebekka Ballering, Herr Carl Köhler und Frau Thorid Schäfer. Studenten der Vorlesung „Buchführung" an der TU Darmstadt haben häufig auf Unzulänglichkeiten in der Vorauflage hingewiesen, die wir nunmehr hoffentlich alle eliminiert haben. Auch bei ihnen möchten wir uns bedanken.

Darmstadt und Berlin, im Juli 2023   *Reiner Quick und Hans-Jürgen Wurl*

Inhaltsverzeichnis

Abbildungsverzeichnis

Abkürzungsverzeichnis

€	Euro
A	Aktiva
a. GR	andere Gewinnrücklagen
AB	Anfangsbestand
Abs.	Absatz
AG	Aktiengesellschaft
AK	Anschaffungskosten
AktG	Aktiengesetz
AO	Abgabenverordnung
Aufl.	Auflage
AW	Anschaffungswert
BDI	Bundesverband der Deutschen Industrie (e.V.)
BGA	Betriebs- und Geschäftsausstattung
BilMoG	Bilanzrechtsmodernisierungsgesetz
BilRuG	Bilanzrichtlinie-Umsetzungsgesetz
Bsp.	Beispiel
BST	Bilanzstichtag
bzw.	beziehungsweise
d. h.	das heißt
EB	Endbestand
EBK	Eröffnungsbilanzkonto
EDV	Elektronische Datenverarbeitung
EK	Eigenkapital
EStDV	Einkommensteuer-Durchführungsverordnung
EStG	Einkommensteuergesetz

FE	Fertige Erzeugnisse
ff.	fortfolgende
g. R.	gesetzliche Rücklagen
ggf.	gegebenenfalls
Gkto	Gegenkonto
GmbH	Gesellschaft mit beschränkter Haftung
GmbHG	Gesetz betreffend die Gesellschaften mit beschränkter Haftung
Gewinnverw.	Gewinnverwendung
GVK	Gewinn- und Verlustkonto
GVR	Gewinn- und Verlustrechnung
H	Haben
HGB	Handelsgesetzbuch
HK	Herstellkosten
i. d. R.	in der Regel
i. e. S.	im engeren Sinne
i. w. S.	im weiteren Sinne
IAS	International Accounting Standards
IFRIC	International Financial Reporting Interpretations Committee
IFRS	International Financial Reporting Standards
IT	Informationstechnologie
JS	Journal-Seite
JÜ	Jahresüberschuss
Kfz	Kraftfahrzeug
KG	Kommanditgesellschaft
LE	Liquidationserlös
LKW	Lastkraftwagen
Mio.	Million

OHG	Offene Handelsgesellschaft
P	Passiva
p. a.	per annum
PKW	Personenkraftwagen
RAP	Rechnungsabgrenzungsposten
RW	Restwert
S	Soll
S.	Satz/ Seite
SBK	Schlussbilanzkonto
sonst. b.	sonstiger betrieblicher
sonstige Verb.	sonstige Verbindlichkeiten
Sp.	Spalte
StGB	Strafgesetzbuch
T€	Tausend Euro
TU	Technische Universität
u. a.	unter anderem
UE	Unfertige Erzeugnisse
USt	Umsatzsteuer
UStG	Umsatzsteuergesetz
Vgl.	Vergleiche
VSt	Vorsteuer
WE	Wareneinsatz
WEK	Wareneinkaufskonto
WVK	Warenverkaufskonto
z. B.	zum Beispiel
z. Zt.	zur Zeit

Literatur

Empfehlenswerte Literatur zur Buchführung:

Buchner, Robert: Buchführung und Jahresabschluss, 7. Aufl., München 2005

Coenenberg, Adolf G./ Haller, Axel/ Mattner, Gerhard/ Schultze, Wolfgang: Einführung in das Rechnungswesen - Grundlagen der Buchführung und Bilanzierung, 8. Aufl., Stuttgart 2021

Deitermann, Manfred/ Flader, Björn/ Rückwart, Wolf-Dieter/ Stobbe, Susanne: Industrielles Rechnungswesen – IKR - Arbeitsheft, 51. Aufl., Darmstadt 2023

Deitermann, Manfred/ Flader, Björn/ Rückwart, Wolf-Dieter/ Stobbe, Susanne: Industrielles Rechnungswesen – IKR - Lösungen, 52. Aufl., Darmstadt 2023

Deitermann, Manfred/ Flader, Björn/ Rückwart, Wolf-Dieter/ Stobbe, Susanne: Industrielles Rechnungswesen – IKR - Schülerband, 52. Aufl., Darmstadt 2023

Döring, Ulrich/ Buchholz, Rainer: Buchhaltung und Jahresabschluss - Mit Aufgaben, Lösungen und Klausurtraining, 16. Aufl., Berlin 2021

Eisele, Wolfgang/ Knobloch, Alois Paul: Technik des betrieblichen Rechnungswesens – Buchführung und Bilanzierung, Kosten- und Leistungsrechnung, Sonderbilanzen, 9. Aufl., München 2019

Engelhardt, Werner H./ Raffée, Hans/ Wischermann, Barbara: Grundzüge der doppelten Buchhaltung – Mit vielen Aufgaben und Lösungen, 9. Aufl., Wiesbaden 2020

Falterbaum, Hermann/ Bolk, Wolfgang/ Reiß, Wolfram/ Kirchner, Thomas: Buchführung und Bilanz, 23. Aufl., Achim 2020

Haase, Klaus-Dittmar: Finanzbuchhaltung, Einführung in das betriebliche Rechnungswesen, 9. Aufl., Düsseldorf 2005

Hahn, Heiner/ Wilkens, Klaus: Buchhaltung und Bilanz - Teil A: Grundlagen der Buchführung. Einführung am Beispiel der Industriebuchführung, 7. Aufl., München 2007

Littkemann, Jörn/ Holtrup, Michael/ Schulte, Klaus: Buchführung – Grundlagen – Übungen - Klausurvorbereitung, 8. Aufl., Norderstedt 2016

Möller, Hans Peter/ Hüfner, Bernd/ Ketteniß, Holger: Buchführung und Finanzberichte – Grundlagen, Theorie und Anwendung, 5. Aufl., Wiesbaden 2018

Schultz, Volker: Basiswissen Rechnungswesen – Buchführung, Bilanzierung, Kostenrechnung, Controlling, 8. Aufl., München 2017

Zimmermann, Jochen/ Werner, Jörg Richard/ Hitz, Jörg-Markus: Buchführung und Bilanzierung nach IFRS und HGB – Eine Einführung mit praxisnahen Fällen, 4. Aufl., Hallbergmoos 2020

Teil 1

Theorie

1 Grundlagen

1.1 Betriebliches Rechnungswesen

1.1.1 Charakteristik und funktionale Abgrenzung

Das betriebliche Rechnungswesen ist ein **Informationssystem**. Es hat die Aufgabe, monetäre Informationen über mittelbar oder unmittelbar ausgelöste materielle oder immaterielle Güterbewegungen zu generieren, entsprechend den internen und externen Informationsbedürfnissen aufzubereiten, zu speichern und den Bedarfsträgern zuzuleiten. Die vom betrieblichen Rechnungswesen bereitgestellten Informationen sind deskriptiver Natur.

1.1.2 Bereiche

Im Laufe der Zeit ist eine Vielzahl von Gliederungskonzepten für das betriebliche Rechnungswesen entwickelt worden.[1] Gegenwärtig wird jedoch übereinstimmend unterstellt, dass sich das betriebliche Rechnungswesen im Wesentlichen aus den beiden Komponenten „Kaufmännische Buchführung" (**Finanzbuchführung**) sowie „Kosten- und Leistungsrechnung" (**Betriebsbuchführung**) zusammensetzt.[2] Beide Komponenten (Abrechnungssysteme) sind verfahrenstechnisch miteinander verzahnt. So bilden die Ergebnisse der kaufmännischen Buchführung einerseits – zumindest teilweise – die Grundlage für die Kosten- und Leistungsrechnung, während andererseits für bestimmte buchhalterische Bewertungsprozesse Informationen der Kosten- und Leistungsrechnung benötigt werden.

---

[1] Vgl. z. B. *Schildbach, Thomas/ Homburg, Carsten*: Kosten- und Leistungsrechnung, 10. Aufl., Stuttgart 2009, S. 10-13.

[2] Mitunter werden auch die Planung und die Statistik als Bereiche des betrieblichen Rechnungswesens bezeichnet. So findet sich z. B. bei *Zimmermann, Werner/ Fries, Hans-Peter/ Hoch, Gero*: Betriebliches Rechnungswesen – Bilanz und Erfolgsrechnung, Kosten- und Leistungsrechnung, Wirtschaftlichkeits- und Investitionsrechnung, 8. Aufl., München – Wien 2003 die Planungs- und Vorschaurechnung als weiterer Bereich.

© Springer Fachmedien Wiesbaden GmbH, ein Teil von Springer Nature 2023
R. Quick, H.-J. Wurl, *Doppelte Buchführung*, https://doi.org/10.1007/978-3-658-42596-8_1

■ **Kosten- und Leistungsrechnung**

Die Kosten- und Leistungsrechnung dient primär der unternehmerischen Entscheidungsvorbereitung und kann entsprechend den individuellen Anforderungen gestaltet werden, d. h. es existieren keine Normen für die Durchführung der Kosten- und Leistungsrechnung. Sie dient der Erfassung, Verteilung und Zurechnung der Kosten, die bei der betrieblichen Leistungserstellung und -verwertung entstehen. Diese Abbildung des Leistungsprozesses erfolgt in drei Bereichen: Kostenarten-, Kostenstellen- und Kostenträgerrechnung. Ihre Aufgaben sind Kalkulation, Kostenkontrolle und Wirtschaftlichkeitsberechnungen.

■ **Kaufmännische Buchführung**

Dagegen ist die kaufmännische Buchführung konzeptionell vorrangig auf externe Informationsbedürfnisse ausgerichtet. So werden beispielsweise die Ergebnisse von den Finanzbehörden als Grundlage für die Steuerbemessung verwendet; und auch die Gerichte sind verpflichtet, unter bestimmten Umständen buchhalterische Aufzeichnungen und Auswertungen bei der Entscheidungsfindung in zivil- und strafrechtlichen Prozessen zu berücksichtigen. Darüber hinaus stellt die kaufmännische Buchführung insbesondere für diejenigen Wirtschaftseinheiten, mit denen der Betrieb Geschäftsbeziehungen unterhält, wie z. B. Kreditinstitute und Lieferanten, aber auch für die Eigentümer, soweit sie nicht unmittelbar an der Geschäftsführung beteiligt sind, eine wichtige Informationsquelle dar. Nicht zuletzt haben aber auch die Arbeitnehmer ein berechtigtes Interesse zu erfahren, wie es um die Lage und Entwicklung ihres Betriebes und damit um die Sicherheit ihrer Arbeitsplätze bestellt ist. Unstrittig ist zudem, dass die Ergebnisse der kaufmännischen Buchführung für die Unternehmenssteuerung von erheblicher Bedeutung sind. Die Finanzbuchführung erfasst chronologisch und sachlich geordnet alle Geschäftsvorfälle eines Betriebes. Sie ist eine Zeitabschnittsrechnung, d. h. Daten werden für einen Zeitabschnitt – das Geschäftsjahr – aufbereitet und ausgewertet. Die Finanzbuchführung muss am Jahresende die Aufstellung einer Bilanz und einer Gewinn- und Verlustrechnung ermöglichen.

Im Gegensatz zur Kosten- und Leistungsrechnung existieren für die kaufmännische Buchführung normative Vorgaben. Verstöße gegen die Grundsätze ordnungsgemäßer Buchführung können sogar strafrechtliche Konsequenzen nach sich ziehen.

1.1.3 Aufgaben

Das Rechnungswesen muss das gesamte Unternehmensgeschehen erfassen, überwachen und auswerten. Seine Hauptaufgaben lassen sich wie folgt systematisieren:

▓ **Dokumentationsfunktion**

Aufzeichnung aller Geschäftsvorfälle, die das Vermögen, das Kapital und den Jahreserfolg des Unternehmens verändern.

▓ **Reinvermögens- und Gewinnermittlungsfunktion**

Feststellung des Vermögens und der Schulden und damit des Gewinns oder des Verlusts.

▓ **Rechenschafts- und Informationsfunktion**

Information der am Unternehmen interessierten Parteien über das Unternehmensgeschehen und Rechenschaftslegung über die Verwendung des eingesetzten Kapitals.

▓ **Kontrollfunktion**

Bereitstellung von Informationen, die der Unternehmensleitung jederzeit eine Überwachung der Wirtschaftlichkeit sowie der Zahlungsfähigkeit des Unternehmens ermöglichen.

▓ **Dispositionsfunktion**

Lieferung von zukunftsbezogenen Daten als Entscheidungshilfe und Grundlage für die Unternehmensplanung.

1.1.4 Rechenelemente

Das Rechnungswesen bedient sich zur Darstellung der Unternehmensprozesse und Unternehmenstätigkeiten folgender Rechenelemente, wobei die ersten drei Begriffspaare der Finanz- und das letzte Begriffspaar der Betriebsbuchführung zuzuordnen sind.[3]

▓ **Auszahlung und Einzahlung**

Veränderungen des **Zahlungsmittelbestandes** (Bargeld + Sichtguthaben).

Auszahlung = Abgang an liquiden Mitteln

Einzahlung = Zugang an liquiden Mitteln

---

[3] Das vorgestellte terminologische Konzept (System) entspricht der herrschenden Meinung. Teilweise wird in der Literatur aber auch auf die Differenzierung zwischen Einzahlungen und Auszahlungen einerseits sowie Einnahmen und Ausgaben andererseits verzichtet. Vgl. *Schweitzer, Marcell/ Küpper, Hans-Ulrich/ Friedl, Gunther/ Hofmann, Christian/ Pedell, Burkhard*: Systeme der Kosten- und Erlösrechnung, 11. Aufl., München 2016, S. 56-68 sowie auch *Wurl, Hans-Jürgen*: Controlling für technische Führungskräfte: Verstehen – kommunizieren – anwenden, Weinheim 2005, S. 151.

■ **Ausgabe und Einnahme**

Veränderungen des **Geldvermögens** (Zahlungsmittelbestand + Forderungen − Verbindlichkeiten).

Ausgabe   = Verringerung des Geldvermögens

Einnahme   = Erhöhung des Geldvermögens

■ **Aufwand und Ertrag**

Veränderungen des **Reinvermögens** des Unternehmens (Geldvermögen + Sachvermögen).

Aufwand   = Verringerung des Reinvermögens

                     = erfolgswirksame, periodisierte Ausgabe

Ertrag   = Erhöhung des Reinvermögens

                     = erfolgswirksame, periodisierte Einnahme

■ **Kosten und Leistung**

Zur Darstellung des leistungsbezogenen Güterverbrauchs bedient sich die Betriebsbuchführung folgender Rechenelemente:

Kosten   = bewerteter leistungsbezogener Güterverzehr

Leistung   = bewertete leistungsbezogene Güterentstehung

Bei der Abgrenzung von Aus-/ Einzahlungen und Ausgaben/ Einnahmen lassen sich folgende Situationen unterscheiden:

1. Aus-/ Einzahlungen können gleichzeitig Ausgaben/ Einnahmen sein (z. B. Barkauf).

2. Aus-/ Einzahlungen können später als Ausgaben/ Einnahmen anfallen (z. B. Zielkauf[4]).

3. Aus-/ Einzahlungen können früher als Ausgaben/ Einnahmen anfallen (z. B. getätigte Anzahlung).

4. Aus-/ Einzahlungen können nie zu Ausgaben/ Einnahmen führen (z. B. Kreditaufnahme).

5. Ausgaben/ Einnahmen können nie zu Aus-/ Einzahlungen führen (z. B. auf gegen Verrechnung mit Forderungen).

---

[4]   Kauf auf Rechnung, d. h. der Käufer hat nach einer vereinbarten zeitlichen Frist die Pflicht, die Ware zu bezahlen.

Die Abgrenzungsprobleme zwischen Ausgaben/ Einnahmen und Aufwendungen/ Erträgen verdeutlicht *Abbildung 1-1*.

Abbildung 1-1:   *Abgrenzung zwischen Ausgaben/ Einnahmen und Aufwendungen/ Erträgen*

Ausgaben/ Einnahmen der Periode				
Erfolgs- unwirksame Ausgaben/ Einnahmen	Erfolgswirksame Ausgaben/ Einnahmen		Aufwand/ Ertrag jetzt – Ausgabe/ Einnahme später/ früher	Aufwand/ Ertrag jetzt – Ausgabe/ Einnahme nie
Ausgaben/ Einnahmen jetzt – Aufwand/ Ertrag nie	Ausgaben/ Einnahmen jetzt – Aufwand/ Ertrag später/ früher	Ausgaben/ Einnahmen jetzt – Aufwand/ Ertrag jetzt		
	Aufwand/ Ertrag der Periode			

Beispiel:

Für die nachfolgenden Geschäftsvorfälle ist zu bestimmen, ob eine Einzahlung, eine Einnahme und/ oder ein Ertrag vorliegt:

1. Verkauf eines Computers zum Buchwert gegen Barzahlung.

> Einzahlung   ✓
>
> Einnahme   ✓
>
> Ertrag   ✗

2. Die Bank schreibt dem Unternehmen Zinsen auf dem Kontokorrentkonto gut.

   Einzahlung   ✓

   Einnahme   ✓

   Ertrag   ✓

3. Das Unternehmen hat ein Büro vermietet. Der Mieter begleicht die Miete durch Lieferung von Büromaterial.

   Einzahlung   ✗

   Einnahme   ✗

   Ertrag   ✓

4. Das Unternehmen stundet seinem Mieter die fällige Mietzahlung.

   Einzahlung   ✗

   Einnahme   ✓

   Ertrag   ✓

1.2 Buchführung

„Welche Vorteile gewährt die doppelte Buchhaltung dem Kaufmanne!

Sie ist eine der schönsten Erfindungen des menschlichen Geistes, und ein jeder gute Haushalter sollte sie in seiner Wirtschaft einführen."

Johann Wolfgang von Goethe: Wilhelm Meisters Lehrjahre (erstes Buch, zehntes Kapitel)

1.2.1 Kurzer historischer Rückblick

Die Grundlagen der Buchführung[5] sind – so kann vermutet werden – vor mehr als 5.000 Jahren von den Sumerern entwickelt worden. So sind auf Tontafeln aus dieser Kulturepoche in Keilschrift Angaben über verschiedenartige Handelsgeschäfte zu

---

[5]   Zur Geschichte der Buchführung vgl. z. B. *Penndorf, Balduin*: Geschichte der Buchhaltung in Deutschland, Leipzig 1913; *Schneider, Dieter*: Geschichte der Rechnungslegung, in: Ballwieser, W./ Coenenberg, A.G./ Wysocki, K.v. (Hrsg.): Handwörterbuch der Rechnungslegung und Prüfung, 3. Aufl., Stuttgart 2002, Sp. 950-957.

finden. Die ersten Ansätze zu einer systematischen Buchführung, von denen sich unmittelbar die heute angewandten kaufmännischen Abrechnungssysteme ableiten lassen, sind jedoch erst zu Beginn des 13. Jahrhunderts in Italien entstanden. In dieser Zeit sind die geschäftlichen Vorgänge entweder chronologisch geordnet oder nach sachlichen Kriterien differenziert aufgeschrieben worden. Mit der Zeit stellte sich jedoch heraus, dass weder das eine noch das andere Prinzip für sich allein den Informationsbedürfnissen entsprach. Ausschließlich chronologisch systematisierte Aufzeichnungen waren zu unübersichtlich, während bei sachlich gegliederten Aufschreibungen die Gefahr der Unvollständigkeit bestand. Infolgedessen wurden sehr bald beide Buchführungsprinzipien kombiniert und – parallel – sowohl chronologisch als auch sachlich gegliederte Geschäftsbücher geführt. Diese Vorgehensweise ist auch heute noch verbindlich.

Die älteste systematische Darstellung der kaufmännischen Buchführungsmethodik stammt von dem damals berühmten italienischen Mathematiker und Franziskanermönch *Luca Pacioli* und ist in einem kurzen Kapitel seines 1494 veröffentlichten Buches „Summa de Arithmetica, Geometria, Proportioni e Proportionalita" enthalten. In Deutschland sind die Grundlagen der kaufmännischen Buchführung erst im 16. Jahrhundert literarisch behandelt worden.

Von besonderer Bedeutung für die Weiterentwicklung der Buchführungssystematik waren die Bestimmungen des ersten französischen Handelsgesetzbuches, der „Ordonnance de Commerce" von 1673. Mit dem Inkrafttreten der Ordonnance de Commerce wurde die Buchführung zum ersten Mal gesetzlich geregelt. Ihre Bestimmungen sollten die Gläubiger vor betrügerischen Bankrotten schützen. Die wichtigsten Vorschriften der Ordonnance de Commerce wurden in der Folgezeit von fast allen anderen Staaten übernommen. Sie finden sich auch im deutschen Handelsrecht wieder.

Ein wesentlicher Impuls für die organisatorische Gestaltung ging von der im Jahre 1880 durch *Hollerith* begründeten Lochkartentechnik aus. Ursprünglich für statistische Zwecke entwickelt, wurde sie später auch zur Bewältigung der umfangreichen Buchführungsaufgaben genutzt. In Deutschland sollen erstmals im Jahre 1910 Lochkartenanlagen in der kaufmännischen Buchführung eingesetzt worden sein. Diese Möglichkeiten wurden durch die noch während des zweiten Weltkrieges entwickelte Technik der elektronischen Datenverarbeitung wesentlich verbessert. Sie gewährleistet die außerordentlich schnelle Verarbeitung und Aufbereitung großer Datenmengen, weitgehend ohne den Einsatz menschlicher Arbeitskraft.

Gegenwärtig gewinnen die International Financial Reporting Standards[6] zunehmend an Bedeutung.[7] Diese umfassen zwar keine Vorschriften für die kaufmännische Buch-

---

[6]   Eine umfassende Darstellung bieten z. B. *Pellens, Bernhard/ Fülbier, Rolf Uwe/ Gassen, Joachim/ Sellhorn, Thorsten*: Internationale Rechnungslegung: IFRS 1 bis 17, IAS 1 bis 41, IFRIC-Interpretationen, Standardentwürfe, 11. Aufl., Stuttgart 2021; *Ruhnke, Klaus/ Simons, Dirk*:

führung im engeren Sinne, ihre Ansatz- und Bewertungsvorschriften unterscheiden sich jedoch zum Teil erheblich von den entsprechenden Normen des HGB.[8] Da sich Ansatz- und Bewertungsregeln auch in Buchungen niederschlagen, beeinflussen die internationalen Rechnungslegungsnormen auf diesem Wege die kaufmännische Rechnungslegung.

1.2.2 Begriff und Aufgabe

Aufgabe der Buchführung ist die vollständige und systematische Erfassung aller in einem Unternehmen anfallenden Geschäftsvorfälle unter Verwendung einer einheitlichen Aufzeichnungstechnik. Sie muss einen Überblick über die Lage des Unternehmens gewährleisten, insbesondere über Vermögensgegenstände, Schulden, Rechnungsabgrenzungsposten, Aufwendungen und Erträge. Die Buchführung liefert auch die Zahlen für die übrigen Bereiche des Rechnungswesens.

1.2.3 Buchführungssysteme

Mit dem Terminus „Buchführungssysteme" wird die Art der Buchführung bezeichnet. Im Laufe der Zeit haben sich zwei Varianten der kaufmännischen Buchführung entwickelt: die doppelte Buchführung und die einfache Buchführung. Außerdem gibt es die kameralistische Buchführung (Kameralistik):

Rechnungslegung nach IFRS und HGB: Lehrbuch zur Theorie und Praxis der Unternehmenspublizität mit Beispielen und Übungen, 5. Aufl., Stuttgart 2023.

[7]   In Deutschland sind kapitalmarktorientierte Unternehmen verpflichtet, ihren Konzernabschluss nach IFRS zu erstellen. Nicht kapitalmarktorientierten Unternehmen räumt § 315e Abs. 3 HGB ein Wahlrecht zur Erstellung ihres Konzernabschlusses nach IFRS ein. Nach § 325 Abs. 2a HGB ist es für deutsche Unternehmen ebenfalls zulässig, einen Einzelabschluss nach IFRS zu veröffentlichen, wobei sich die befreiende Wirkung allerdings nur auf die Offenlegung und nicht auf die Erstellung bezieht (Informationsfunktion). Vielmehr müssen diese Unternehmen für Ausschüttungs- und Steuerbemessungszwecke zusätzlich zum IFRS-Einzelabschluss einen HGB-Einzelabschluss erstellen.

[8]   So besteht nach IAS 38.52-67 grundsätzlich eine Aktivierungspflicht für selbsterstellte immaterielle Vermögensgegenstände des Anlagevermögens und damit auch für Entwicklungskosten. § 248 Abs. 2 HGB sieht hingegen ein Aktivierungswahlrecht vor. Hinsichtlich der Bewertung sei darauf verwiesen, dass das HGB die historischen Anschaffungs- und Herstellungskosten als absolute Wertobergrenze festlegt, die IFRS für immaterielle Vermögensgegenstände und Sachanlagevermögen hingegen eine über diesen Wertmaßstab hinausgehende Bewertung ermöglichen.

▨ **Kameralistische Buchführung**

Die kameralistische Buchführung ist ein Abrechnungssystem der öffentlichen Verwaltung. Sie orientiert sich am staatlichen Haushaltsplan (Etat). Charakteristisch für die Kameralistik ist der Vergleich zwischen den tatsächlich angefallenen Ausgaben und Einnahmen mit den entsprechenden Sollansätzen (**Einnahmen-Ausgaben-Rechnung**). Da in der öffentlichen Verwaltung in letzter Zeit zunehmend die Kameralistik durch die kaufmännische Buchführung in Form der Doppik ersetzt wird, hat die kameralistische Buchführung nur noch eine eingeschränkte Bedeutung.

▨ **Kaufmännische Buchführung**

In der kaufmännischen Buchführung werden grundsätzlich alle durch das Unternehmen ausgelösten Gütertransaktionen systematisch erfasst und verbucht. Derartige Transaktionen bezeichnet man als „**Geschäftsvorfälle**". Es sind zwei Systeme zu unterscheiden:

○ **Einfache Buchführung**

Die einfache Buchführung ist dadurch gekennzeichnet, dass die Geschäftsvorfälle in der Regel nur auf einem Konto verbucht werden. Sie ist weitgehend auf die Erfassung von Zahlungsvorgängen beschränkt, erfasst also keine Leistungsvorgänge. Geschäftsvorfälle werden nur nach der zeitlichen Reihenfolge, nicht dagegen nach sachlichen Gesichtspunkten geordnet erfasst. Das Vermögen wird bei der einfachen Buchführung durch Inventur festgestellt. Der Periodenerfolg lässt sich nur pauschal durch einen Vergleich des Nettovermögens zu Beginn und am Ende der Abrechnungsperiode unter Berücksichtigung etwaiger Einnahmen oder Entnahmen der Eigentümer bestimmen (Reinvermögensvergleich).

Wegen der vergleichsweise nur geringen Aussagekraft der Abrechnungsergebnisse hat diese Variante der kaufmännischen Buchführung faktisch keine Bedeutung mehr. Kaufleute im Sinne des Handelsrechts sind zur Anwendung der doppelten Buchführung verpflichtet. Diese Regelung gilt analog auch für das Steuerrecht. Daher wird im Folgenden auf die einfache Buchführung nicht weiter eingegangen. Für gemeinnützige Institutionen, die nicht der handelsrechtlichen Buchführungspflicht unterliegen, und für Nicht-Kaufleute ist als Nachweis der geschäftlichen Transaktionen eine einfache periodenbezogene Gegenüberstellung der Einnahmen und Ausgaben üblich und hinreichend.

○ **Doppelte Buchführung (Doppik)**

Charakteristisch für die doppelte Buchführung ist die **Doppelbuchung**, d. h. jede Buchung berührt mindestens zwei Konten. Darüber hinaus werden Geschäftsvorfälle doppelt und zwar in der zeitlichen Reihenfolge im sogenannten Grundbuch (Journal) als auch nach sachlichen Kriterien geordnet im Hauptbuch erfasst. Am Ende einer Abrechnungsperiode lassen sich aus den Kontenaufzeichnungen und den Ergebnissen einer Bestandsaufnahme der dann verfügbaren Güter das Vermögen und die Schulden des Unternehmens ermitteln. Die doppelte Buchführung ermöglicht weiterhin eine **doppelte Erfolgsermittlung:**

1. durch den Vergleich der in zwei aufeinander folgenden Bilanzen ausgewiesenen Eigenkapitalbestände und

2. durch Gegenüberstellung von im Geschäftsjahr angefallenen Erträgen und Aufwendungen.

1.2.4 Organisation der Bücher

Alle buchungspflichtigen Geschäftsvorfälle werden in Büchern festgehalten. Zu unterscheiden sind dabei:

▣ **Grundbücher**

Im Grundbuch (Journal) werden alle buchungspflichtigen Geschäftsvorfälle chronologisch aufgezeichnet.

▣ **Hauptbuch**

Im Hauptbuch bzw. auf den Konten des Hauptbuches erfolgt die sachliche Aufzeichnung des Buchungsstoffs. Dabei bilden die Eintragungen im Grundbuch die Grundlage für die Eintragungen im Hauptbuch. Der Abschluss der Konten des Hauptbuches ergibt die Bilanz und die Gewinn- und Verlustrechnung.

▣ **Nebenbücher**

Da in den Grundbüchern und im Hauptbuch die Buchungsinhalte nur knapp festgehalten werden, existieren zur Ergänzung des Grundbuches und des Hauptbuches noch Nebenbücher (z. B. Warenbuch, Lohn- und Gehaltsbuch). Sie ergeben sich durch die Aufgliederung bestimmter Sachkonten, werden eigenständig geführt und sollen Erkenntnisse über spezifische Einzeltatbestände erleichtern.

Eine besonders wichtige Form dieser buchhalterischen Aufgliederungen ist die **Kontokorrentbuchführung.** Sie besteht im Allgemeinen aus einer Debitoren- und einer Kreditorenbuchführung. In der Kontokorrentbuchführung wird für jeden wichtigen Geschäftspartner (Kunde oder Lieferant) ein spezielles Konto eingerichtet, so dass jederzeit die Forderungen oder Verbindlichkeiten gegenüber den einzelnen Geschäftspartnern unmittelbar aus den jeweiligen Kontenaufzeichnungen abgeleitet werden können. Analog dazu werden mitunter auch Nebenbücher für das Warenlager, für die vorhandenen technischen Anlagen und Maschinen oder für die Lohn- und Gehaltsabrechnung geführt. Welche Teilbereiche der Buchführung in diesem Sinne auszugliedern sind, hängt primär von dem zu verbuchenden Datenvolumen und insofern von der Größe des Unternehmens ab.

Am Ende einer Abrechnungsperiode sind die ermittelten Salden der in den Nebenbüchern geführten Konten zusammengefasst jeweils als Sammelbuchung auf die entsprechenden Hauptbuchkonten zu übertragen.

1.2.5 Buchführungsformen

▪ **Konventionelle Buchführungsformen**:

o Gebundene Bücher (**Übertragungsbuchführung**)

Hierbei werden die durch Belege angezeigten Geschäftsvorfälle zunächst in den Grundbüchern erfasst und von dort nach sachlichen Kriterien geordnet ins Hauptbuch übertragen.

o Lose-Blatt-Buchführung (**Durchschreibebuchführung**)

Bei dieser Form der Buchführung besteht eine direkte Verbindung von chronologischer Buchung im Grundbuch und systematischer Buchung im Haupt- und Nebenbuch im Wege der Durchschrift. Das Durchschreibeverfahren verringert die Gefahr, dass Buchungen auf den Konten inhaltlich nicht mit den entsprechenden Eintragungen im Journal übereinstimmen. Allerdings treten bei dieser Buchführungsform an die Stelle von gebundenen Büchern lose Kontenblätter.

o **Offene-Posten-Buchführung**

Charakteristisch für diese Buchführungsform ist, dass Hauptbuchkonten durch eine geordnete Ablage von Belegen ersetzt werden. Dieser handelsrechtlich zulässige Gestaltungsansatz eignet sich insbesondere für die Kontokorrentbuchführung.

▪ **IT-gestützte Buchführung**

In der letzten Zeit hat die IT-gestützte Buchführung die konventionellen Buchführungsformen nahezu vollständig abgelöst. Ihr Vorteil liegt in der Möglichkeit des effizienten Umgangs mit großen Datenmengen. Der Einsatz von IT führt aber keineswegs zur Änderung fundamentaler Prinzipien der Buchführung. Es erfolgt lediglich eine elektronische Bearbeitung einzelner Arbeitsschritte. Die eingesetzte Technik muss also weiterhin den Anforderungen an eine doppelte Buchführung genügen.

1.2.6 Gesetzliche Buchführungspflicht

Grundsätzlich ist jeder Kaufmann nach § 238 HGB zur Führung von Büchern verpflichtet. Lediglich Einzelkaufleute, die an zwei aufeinander folgenden Abschlussstichtagen nicht mehr als 600.000 € Umsatzerlöse und 60.000 € Jahresüberschuss aufweisen, sind nach § 241a HGB von der Buchführungspflicht (und von der Pflicht zur Erstellung eines Inventars; nach § 242 Abs. 4 HGB auch von der Pflicht zur Erstellung eines Jahresabschlusses) befreit. Bei einer Neugründung reicht es für die Befreiung aus, wenn diese Voraussetzungen am ersten Abschlussstichtag nach der Neugründung erfüllt sind, wobei sich die Frage stellt, wie für neu gegründete Unternehmen, die keine Umsatz- und Jahresüberschusshistorie aufzuweisen haben, die Befreiungsgrößen zu ermitteln sind. Diese Vereinfachung wurde im Zuge des BilMoG eingeführt und durch das BilRuG an die Schwellenwerte des § 141 AO angepasst. Von der ursprünglich vorgesehenen Erstreckung auch auf Personenhandelsgesellschaften und Genossenschaften wurde abgesehen. Im Zuge dieser Änderung wurden Bedenken dahingehend geäußert, dass die Befreiung von der Buchführungspflicht zu erheblichen Problemen bei der Aufklärung von Wirtschaftsstraftaten, Vermögensdelikten und Steuerstraftaten führt.

Die **allgemeinen Anforderungen** an die Buchführung sind in § 238 Abs. 1 HGB niedergelegt:

▪ **Überblickbarkeit**

Die Buchführung muss einen Überblick über die Geschäftsvorfälle und die Lage des Unternehmens vermitteln.

▪ **Einblickbarkeit**

Ein sachverständiger Dritter (z. B. ein Abschlussprüfer oder ein steuerlicher Betriebsprüfer) muss sich in angemessener Zeit in den Büchern zurechtfinden können.

§ 239 HGB enthält die **speziellen Anforderungen** an die Buchführung:

▪ **Lebende Sprache und Symbole (Abs. 1)**

Der Kaufmann hat sich bei der Buchführung und bei sonstigen Aufzeichnungen einer lebenden Sprache zu bedienen. Abkürzungen, Ziffern, Buchstaben und Symbole dürfen verwendet werden, sofern deren Bedeutung eindeutig festlegt.

▨ **Vollständigkeit, Richtigkeit, Zeitgerechtigkeit, Ordnung (Abs. 2)**

Erforderlich ist demnach eine:

o   lückenlose Erfassung aller buchungspflichtigen Geschäftsvorfälle,

o   unveränderte Übernahme der Beleginformationen, d. h. Abbildung in Über-
    einstimmung mit den tatsächlichen Verhältnissen,

o   korrekte Periodenzuordnung und zeitnahe Erfassung der Geschäftsvorfälle
    im Grundbuch und die

o   Verwendung eines sachgerechten Kontensystems.

    Die geführten Konten müssen übersichtlich und entsprechend den individu-
    ellen Verhältnissen systematisiert werden. Eine derartige Systematik erleich-
    tert die Suche nach bestimmten Konten und verringert die Gefahr, dass
    gleichartige Sachverhalte auf unterschiedlichen Konten verbucht werden.
    Grundsätzlich ist jeder Kaufmann verpflichtet, eine solche Systematik, übli-
    cherweise als **Kontenplan** bezeichnet, zu entwickeln und einzuführen. Es
    empfiehlt sich, bei der Gestaltung als Grundlage einen branchenspezifischen
    Kontenrahmen zu wählen. Ein Beispiel hierfür ist der vom Bundesverband
    der Deutschen Industrie (BDI) 1971 erstmals veröffentlichte **Industriekonten-
    rahmen**. Ein Kontenrahmen ist grundsätzlich eine unverbindliche Richtlinie
    für die individuelle Kontengliederung.

▨ **Unveränderlichkeit (Abs. 3)**

Alle Eintragungen müssen in dauerhafter Form vorgenommen werden. Bei nachträglichen Veränderungen muss der ursprüngliche Inhalt feststellbar und der Zeitpunkt der Änderung ersichtlich sein.

▨ **Zulässigkeit alternativer Buchführungsformen (Abs. 4)**

Als alternative Formen können die Offene-Posten-Buchführung oder die Speicherbuchführung gewählt werden, solange diese Buchführungsformen den Grundsätzen der ordnungsgemäßen Buchführung entsprechen.

In § 238 Abs. 1 HGB findet sich der Hinweis, dass bei der Buchführung die **Grundsätze ordnungsmäßiger Buchführung** zu beachten sind. Diese umfassen neben den bereits angeführten Regeln des HGB auch nicht-kodifizierte Grundsätze. Dazu gehört
auch das **Belegprinzip**, nach dem für jede Buchung ein Beleg vorhanden sein muss.
Dabei ist zwischen natürlichen und künstlichen Belegen zu unterscheiden. Während
natürliche Belege nicht speziell für die Buchführung erstellt werden (z. B. Bankauszü-
ge oder Eingangsrechnungen), sind künstliche Belege dadurch gekennzeichnet, dass
sie formal erforderliche Buchungsvorgänge, wie etwa Abschlussbuchungen, dokumentieren.

Schließlich regelt das HGB in § 257 Abs. 4 HGB auch noch die **Aufbewahrungsfristen**, denn alle Buchführungsunterlagen sind geordnet aufzubewahren:

■ **10 Jahre**

Für Handelsbücher, Inventare, Eröffnungsbilanzen, Jahresabschlüsse, IFRS-Einzelabschlüsse nach § 325 Abs. 2a HGB, Lageberichte, Konzernabschlüsse, Konzernlageberichte ebenso wie die zu ihrem Verständnis notwendigen Arbeitsanweisungen und sonstigen Organisationsunterlagen sowie für Buchungsbelege gilt eine zehnjährige Aufbewahrungspflicht.

■ **6 Jahre**

Für empfangene Handelsbriefe und für Kopien abgesandter Handelsbriefe gilt eine sechsjährige Aufbewahrungspflicht.

Inventare, Handelsbriefe, Handelsbücher und Buchungsbelege dürfen auch auf einem Bildträger oder einem anderen Datenträger aufbewahrt werden, sofern dies den Grundsätzen ordnungsmäßiger Buchführung entspricht und die Übereinstimmung mit dem Original, die Verfügbarkeit sowie die Lesbarmachung sichergestellt sind (§ 257 Abs. 3 HGB). Die Aufbewahrungsfrist beginnt mit dem Schluss des Kalenderjahres (§ 257 Abs. 5 HGB).

Die steuerrechtlichen Buchführungsvorschriften sind in der AO geregelt. Nach § 140 AO hat derjenige, der nach dem HGB zur Buchführung verpflichtet ist, diese Verpflichtungen auch für die Besteuerung zu erfüllen. Darüber hinaus enthält die AO ergänzende Vorschriften für Land- und Forstwirte (§ 142 AO), Vorschriften zur gesonderten Aufzeichnung des Wareneingangs (§ 143 AO) und des Warenausgangs (§ 144 AO) bei gewerblichen Unternehmen sowie allgemeine Anforderungen an Buchführung und Aufzeichnungen (§ 145 AO). Die im § 147 AO normierten Aufbewahrungsvorschriften entsprechen denen des HGB.

Kontrollfragen

1. Skizzieren Sie die beiden wesentlichen Komponenten des betrieblichen Rechnungswesens.

2. Grenzen Sie Einzahlung, Einnahme und Ertrag voneinander ab.

3. Beschreiben Sie einen Geschäftsvorfall, der zu einer Ausgabe, aber nie zu einem Aufwand führt.

4. Zeigen Sie auf, warum von der „doppelten Buchführung" gesprochen wird.

5. Worin unterscheidet sich das Grundbuch von dem Hauptbuch?

6. Erläutern Sie, was unter einer Übertragungsbuchführung bzw. einer Durchschreibebuchführung zu verstehen ist.

7. Welche Kaufleute sind von der Buchführungspflicht nach HGB befreit?

8. Skizzieren Sie die allgemeinen Anforderungen an die Buchführung.

9. In welcher Sprache sind gemäß dem HGB Bücher zu führen?

10. Welche Aufbewahrungsfristen sieht das HGB für Buchführungsunterlagen vor?

2 Bestandserfassung und -ausweis

2.1 Inventur und Inventar

Nach § 240 Abs. 1 und 2 HGB muss der Kaufmann zu Beginn seines Handelsgewerbes und für den Schluss eines jeden Geschäftsjahres seine Vermögensgegenstände und Schulden verzeichnen (d. h. ein **Inventar** erstellen). Einzelkaufleute, welche die Größenkriterien des § 241a HGB nicht überschreiten, sind von der Pflicht zur Aufstellung eines Inventars befreit.

Die hierzu erforderliche Tätigkeit heißt **Inventur**.[9]

Inventur i. w. S. =   das gesamte Aufzeichnen aller Vermögensgegenstände und Schulden, die zu einem bestimmten Zeitpunkt in einem Unternehmen vorhanden sind.

Inventur i. e. S. =   bezüglich der Art der Bestandsaufnahme eine *körperliche* Bestandsaufnahme;

bezüglich des Umfangs der aufzunehmenden Vermögensgegenstände eine *Vorratsinventur*.

Durch die Bestandsaufnahme soll sichergestellt werden, dass die in der Bilanz – und mithin auch in der Gewinn- und Verlustrechnung – ausgewiesenen Positionen der Realität entsprechen und insgesamt gesehen einen zuverlässigen Einblick in die wirtschaftliche Lage des Unternehmens gewährleisten, d. h. die Inventur ist **Grundlage für den Jahresabschluss**. Zudem dient sie dem Nachweis der in der Bilanz ausgewiesenen Bestände. Außerdem können die Ergebnisse der handelsrechtlich geforderten Inventur dazu beitragen, etwaige Fehlbuchungen und auch organisatorische bzw. dispositive Mängel, etwa in der Lagerverwaltung, aufzudecken. Schließlich wird durch die Inventur das Personal in Lager, Einkauf und Buchführung kontrolliert, so dass Diebstähle und Veruntreuungen aufgedeckt bzw. verhindert werden. Neben ihrer gesetzlichen Aufgabe kommt der Inventur somit eine **Sicherungs- und Überwachungsfunktion** zu.

---

[9]   Eine umfassende Darstellung zum Thema liefert *Quick, Reiner*: Inventur, Düsseldorf 2000.

© Springer Fachmedien Wiesbaden GmbH, ein Teil von Springer Nature 2023

R. Quick, H.-J. Wurl, *Doppelte Buchführung*, https://doi.org/10.1007/978-3-658-42596-8_2

2.1.1 Inventursysteme

Je nach Zeitpunkt bzw. Zeitraum der Bestandsaufnahme können folgende Inventursysteme unterschieden werden:

▨ **Stichtagsinventur**

Die Bestandsaufnahme erfolgt am Bilanzstichtag und/oder am davor oder danach liegenden arbeitsfreien Tag.

▨ **Zeitnahe Inventur**

Die Bestandsaufnahme erfolgt in einem Zeitraum von 10 Tage vor bis 10 Tage nach dem Bilanzstichtag. Das Inventar ist zum Bilanzstichtag zu erstellen. Der Bestand der Vermögensgegenstände wird durch eine wert- und mengenmäßige Fortschreibung bzw. Rückrechnung der Bestände auf den Bilanzstichtag festgestellt.

▨ **Vor- oder nachverlegte Stichtagsinventur**

Die Bestandsaufnahme erfolgt in einem Zeitraum von drei Monaten vor bis zwei Monaten nach dem Bilanzstichtag. Dabei erfolgt die Inventarerstellung („besonderes Inventar") auf den Inventurstichtag. Durch eine wertmäßige Fortschreibung bzw. Rückrechnung von Bestandsgruppen wird der Bestand zum Bilanzstichtag festgestellt (§ 241 Abs. 3 HGB). Durch die vor- oder nachverlegte Stichtagsinventur lassen sich die Abschlussarbeiten zeitlich entzerren. So können die arbeitsintensiven Tätigkeiten der Bestandsaufnahme in beschäftigungsschwache Zeiten verlegt werden.

▨ **Permanente Inventur**

Hier werden die Bestände während des gesamten Geschäftsjahres erfasst. Die Inventarerstellung wird jedoch erst auf den Bilanzstichtag vorgenommen. Durch eine mengenmäßige Fortschreibung wird der Bestand zum Bilanzstichtag festgestellt (§ 241 Abs. 2 HGB). Der Vorteil der permanenten Inventur ist vor allem darin zu sehen, dass die Inventurarbeiten ausschließlich durch darauf spezialisierte Fachkräfte durchgeführt werden können und Störungen der Betriebsabläufe weitgehend vermieden werden. Dem stehen vergleichsweise höhere Anforderungen gegenüber.

Das buchführungspflichtige Unternehmen muss nicht sämtliche Bestände nach einem Inventursystem erfassen. Vielmehr können die verschiedenen Inventurformen kombiniert werden, indem z. B. in einem Lager die Stichtagsinventur und in einem anderen Lager die permanente Inventur zur Anwendung kommt.

2.1.2 Inventurverfahren

Nach Art und Weise der Bestandsaufnahme können verschiedene Inventurverfahren unterschieden werden:

▪ **Körperliche Inventur**

Dieses Grundverfahren der Inventur ist konzeptionell auf die Erfassung der materiellen Vermögensgegenstände ausgerichtet. Die Bestandsaufnahme erfolgt durch Zählen, Messen, Wiegen oder Schätzen (Schätzungen sind zulässig, falls der Aufwand für eine exakte Bestandserfassung in keinem angemessenen Verhältnis zum Wert der betreffenden Vermögensgegenstände stehen würde; dies ist häufig bei Gütern der Fall, die in großer Anzahl vorhanden, aber insgesamt von geringem Wert sind). Dabei sind zu unterscheiden:

   o   **Vollständige körperliche Bestandsaufnahme**

      Bei dieser Variante der körperlichen Bestandsaufnahme werden sämtliche aufnahmepflichtigen Positionen vollständig nach Art, Menge und Wert erfasst.

   o   **Stichprobeninventur**

      Hier wird nur ein Teil der aufnahmepflichtigen Positionen erfasst. Anhand der Wertverhältnisse der Stichprobe erfolgt eine Hochrechnung auf die Grundgesamtheit (§ 241 Abs. 1 HGB).

▪ **Buchmäßige Inventur**

Im Rahmen der Bestandsaufnahme werden die Buchwerte übernommen. Dieses Inventurverfahren ist in folgenden Situationen anwendbar:

   o   bei Vermögensgegenständen, die nicht physisch, sondern nur nominell erfassbar sind (z. B. immaterielle Vermögensgegenstände oder Forderungen),

   o   bei Vermögensgegenständen, die zwar physisch erfassbar sind, bei denen aber eine körperliche Bestandsaufnahme unmöglich oder unzumutbar ist (dies kann z. B. bei im Freien lagernden Vermögensgegenständen witterungsbedingt der Fall sein) und

   o   bei beweglichen Vermögensgegenständen des Anlagevermögens, sofern für jeden Vermögensgegenstand im Rahmen einer Anlagenbuchführung ein gesondertes Konto ordnungsmäßig geführt wird und sich aus dem Betriebsgeschehen eine automatische Bestandskontrolle ergibt.

▪ **Bestandsaufnahme anhand von Dokumenten**

Angewendet wird dieses Verfahren z. B. bei Unterwegs-Ware, d. h. bei Vermögensgegenständen, die sich am Aufnahmetag auf dem Weg vom Verkäufer zum Käufer befinden, oder bei Waren, die bei Dritten eingelagert sind. Die Bestandsaufnahme erfolgt dann anhand von Rechnungen, Verträgen, Frachtbriefen, Lagerscheinen oder anderen Dokumenten.

Zu beachten ist, dass die in einem Unternehmen zur Anwendung kommende **Inventurform** immer eine Kombination aus einem bestimmten Inventursystem und einem bestimmten Inventurverfahren darstellt. In einem Unternehmen können dabei auch mehrere Inventurformen parallel zur Anwendung kommen. Als **klassische Inventurform** ist die vollständige körperliche Bestandsaufnahme am Bilanzstichtag zu nennen, also die Kombination aus dem Inventursystem „Stichtagsinventur" und dem Inventurverfahren „vollständige körperliche Bestandsaufnahme". Es ist aber z. B. auch zulässig, zeitmäßige und mengenmäßige Vereinfachungen optimal miteinander zu kombinieren. Dies wäre bei einer Verknüpfung zwischen dem Inventursystem „permanente Inventur" und dem Inventurverfahren „Stichprobeninventur" der Fall. Man spricht von einer **permanenten Stichprobeninventur.**

Die Tätigkeit der Bestandsaufnahme schlägt sich im Inventar nieder.

2.1.3 Inventar

Ein Inventar ist ein unabhängig von der Buchführung zu erstellendes, detailliertes Verzeichnis aller Vermögensgegenstände und Schulden des Kaufmanns nach Art, Menge und Wert zu einem bestimmten Zeitpunkt. Es bildet die Grundlage für die Bilanzierung, ist aber nicht Bestandteil der Buchführung. Die handelsrechtlich kodifizierte Verpflichtung, zum Ende eines jeden Geschäftsjahres ein solches Inventar zu erstellen, soll gewährleisten, dass die Angaben in der Bilanz den tatsächlichen Gegebenheiten entsprechen.

Das Inventar wird in Staffelform erstellt und besteht aus drei Teilen:

1. **Vermögen**

   Das Vermögen gliedert sich weiter in:

   o **Anlagevermögen**

   Zum Anlagevermögen gehören Vermögensgegenstände, die dazu bestimmt sind, dauerhaft bzw. längerfristig dem Geschäftsbetrieb des Unternehmens zu dienen (§ 247 Abs. 2 HGB).

   o **Umlaufvermögen**

   Zum Umlaufvermögen gehören Vermögensgegenstände, die nicht dazu bestimmt sind dauerhaft dem Geschäftsbetrieb zu dienen. Sie sind vielmehr dazu bestimmt, kurzfristig verbraucht oder veräußert zu werden.

Diese funktionale Zuordnung wird ergänzt durch eine Anordnung nach dem Gesichtspunkt der Liquidierbarkeit (Eigenschaft von Vermögensgegenständen, in Geld umgewandelt werden zu können). Die Anordnung erfolgt nach zunehmender Liquidität; im Umlaufvermögen also z. B. zunächst das Sach-Umlaufvermögen (Vorräte) und dann das Finanz-Umlaufvermögen (Forderungen, Bank, Kasse).

2. **Schulden**

Schulden sind nach der Fälligkeit geordnet und in lang- und kurzfristige Schulden unterteilt. Auch innerhalb beider Gruppen ist nach zunehmender zeitlicher Dringlichkeit der Rückzahlung untergliedert.

3. **Reinvermögen**

Reinvermögen = Σ Vermögen – Σ Schulden

Das Reinvermögen wird auch als buchmäßiges Eigenkapital bezeichnet und in der Bilanz als Eigenkapital ausgewiesen. Es entspricht dem Betrag an liquiden Mitteln, der dem Unternehmen von den Eigentümern unbefristet zur Verfügung gestellt worden ist. Ist die Differenz negativ, so spricht man von einer buchmäßigen Überschuldung.

Der Gesetzgeber lässt zwei Vereinfachungen bei der Inventarerstellung zu. Bei der **Festbewertung** (§ 240 Abs. 3 HGB) wird für einen bestimmten Bestand an Vermögensgegenständen eine Festmenge zu Festpreisen angesetzt. Dieser Festwert wird in die Bilanz übernommen und unter gleich bleibenden Voraussetzungen für mehrere Geschäftsjahre unverändert fortgeführt.

Für die Anwendung der Festbewertung müssen folgende Anwendungsvoraussetzungen erfüllt sein:

- es muss sich um Gegenstände des Sachanlagevermögens bzw. um Roh-, Hilfs- oder Betriebsstoffe handeln;
- es muss ein regelmäßiger Ersatz der Vermögensgegenstände erfolgen;
- ihr Gesamtwert muss für das Unternehmen von nachrangiger Bedeutung sein;
- ihr Bestand in Größe (d. h. Menge), Wert und Zusammensetzung darf nur geringen Veränderungen unterliegen;
- es muss spätestens alle drei Jahre eine Bestandsaufnahme erfolgen.

Im Rahmen der **Gruppenbewertung** (§ 240 Abs. 4 HGB) werden die zu einer Gruppe zusammengefassten Vermögensgegenstände mit einem gewogenen Durchschnittswert bewertet. Es handelt sich bei der Gruppenbewertung um ein Verfahren zur Ermittlung der Anschaffungs- und Herstellungskosten.

Die Gruppenbewertung kann angewendet werden, wenn es sich um:

- gleichartige Vermögensgegenstände des Vorratsvermögens,

- andere gleichartige oder annähernd gleichwertige bewegliche Vermögensgegenstände oder

- Schulden handelt.

Es bedarf weiterhin einer jährlichen körperlichen Bestandsaufnahme. Im Vergleich zur Festbewertung, bei der neben der Vereinfachung der Bewertung auch eine Vereinfachung hinsichtlich der Inventur existiert, liegt bei der Gruppenbewertung nur eine Vereinfachung der Bewertung (vgl. § 256 S. 2 HGB) vor.

2.1.4 Erfolgsermittlung durch Reinvermögensvergleich

Durch den Vergleich des Inventars zu Beginn (t_0) und am Ende (t_1) des Geschäftsjahres lässt sich der erwirtschaftete Erfolg berechnen:

$$
\begin{array}{ll}
 & \text{Reinvermögen } t_1 \\
- & \text{Reinvermögen } t_0 \\
\hline
= & \textbf{Jahreserfolg}
\end{array}
$$

Hat sich das Reinvermögen erhöht, so liegt ein Gewinn vor. Eine Verminderung des Reinvermögens zeigt einen Verlust auf. Liegen Entnahmen und/oder Einlagen des Unternehmens vor, so ergibt sich der Jahreserfolg nach folgendem Schema:

$$
\begin{array}{ll}
 & \text{Reinvermögen } t_1 \\
- & \text{Reinvermögen } t_0 \\
+ & \text{Privatentnahmen} \\
- & \text{Privateinlagen} \\
\hline
= & \textbf{Jahreserfolg}
\end{array}
$$

Beispiel:

Am 31.12.X1 werden bei einer Inventur eines Textilwarenhändlers folgende Bestände festgestellt:

800 Hosen	zu je	40 €
600 Hemden	zu je	10 €
300 Pullover	zu je	15 €
Forderung an Kunden A		4.500 €
Forderung an Kunden B		6.000 €
Verbindlichkeit gegenüber Lieferanten X		2.000 €
Kassenbestand		6.500 €
2 Schreibtische	zu je	1.050 €
2 Schreibtischstühle	zu je	350 €
2 Computer	zu je	1.100 €
Guthaben bei der Bank C		32.000 €
langfristige Verbindlichkeiten bei der Bank C		30.000 €
Darlehen bei der Bank D		120.000 €
Bebautes Grundstück		100.500 €

Inventar:

I. Vermögen

A. Anlagevermögen

Grundstücke und Gebäude

Bebautes Grundstück		100.500 €
Betriebs- und Geschäftsausstattung		
2 Schreibtische, je 1.050 €	2.100 €	
2 Schreibtischstühle, je 350 €	700 €	
2 Computer, je 1.100 €	2.200 €	5.000 €
Summe Anlagevermögen		105.500 €

B. Umlaufvermögen

    Warenvorräte

        800 Hosen, je 40 €   32.000 €

        600 Hemden, je 10 €   6.000 €

        300 Pullover, je 15 €   4.500 €   42.500 €

    Forderungen aus Lieferungen und Leistungen

        Forderung an Kunden A   4.500 €

        Forderung an Kunden B   6.000 €   10.500 €

    Bankguthaben

        Guthaben bei der Bank C   32.000 €

    Kassenbestand   6.500 €

Summe Umlaufvermögen   91.500 €

Summe Vermögen   197.000 €

II. Schulden

A. Langfristige Schulden

    Darlehen bei der Bank D   120.000 €

    Verbindlichkeiten bei der Bank C   30.000 €   150.000 €

B. Kurzfristige Schulden

    Verbindlichkeit gegenüber Lieferanten X   2.000 €

Summe der Schulden   152.000 €

Reinvermögen (197.000 € – 152.000 €)   45.000 €

2.2 Bilanz

Das Inventar ist sehr umfangreich und entsprechend unübersichtlich. Daher tritt nach § 242 HGB zum Inventar mit der Bilanz ein weiteres Instrument der Rechnungslegung, das auf der Grundlage des Inventars aufgestellt wird. Lediglich kleine Einzelkaufleute im Sinne des § 241a HGB sind von der Pflicht zur Erstellung einer Bilanz nach § 242 Abs. 4 HGB befreit. Die Bilanz ist eine aggregierte Form des Inventars. Verbindliche Regeln für die Zusammenfassung der Inventarpositionen gibt es nur für die Kapitalgesellschaften und bestimmte Personenhandelsgesellschaften (§ 266 HGB). Die Hauptaufgabe der Bilanz liegt in der Abbildung der Schuldendeckung durch das vorhandene Bilanzvermögen.

2.2.1 Form

Die Bilanz wird nicht wie das Inventar in Staffelform, d. h. einzelne Positionen untereinander, sondern in **Kontoform** dargestellt. Das bedeutet, dass dem Vermögen (Aktiva) auf der linken Seite des Kontos, die Schulden sowie das Eigenkapital (Passiva) auf der rechten Seite des Kontos gegenübergestellt werden. Als Synonym für die Schulden ist auch der Begriff „Fremdkapital" gebräuchlich. Die linke Seite der Bilanz wird deshalb als Aktivseite und die rechte Seite als Passivseite bezeichnet. Es ergibt sich nachfolgendes Kontobild:

A	Bilanz	P
Vermögen	Eigenkapital	
	Schulden	

In der atypischen Situation, dass die Schulden das Vermögen übersteigen, wird auf der Aktivseite ein negatives Eigenkapital ausgewiesen. Dieser auf der Aktivseite auszuweisende Fehlbetrag lässt sich auch als Forderung gegenüber den Eigentümern interpretieren:

A	Bilanz	P
Vermögen	Schulden	
Negatives Eigenkapital		

Die Passivseite der Bilanz gibt Auskunft über die Herkunft der finanziellen Mittel, d. h. die Passiva verdeutlichen, welche (externen) Institutionen die Gelder, die in den Vermögensteilen gebunden sind – befristet oder unbefristet – zur Verfügung gestellt haben. Dagegen weist die Aktivseite die Verwendung des Kapitals aus.

Die Gliederung der Aktivseite erfolgt nach steigender Liquidität, d. h. zunächst langfristig gebundenes Vermögen (z. B. Grundstücke) und später kurzfristig liquidierbares Vermögen (z. B. kurzfristig fällige Bankguthaben). Dagegen wird die Passivseite nach steigender Dringlichkeit der Rückzahlung (und damit sinkender Fristigkeit) gegliedert, d. h. zunächst Eigenkapital, das in der Regel überhaupt nicht zurückgezahlt werden muss, dann langfristiges Fremdkapital und schließlich kurzfristiges Fremdkapital.

Zwischen Inventar und Bilanz bestehen drei wesentliche Unterschiede, die der nachfolgenden Abbildung entnommen werden können:

Abbildung 2-1:   *Unterschiede zwischen Inventar und Bilanz*

Inventar	Bilanz
Staffelform	Kontoform
Mengen- und Wertangaben	Wertangaben
Vermögensgegenstände und Schulden einzeln aufgelistet	Gleichartige Positionen zu Gruppen zusammengefasst

Beispiel:

(Der Bilanz liegen die Daten aus dem Beispiel zum Inventar zu Grunde. Währungseinheit €, Bilanzgliederung in Anlehnung an § 266 HGB)

Aktiva		Bilanz zum 31.12.X1		Passiva
Anlagevermögen		Eigenkapital		45.000
Grundstücke und Gebäude	100.500	Verbindlichkeiten		
BGA	5.000	Verbindlichkeiten gegenüber Kreditinstituten		150.000
Umlaufvermögen		Verbindlichkeiten aus Lieferungen und Leistungen		2.000
Vorräte	42.500			
Forderungen aus Lieferungen und Leistungen	10.500			
Bank	32.000			
Kasse	6.500			
	197.000			197.000

2.2.2 Bilanzgleichung

Da grundsätzlich jeder buchungspflichtige Vorgang (Geschäftsvorfall) sowohl im „Soll" als auch im „Haben" verbucht wird, wobei es häufig vorkommt, dass Soll- und auch Haben-Buchungen in mehrere Teilbuchungen untergliedert werden müssen, also dann mehr als nur zwei Konten betroffen sind, gelten folgende Gleichungen:

$$\sum_{i=1}^{n} S_i = \sum_{i=1}^{n} H_i$$

$$\sum_{i=1}^{n} S_i - \sum_{i=1}^{n} H_i = 0$$

$$\sum_{i=1}^{n} (S_i - H_i) = 0$$

n: Anzahl der geführten Konten

S_i: Summe der ausgewiesenen Beträge auf der Sollseite des Kontos i

H_i: Summe der ausgewiesenen Beträge auf der Habenseite des Kontos i

Dementsprechend ist eine Bilanz stets ausgeglichen:

$$\Sigma \text{ Aktiva} = \Sigma \text{ Passiva}$$

(Bilanzgleichung)

Aus diesem Sachverhalt leitet sich auch der Begriff Bilanz ab. (Im lateinischen bedeutet „bilancia" so viel wie „Waage". Englische Bezeichnung für „Bilanz": *balance sheet*.)

2.2.3 Materielle und formelle Abschlussbuchungen

Inventar und Bilanz lassen sich nicht unmittelbar ineinander überführen. So ist es denkbar, dass während der Inventurarbeiten fehlerhafte Buchungen aufgedeckt werden, die zu korrigieren sind. Gleiches gilt für den Fall, dass die effektiv vorhandenen Warenbestände nicht mit den buchmäßigen Aufzeichnungen übereinstimmen. Die Inventarwerte sind oft nicht als endgültige Bilanzwerte anzusehen. Für die Bilanzerstellung sind noch Wertkorrekturen durch materielle Abschlussbuchungen vorzunehmen. So darf z. B. beim abnutzbaren Anlagevermögen der bisherige Wert nicht übernommen werden. Vielmehr ist vor der Bilanzerstellung dem gebrauchs- und zeitbedingten Wertverlust durch eine Abschreibung Rechnung zu tragen. Zudem sind im Anlage- und im Umlaufvermögen ggf. außerplanmäßige Abschreibungen vorzunehmen (vgl. Kapitel 4.4.2 und 4.5.1-2).

Unabhängig davon müssen auch zukünftige Risiken bei der Bilanzierung berücksichtigt und längerfristige immaterielle Leistungen periodengerecht abgegrenzt werden, falls die Leistungsdauer in das folgende Geschäftsjahr hineinreicht (vgl. Kapitel 4.5.1).

Sobald diese notwendigen Korrekturbuchungen durchgeführt worden sind, kann die Bilanz erstellt werden. Dazu müssen die Konten der Nebenbücher abgeschlossen und die ermittelten Salden in Gruppen zusammengefasst auf die entsprechenden Hauptbuchkonten übertragen werden. Die Salden dieser und der übrigen Konten sind dann formal auf das Bilanzkonto zu transferieren.

2.2.4 Grundform einer Bilanzgliederung

In Anlehnung an § 266 HGB ergibt sich nachfolgende vereinfachte Grundstruktur einer Bilanz:

Aktiva	Passiva
I. Anlagevermögen	I. Eigenkapital
Immaterielle Anlagen	II. Fremdkapital
Sachanlagen	langfristig
Finanzanlagen	kurzfristig
II. Umlaufvermögen	
Vorräte	
Finanzumlaufvermögen	

2.2.5 Bilanzkontinuität

Nach dem Grundsatz der **Bilanzidentität** muss die Schlussbilanz des alten Geschäftsjahres mit der Eröffnungsbilanz des neuen Geschäftsjahres übereinstimmen (§ 252 Abs. 1 Nr. 1 HGB). Dieser Grundsatz soll sicherstellen, dass nicht unkontrollierbar bei der Eröffnung der Konten im neuen Geschäftsjahr Bilanzpositionen hinzugefügt oder weggelassen werden.

Außerdem dürfen Gliederungsprinzipien, die Bezeichnungen der ausgewiesenen Posten und die praktizierten Bewertungsverfahren (**Stetigkeitsprinzip**; § 252 Abs. 1 Nr. 6 HGB) nicht ohne triftigen Grund geändert werden.

Die Bilanz ist – von Ausnahmefällen abgesehen – immer zum gleichen Stichtag zu erstellen. Durch diese Vorschrift soll die Vergleichbarkeit der jeweiligen Abschlussergebnisse sichergestellt werden.

Kontrollfragen

1. Welche Aufgaben sollen durch eine Inventur erfüllt werden?

2. Welche Nachteile einer Stichtagsinventur lösen einen Bedarf nach zeitlichen Vereinfachungen aus?

3. In welchen Situationen kann auf eine buchmäßige Bestandsaufnahme zurückgegriffen werden?

4. In welcher Reihenfolge ist das Vermögen im Inventar aufzulisten?

5. Nennen Sie die Anwendungsvoraussetzungen für eine Festbewertung.

6. In welchen Punkten unterscheidet sich eine Bilanz von einem Inventar?

7. Nach welchem Prinzip ist die Passivseite einer Bilanz zu gliedern?

8. Warum müssen materielle Abschlussprüfungen vorgenommen werden?

9. Erläutern Sie den Begriff „Bilanzkontinuität".

3 Buchungsarten

Geschäftsvorfälle können zu zwei unterschiedlichen Bilanzveränderungen führen:

▪ Solche, die das buchmäßige Eigenkapital verändern = **erfolgswirksame Geschäftsvorfälle (Erfolgsbuchungen)**

▪ Solche, die das buchmäßige Eigenkapital nicht verändern = **erfolgsneutrale Geschäftsvorfälle (Bestandsbuchungen)**

Sie beeinflussen lediglich die Bilanzstruktur und unter Umständen auch die Bilanzsumme.

Eine Ausnahme stellen die Privatentnahmen und die Privateinlagen der Eigentümer dar. Diese lassen sich nicht eindeutig einer der beiden Kategorien zuordnen.

3.1 Bestandsbuchungen

3.1.1 Vier typische Bilanzveränderungen

Im Rahmen der durch erfolgsneutrale Geschäftsvorfälle ausgelösten Bilanzveränderungen lassen sich vier typische Fälle unterscheiden:

1. **Aktivtausch**

Durch den Geschäftsvorfall ändern sich ausschließlich Bilanzposten der Aktivseite. Ein (oder mehrere) Aktivposten nimmt (nehmen) zu, während gleichzeitig ein anderer (oder mehrere andere) Aktivposten abnimmt (abnehmen). Es verändert sich lediglich die Struktur der linken Bilanzseite, während die Bilanzsumme unverändert bleibt.

Beispiele: Bareinkauf von Waren, Abhebung vom Girokonto, Kauf eines Grundstückes per Banküberweisung, Ausgleich einer Kundenforderung durch Überweisung, falls das Girokonto nicht überzogen ist.

R. Quick, H.-J. Wurl, *Doppelte Buchführung*, https://doi.org/10.1007/978-3-658-42596-8_3

2. **Passivtausch**

Durch den Geschäftsvorfall ändern sich ausschließlich Bilanzposten der Passivseite. Ein (oder mehrere) Passivposten nimmt (nehmen) zu, gleichzeitig nimmt (nehmen) ein anderer (oder mehrere andere) Passivposten ab. Es verändert sich lediglich die Struktur der rechten Bilanzseite, während die Bilanzsumme unverändert bleibt.

Beispiele: Ablösung von kurzfristigen durch langfristige Schulden, ein Gläubiger wird als Gesellschafter aufgenommen, so dass aus Fremdkapital jetzt Eigenkapital wird.

3. **Aktiv-Passiv-Mehrung**

Durch den Geschäftsvorfall erhöhen sich sowohl Aktiv- als auch Passivposten. Diese Situation wird auch als **Bilanzverlängerung** bezeichnet. Hier verändert sich nicht nur die Bilanzstruktur, sondern es erfolgt auch eine Ausdehnung des Bilanzvolumens.

Beispiele: Kauf von Waren auf Ziel, Aufnahme eines Bankdarlehens, Einlagen eines Gesellschafters.

4. **Aktiv-Passiv-Minderung**

Durch den Geschäftsvorfall verringern sich sowohl Aktiv- als auch Passivposten. Analog spricht man hier von **Bilanzverkürzung**. Es verändert sich die Bilanzstruktur. Zudem ergibt sich ein negativer Einfluss auf die Bilanzsumme.

Beispiele: Tilgung einer Lieferantenschuld durch Banküberweisung, Barausgleich eines überzogenen Kontokorrentkontos, Rücksendung fehlerhafter Waren an den Lieferanten, falls die Rechnung noch nicht beglichen war.

3.1.2 Auflösung der Bilanz in Konten

Grundsätzlich könnte der Kaufmann nach jedem Geschäftsvorfall eine neue Bilanz aufstellen. Dies wäre jedoch zu umständlich. Zudem wäre der Informationswert einer solchen neuen Bilanz nur marginal. Um dieses Problem zu vermeiden, unternimmt das buchungspflichtige Unternehmen folgende Schritte:

1. Auflösung der Bilanz in Konten

2. Festhalten der durch Geschäftsvorfälle ausgelösten Bilanzveränderungen auf Konten (solche, die aus der Bilanz abgeleitet werden, und – falls erforderlich – zusätzlich eingerichtete Konten)

3. Zusammenfassung der Konten (unter Berücksichtigung der Inventurergebnisse) zu einer Bilanz am Ende der Abrechnungsperiode.

Die Bilanz am Ende der Abrechnungsperiode entspricht nach dem Grundsatz der Bilanzidentität der Eröffnungsbilanz der nächsten Abrechnungsperiode. **Die Bilanz stellt also den Anfang und das Ende einer Abrechnung dar!**

Ein Konto ist eine zweiseitig geführte Rechnung. Die linke Seite heißt **Sollseite**, die rechte Seite heißt **Habenseite**. Die aus der Bilanz abgeleiteten Konten nennt man Bestandskonten. Sind sie von der Aktivseite abgeleitet, spricht man von **Aktivkonten**. Bei ihnen steht der Anfangsbestand (AB) auf der linken Seite des Kontos, der Sollseite. Sind sie von der Passivseite abgeleitet, spricht man von **Passivkonten**. Bei ihnen steht der Anfangsbestand auf der rechten Seite des Kontos, der Habenseite.

Der in der Praxis übliche Aufbau eines Kontos ist in der *Abbildung 3-1* dargestellt. Außer der notwendigen Eintragung in der Soll- oder Haben-Spalte ist ein Hinweis auf den Beleg, der der Buchung zugrunde liegt, erforderlich, so dass später – etwa im Rahmen einer Prüfung – die Richtigkeit der Buchung kontrolliert werden kann. Außerdem muss bei jeder Buchung darauf hingewiesen werden, wo der gebuchte Geschäftsvorfall im Journal registriert worden ist, welche Gegenkonten betroffen sind und wann der Sachverhalt verbucht wurde.

Die Frage, unter welchen Umständen ein neues Konto eröffnet werden soll, lässt sich nicht eindeutig beantworten. Einerseits sollte vermieden werden, dass die Vielzahl der eingerichteten Konten die Transparenz der Buchführung beeinträchtigt, andererseits ist darauf zu achten, dass die einzelnen Konten nicht durch eine unüberschaubare Vielfalt der Eintragungen an Aussagekraft verlieren. Als ein allgemein akzeptierter Grundsatz gilt, dass auf einem Konto nur homogene, also gleichartige Sachverhalte erfasst werden sollten. So dürfen Forderungen des Finanzamtes nicht zusammen mit Lieferantenverbindlichkeiten (Verbindlichkeiten aus Lieferungen und Leistungen) auf einem Konto ausgewiesen werden. Im Zweifelsfall ist ein neues Konto einzurichten.

Abbildung 3-1:   *Aufbau eines Kontos*

Kontenbezeichnung					
Datum	Buchungstext	Soll	Haben	JS	Gkto

Beleghinweis

JS: Journal-Seite

Gkto: Gegenkonto

Für die Auflösung der Bilanz in Konten muss ebenfalls gelten:

Σ Anfangsbestand aller Aktivkonten = Σ Anfangsbestand aller Passivkonten

Beispiel:

Aktiva		Bilanz zum 31.12.X1	Passiva
BGA	1.000	Eigenkapital	2.000
Waren	800	Fremdkapital	3.000
Forderungen	1.200		
Bank	1.400		
Kasse	600		
	5.000		5.000

⇩   ⇩

S	BGA	H	S	Eigenkapital	H
AB	1.000			AB	2.000

S	Waren	H	S	Fremdkapital	H
AB	800			AB	3.000

S	Forderungen	H
AB	1.200	

S	Bank	H
AB	1.400	

S	Kasse	H
AB	600	

AB: Anfangsbestand

3.1.3 Buchung auf Bestandskonten

Für die Verbuchung auf Bestandskonten gelten folgende fünf grundsätzliche Regeln. Die ersten drei Regeln sichern dabei den wichtigen Grundsatz:

Keine Buchung ohne Gegenbuchung!

1. Die Verbuchung eines Geschäftsvorfalls berührt immer mindestens 2 Konten.

2. Mindestens auf einem Konto wird im Soll und mindestens auf einem Konto wird im Haben gebucht.

3. Σ Sollbuchungen = Σ Habenbuchungen

4. Bei Aktivkonten werden Zugänge im Soll und Abgänge im Haben gebucht.

5. Bei Passivkonten werden Zugänge im Haben und Abgänge im Soll gebucht.

Für die bereits angeführten vier typischen Bilanzänderungen ergeben sich folgende Soll- bzw. Habenbuchungen:

Abbildung 3-2:   *Arten von Bilanzveränderungen*

Aktivtausch:	Sollbuchung	=	Aktivmehrung
	Habenbuchung	=	Aktivminderung
Passivtausch:	Sollbuchung	=	Passivminderung
	Habenbuchung	=	Passivmehrung
Aktiv-Passiv-Mehrung:	Sollbuchung	=	Aktivmehrung
	Habenbuchung	=	Passivmehrung
Aktiv-Passiv-Minderung:	Sollbuchung	=	Passivminderung
	Habenbuchung	=	Aktivminderung

Der **Buchungssatz** dient der Vorbereitung der Buchung auf den Konten und bezeichnet die Konten, auf denen gebucht wird. Er gibt somit den Inhalt der Buchung in einheitlicher Weise wieder, d. h. es handelt sich um eine komprimierte Darstellung der Buchungserfordernisse für angefallene Geschäftsvorfälle. Er lässt sich durch die verbale Formel

Soll   **an**   **Haben**

kennzeichnen.

Die heutige Bedeutung des Buchungssatzes ist vor allem in der prägnanten Darstellungsform buchungspflichtiger Sachverhalte zu sehen. Der Buchungssatz ist gewissermaßen ein unmissverständlicher Kommunikationscode. Außerdem dient der Buchungssatz der Buchungsvorbereitung, indem auf den angefallenen oder intern erstellten Belegen zunächst in Form eines Buchungssatzes vermerkt wird, wie der dokumentierte Sachverhalt verbucht werden soll. Diese Tätigkeit wird als „vorkontieren" bezeichnet. Häufig wird dafür ein Stempelvordruck verwendet.

Bei einfachen Buchungssätzen, d. h. bei solchen, die nur zwei Konten betreffen, wird an erster Stelle die Sollbuchung, an zweiter Stelle die Habenbuchung und abschließend der Betrag genannt. Zwischen Soll- und Habenbuchung steht das Wort „**an**".

Beispiele:

Im Folgenden bleiben die umsatzsteuerlichen Vorschriften zunächst unberücksichtigt.

Geschäftsvorfall: Bareinkauf von Waren für 1.000 €

Buchungssatz:

Waren	an	Kasse	1.000

Geschäftsvorfall: Aufnahme eines Bankdarlehens in Höhe von 30.000 €

Buchungssatz:

Bank	an	Verbindlichkeiten gegenüber Kreditinstituten	30.000

Bei zusammengesetzten Buchungssätzen, d. h. bei solchen, die mehr als zwei Konten berühren, erscheint der Betrag sofort nach der Nennung des Kontos.

Geschäftsvorfall: Ein Schuldner zahlt seine Mietschuld in Höhe von 5.000 € durch eine Barzahlung in Höhe von 2.000 € und durch Verrechnung einer Warenlieferung über 3.000 €.

Buchungssatz:

Kasse	2.000			
Waren	3.000	an	Forderungen aus Lieferungen und Leistungen	5.000

Beispiele zu Bestandsbuchungen:

1. Aufnahme eines Bankdarlehens in Höhe von 50.000 €. Die Bank schreibt den Betrag dem Girokonto gut.

Buchungssatz:

Bank	an	Verbindlichkeiten gegenüber Kreditinstituten	50.000

2. Verkauf der gebrauchten Schreibtische für 2.000 € auf Ziel

Buchungssatz:

| Forderungen aus Lieferungen und Leistungen | an | BGA | 2.000 |

3. Kauf eines LKW für 60.000 €. Damit werden sonstige Forderungen gegenüber dem Verkäufer in Höhe von 52.000 € beglichen. Der Rest wird bar gezahlt.

Buchungssatz:

| Fuhrpark | 60.000 | an | sonstige Forderungen | 52.000 |
| | | | Kasse | 8.000 |

4. Darlehensschulden in Höhe von 3.000 € werden durch Banküberweisung getilgt.

Buchungssatz:

| Verbindlichkeiten gegenüber Kreditinstituten | an | Bank | 3.000 |

3.1.4 Eröffnungsbilanzkonto und Schlussbilanzkonto

Das Schema der Doppik ist sowohl bei Eröffnungs- als auch bei Abschlussbuchungen anwendbar.

Eröffnungsbilanzkonto (EBK)

Um bei den Eröffnungsbuchungen auf den Bestandskonten eine Gegenbuchung vornehmen zu können, ist ein Sammelkonto, das EBK, einzurichten. Es handelt sich um ein technisches Hilfskonto, das – neben der Kontrolle der Vollständigkeit der Eröffnungsbuchungen – den Zweck hat, die Gegenbuchungen zu den eingebuchten Anfangsbeständen der Aktiv- und Passivkonten bei der Kontoeröffnung aufzunehmen. Während die Eröffnungsbilanz mit A (Aktiva) und P (Passiva) überschrieben ist, ist das EBK mit S (Soll) und H (Haben) überschrieben. Das EBK ist die **spiegelbildliche Darstellung der Eröffnungsbilanz**. Die Gegenbuchung der Anfangsbestände der Aktivkonten erfolgt auf dem EBK im Haben. Analog erfolgt die Gegenbuchung der Anfangsbestände der Passivkonten auf dem EBK im Soll.

Beispiel:

A		Eröffnungsbilanz zum 01.01.X1		P
BGA	1.000	Eigenkapital		2.000
Waren	800	Fremdkapital		3.000
Forderungen	1.200			
Bank	1.400			
Kasse	600			
	5.000			5.000

Es ergeben sich folgende Buchungssätze:

EBK	an	Eigenkapital	2.000
EBK	an	Fremdkapital	3.000
BGA	an	EBK	1.000
Waren	an	EBK	800
Forderungen	an	EBK	1.200
Bank	an	EBK	1.400
Kasse	an	EBK	600

Das EBK hat dann folgendes Aussehen:

S		Eröffnungsbilanzkonto		H
Eigenkapital	2.000	BGA		1.000
Fremdkapital	3.000	Waren		800
		Forderungen		1.200
		Bank		1.400
		Kasse		600
	5.000			5.000

Auf die Errichtung des EBK darf verzichtet werden. Es ist erlaubt die Konteneröffnungen nach dem Prinzip *„Alle Aktivkonten an alle Passivkonten"* zu buchen.

Da jedoch die Bilanz der Vorperiode oft erst Monate nach dem Bilanzstichtag verfügbar ist, zwischenzeitlich jedoch neue Geschäftsvorfälle bereits verbucht werden müssen, kann durch die Gegenbuchung auf dem EBK kontrolliert werden, ob tatsächlich alle Anfangsbestände ordnungsgemäß übertragen worden sind. Derartige Buchungen werden in der Textspalte auch als „Saldovortrag" gekennzeichnet.

Schlussbilanzkonto (SBK)

Am Periodenende sind die Konten abzuschließen. Dazu muss der buchmäßige Endbestand ermittelt werden. Die Ermittlung des Endbestandes heißt **Saldieren**. Man berechnet den Endbestand, auch Saldo genannt, indem man die kleinere Kontoseite von der größeren subtrahiert und die Differenz auf die kleinere Seite schreibt. So wird das Konto zum Ausgleich gebracht.

Auf einem Aktivkonto steht der Saldo im Haben:

S	Aktivkonto	H
Anfangsbestand	Abgänge	
Zugänge		
	Endbestand (Saldo)	
Σ Soll	=	Σ Haben

Auf einem Passivkonto steht der Saldo im Soll:

S	Passivkonto	H
	Anfangsbestand	
Abgänge		
	Zugänge	
Endbestand (Saldo)		
Σ Soll	=	Σ Haben

Die Salden der aktiven und passiven Bestandskonten werden zur Schlussbilanz zusammengefasst. Dazu verwendet man, in Analogie zum EBK, ein formales Gegenkonto, das Schlussbilanzkonto. Das SBK nimmt also die Gegenbuchungen zu den Kontensalden der aktiven und passiven Bestandskonten auf. Anders als das EBK stellt es kein Spiegelbildkonto dar. Auf der Grundlage des SBK kann die Schlussbilanz erstellt werden. Während das SBK mit S (Soll) und H (Haben) überschrieben ist, ist die Schlussbilanz mit A (Aktiva) und P (Passiva) überschrieben.

Wird ein solches SBK eingerichtet, so brauchen bei den Eintragungen nicht – da es sich um ein formales Gegenkonto handelt – die vorgeschriebenen Gliederungsprinzipien beachtet werden. Ein Verzicht auf die Einrichtung eines speziellen SBK beeinträchtigt nicht die Ordnungsmäßigkeit der Buchführung.

Beispiel:

S	BGA		H	S	Waren		H
AB	1.000	Saldo	1.500	AB	800	Saldo	1.300
(1)	500			(2)	300		
				(4)	200		

S	Forderungen aus Lieferungen und Leistungen		H	S	Bank		H
AB	1.200	(3)	400	AB	1.400	(5)	400
		Saldo	800	(3)	400	Saldo	1.400

S	Kasse		H	S	Eigenkapital		H
AB	600	(2)	300	Saldo	2.000	AB	2.000
		Saldo	300				

S	Fremdkapital		H
(5)	400	AB	3.000
Saldo	3.300	(1)	500
		(4)	200

Abschlussbuchungen:

Schlussbilanzkonto	an	BGA	1.500
Schlussbilanzkonto	an	Waren	1.300
Schlussbilanzkonto	an	Forderungen aus Lieferungen und Leistungen	800
Schlussbilanzkonto	an	Bank	1.400
Schlussbilanzkonto	an	Kasse	300
Eigenkapital	an	Schlussbilanzkonto	2.000
Fremdkapital	an	Schlussbilanzkonto	3.300

S	Schlussbilanzkonto		H
BGA	1.500	Eigenkapital	2.000
Waren	1.300	Fremdkapital	3.300
Forderungen aus Lieferungen und Leistungen	800		
Bank	1.400		
Kasse	300		
	5.300		5.300

A	Schlussbilanz zum 31.12.X1		P
BGA	1.500	Eigenkapital	2.000
Waren	1.300	Fremdkapital	3.300
Forderungen aus Lieferungen und Leistungen	800		
Bank	1.400		
Kasse	300		
	5.300		5.300

Dem Beispiel liegen folgende Geschäftsvorfälle zugrunde:

1. Kauf eines neuen Druckers auf Ziel für 500 €.

2. Einkauf von Waren, Barzahlung des Kaufpreises 300 €.

3. Kunde überweist seine Schuld in Höhe von 400 €.

4. Einkauf von Waren auf Ziel 200 €.

5. Begleichung von Verbindlichkeiten durch Banküberweisung 400 €.

3.2 Erfolgsbuchungen

3.2.1 Interpretation

Der Zweck jedweder unternehmerischen Tätigkeit besteht darin, absatzfähige Sachgüter zu produzieren oder nachgefragte Dienstleistungen bereitzustellen. Derartige produktive Gestaltungsprozesse erfordern den Einsatz menschlicher Arbeitskraft, geeigneter Werkstoffe und effizienter Betriebsmittel sowie von außen bezogener Dienstleistungen. Diese Einsatzfaktoren werden verbraucht (Input). Es entsteht also ein **Wertverzehr**. Die Ergebnisse des Kombinationsprozesses sind materielle oder immaterielle Güter. Sie lassen nicht unmittelbar erkennen, welche Einsatzfaktoren in welchem Umfang dafür benötigt wurden. Die Ausbringungsgüter (Output) entsprechen einem **Wertzuwachs**. Buchhalterisch werden diese produktiven Gestaltungsprozesse auf Erfolgskonten abgebildet, und zwar der Wertverzehr auf „Aufwandskonten" im Soll (Zugang) und die Wertentstehung auf „Ertragskonten" im Haben (Abgang).

Exemplarisch ist dieser Zusammenhang noch einmal in der *Abbildung 3-3* schematisch dargestellt.

Abbildung 3-3:   *Buchhalterische Erfassung der Produktionsprozesse in einer Brauerei*

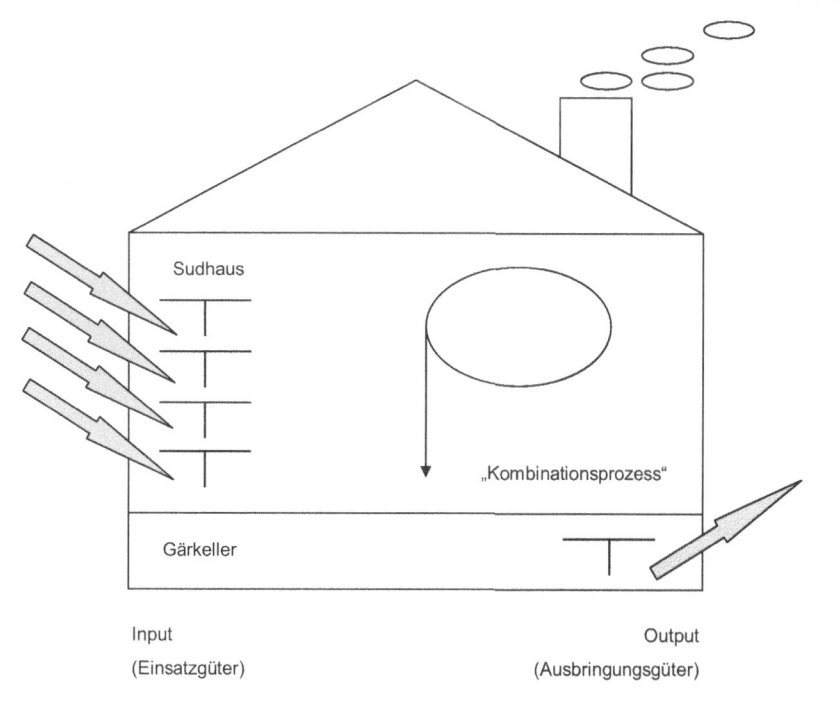

3.2.2 Verbuchung im Eigenkapital

Erfolgswirksame Geschäftsvorfälle bewirken zwar auf der einen Seite Veränderungen auf den Bestandskonten, die korrespondierenden Gegenbuchungen schlagen sich jedoch auf der anderen Seite auch im Eigenkapitalkonto nieder, da der Geschäftsvorfall das Reinvermögen verändert.

Beispiel:

Geschäftsvorfall: Zahlung von Löhnen per Bank in Höhe von 30.000 €

Buchungssatz:

     Eigenkapital   an   Bank   30.000

Die Lohnzahlung hat zu einer Verminderung des Eigenkapitals geführt.

Unternehmenszweckbedingte Minderungen des Eigenkapitals durch Erfolgsvorgänge werden als **Aufwand** bezeichnet.

Beispiel:

Geschäftsvorfall: Zinsgutschrift der Bank in Höhe von 500 €

Buchungssatz:

Bank	an	Eigenkapital	500

Die erhaltenen Zinsen haben zu einer Eigenkapitalerhöhung geführt.

Unternehmenszweckbedingte Erhöhungen des Eigenkapitals durch erfolgswirksame Geschäftsvorfälle werden als **Ertrag** bezeichnet.

Grundsätzlich wäre es möglich, alle erfolgswirksamen Vorgänge auf dem Eigenkapitalkonto zu erfassen. Abstrahiert man von Eigenkapitaleinlagen und -entnahmen, so lässt sich der Periodenerfolg ermitteln, indem man die Veränderungen des Eigenkapitalbestandes ermittelt (Erfolgsrechnung). Eine Eigenkapitalmehrung stellt einen **Gewinn**, eine Eigenkapitalminderung einen **Verlust** dar.

Bei der unmittelbaren Erfassung aller erfolgswirksamen Geschäftsvorfälle auf dem Eigenkapitalkonto würde dieses sehr **unübersichtlich** werden. Zudem wäre der Erfolg als Saldo zwischen Erträgen und Aufwendungen **nicht transparent**. Die Erfolgskomponenten ließen sich nur durch umfangreiche Nebenrechnungen identifizieren. Zur Lösung dieser Probleme wird ein **Gewinn- und Verlustkonto (GVK)** als Unterkonto des Eigenkapitalkontos eingerichtet. Auf ihm werden Aufwendungen und Erträge erfasst. Auf der Sollseite sind Eigenkapitalminderungen – Aufwendungen – und auf der Habenseite sind Eigenkapitalmehrungen – Erträge – zu buchen.

Im Fall eines Gewinns ergibt sich folgendes Bild des GVK:

S	GVK	H
Aufwendungen		Erträge
Saldo (Gewinn)		

Im Falle eines Verlustes dagegen:

Der im GVK ausgewiesene Saldo wird am Periodenende auf das Eigenkapitalkonto übertragen.

Buchungssatz im Gewinnfall:

      Gewinn- und Verlustkonto   an   Eigenkapital

Buchungssatz im Verlustfall:

      Eigenkapital   an   Gewinn- und Verlustkonto

Bei dieser Vorgehensweise wären die Erfolgsposten nicht nach sachlichen Gesichtspunkten geordnet, d. h. die Erfolgsquellen wären nicht unmittelbar ersichtlich. Zur Lösung dieses Problems wird das GVK in **Erfolgskonten** untergliedert.

3.2.3 Verbuchung auf Erfolgskonten

Erfolgskonten sind dem Eigenkapitalkonto nachgebildet. Sie erfassen daher erfolgswirksame Eigenkapitalminderungen im Soll und erfolgswirksame Eigenkapitalerhöhungen im Haben. Somit werden **Aufwendungen im Soll** und **Erträge im Haben** gebucht.

Die Erfolgskonten bestehen dementsprechend aus zwei Kontenreihen: Aufwandskonten und Ertragskonten. Aufwendungen und Erträge sind auf verschiedenen Konten zu verbuchen. Eine Saldierung gleichartiger Aufwendungen und Erträge (z. B. Zinsaufwand und Zinsertrag) ist nicht zulässig (Saldierungsverbot). Aufwendungen werden immer im Soll eines Aufwandskontos und Erträge immer im Haben eines Ertragskontos gebucht. Buchungen auf der Gegenseite (d. h. im Haben auf einem Aufwandskonto bzw. im Soll eines Ertragskontos) sind nur für Korrekturzwecke gestattet. Man spricht dann von **Stornobuchungen**.

Aufwandskonten schließen grundsätzlich mit einem **Sollsaldo** (Saldo auf der Haben-seite) ab. Ertragskonten weisen hingegen einen **Habensaldo** (Saldo auf der Sollseite) auf.

Die Gegenbuchung dieser Kontensalden erfolgt jeweils auf dem Gewinn- und Verlust-konto.

Buchungssätze:

Gewinn- und Verlustkonto	an	Aufwandskonto
Ertragskonto	an	Gewinn- und Verlustkonto

Falls die Erträge die Aufwendungen übersteigen, weist das GVK einen Habensaldo auf. Das bedeutet, dass ein Gewinn erwirtschaftet wurde. Dieser erhöht das Eigenka-pital. Sind dagegen die Aufwendungen höher als die Erträge, weist das GVK einen Sollsaldo auf, d. h. es ist ein Verlust entstanden. Dieser verringert das Eigenkapital.

Gewinne sind im Eigenkapitalkonto auf der Habenseite gegen zu buchen:

Gewinn- und Verlustkonto	an	Eigenkapital

Verluste sind im Eigenkapitalkonto auf der Sollseite gegen zu buchen:

Eigenkapital	an	Gewinn- und Verlustkonto

Aufwands- und Ertragsbuchungen berühren einseitig aktive oder passive Be-standskonten. Für die Gegenbuchungen von Aufwendungen bzw. Erträgen gilt:

Aufwandsgegenbuchung	= Aktivminderung und/ oder Passivmehrung
Ertragsgegenbuchung	= Aktivmehrung und/ oder Passivminderung

Beispiel:

Geschäftsvorfälle:

1. Lohnzahlung per Bank, 100 €

2. Vermieter stundet ausstehende Miete, 50 €

3. Zinsgutschrift der Bank, 180 €

4. Lieferant gewährt Vermittlungsprovision und verrechnet diese mit ausstehenden Verbindlichkeiten, 80 €

5. Banküberweisung der Stromrechnung, 30 €

Buchungssätze:

1.	Lohnaufwand	an	Bank	100
2.	Mietaufwand	an	Verbindlichkeiten aus Lieferungen und Leistungen	50
3.	Bank	an	Zinserträge	180
4.	Verbindlichkeiten aus Lieferungen und Leistungen	an	Provisionserträge	80
5.	Energieaufwand	an	Bank	30

Aufwandskonten **Ertragskonten**

S	Lohnaufwand	H	S	Zinserträge	H
(1)	100	Saldo 100	Saldo	180	(3) 180

S	Mietaufwand	H	S	Provisionserträge	H
(2)	50	Saldo 50	Saldo	80	(4) 80

S	Energieaufwand	H
(5)	30	Saldo 30

⇩ ⇩

S	Gewinn- und Verlustkonto	H	
Lohnaufwand	100	Zinserträge	180
Mietaufwand	50	Provisionserträge	80
Energieaufwand	30		
Saldo (= Gewinn)	80		
	260		260

S		Eigenkapital		H
Endbestand	1.080	Anfangsbestand		1.000
		Gewinn		80
	1.080			1.080

Abschlussbuchungen:

Gewinn- und Verlustkonto	an	Lohnaufwand	100
Gewinn- und Verlustkonto	an	Mietaufwand	50
Gewinn- und Verlustkonto	an	Energieaufwand	30
Zinserträge	an	Gewinn- und Verlustkonto	180
Provisionserträge	an	Gewinn- und Verlustkonto	80
Gewinn- und Verlustkonto	an	Eigenkapital	80
Eigenkapital	an	Schlussbilanzkonto	1.080

3.2.4 Gemischte Konten

Gemischte Konten stellen eine Vereinigung von Bestandskonten und Erfolgskonten dar. Sie enthalten sowohl erfolgsneutrale als auch erfolgswirksame Buchungen. Der Saldo eines gemischten Kontos besteht somit aus einem Bestandsteil und einem Erfolgsteil. Es sind zwei Arten gemischter Konten zu unterscheiden:

▪ Bestandskonten mit Erfolgsanteil,

▪ Erfolgskonten mit Bestandsanteil.

Bestandskonten mit Erfolgsanteil

Bei dieser Art von gemischten Konten dominiert der Bestandscharakter. Typisches Beispiel sind Anlagekonten, bei denen Wertminderungen, z. B. aufgrund einer zeitlich begrenzten Nutzbarkeit der Anlagegüter, zu berücksichtigen sind (z. B. Gebäude, Maschinen). Das Anlagekonto kann nicht unmittelbar über das SBK abgeschlossen werden. Es ist vielmehr vorher eine Abschreibung vorzunehmen, die die Wertminderung erfasst. Die Abschreibung wird im GVK gegengebucht. Der sich nach Einbuchung der Abschreibung ergebende Saldo ist der im SBK zu übernehmende Endbestand.

S	Maschinen	H
Anfangsbestand	Abgänge	
Zugänge	Abschreibung (GVK)	
	Endbestand = Saldo (SBK)	

Erfolgskonten mit Bestandsanteil

Diese gemischten Konten erfassen Anfangsbestand, Zugänge und Abgänge wie ein Bestandskonto, verrechnen diese aber mit unterschiedlichen Preisen. Als typisches Beispiel ist das gemischte Warenkonto zu nennen. Hier werden auf der Sollseite Anfangsbestand und Zugänge zu Einstandspreisen gebucht. Dagegen werden auf der Habenseite Abgänge zu Verkaufspreisen gebucht. Gegebenenfalls sind auf der Habenseite noch Rücksendungen an Lieferanten (zu Einstandspreisen) und auf der Sollseite noch Kundenretouren (zu Verkaufspreisen) zu berücksichtigen. Der Saldo würde nicht den Endbestand zu Einstandspreisen wiedergeben, da in den Verkaufspreisen Erfolgsanteile stecken. Aus diesem Grund ist der Endbestand zunächst durch Inventur zu ermitteln und im Haben zu verbuchen:

> Schlussbilanzkonto an Waren

Der verbleibende Saldo des gemischten Warenkontos stellt den Roherfolg (Rohgewinn bzw. Rohverlust) dar. Er wird im GVK gegengebucht.

> Waren an Gewinn- und Verlustkonto

→ falls ein Rohgewinn erzielt wurde,

> Gewinn- und Verlustkonto an Waren

→ falls ein Rohverlust zu verzeichnen ist.

S	gemischtes Warenkonto	H
Anfangsbestand	Abgänge	
Zugänge	Endbestand = Saldo (SBK)	
Rohgewinn (GVK)		

Dabei gilt:

	Anfangsbestand
+	Zugänge
–	Endbestand laut Inventur
=	Einstandswert der umgesetzten Waren

Das zentrale Problem eines solchen gemischten Warenkontos ist darin zu sehen, dass die Ermittlung des Erfolgssaldos erst nach der Erfassung des Endbestandes mittels Inventur erfolgen kann. Dies kann bei einer großen Anzahl von Ein- und Verkäufen schnell unübersichtlich werden. Um dieses Problem zu vermeiden, verbucht der Kaufmann den Warenverkehr auf **getrennten Warenkonten** (vgl. Kapitel 4.1.1).

3.2.5 Gewinn- und Verlust-Konto (GVK) und Gewinn- und Verlust-Rechnung (GVR)

Der Gesetzgeber verlangt nicht nur die Erstellung einer Bilanz, sondern auch die Erstellung einer Gewinn- und Verlustrechnung, d. h. jeder Kaufmann ist grundsätzlich verpflichtet, zum Ende eines jeden Geschäftsjahres eine Gegenüberstellung der während dieser Periode angefallenen Aufwendungen und erwirtschafteten Erträge aufzustellen (§ 242 Abs. 2 HGB). Eine Ausnahme besteht nach § 242 Abs. 4 HGB nur für kleine Einzelkaufleute im Sinne des § 241a HGB. Diese sind von der Pflicht zur Erstellung einer Gewinn- und Verlustrechnung ausgenommen. Bilanz und GVR bilden zusammen den Jahresabschluss für alle übrigen Kaufleute (§ 242 Abs. 3 HGB). Die GVR kann direkt aus dem GVK abgeleitet werden. GVK und GVR verhalten sich zueinander wie das SBK und die Schlussbilanz. Zwischen dem GVK und der GVR bestehen vor allem die beiden nachfolgenden Unterschiede:

Abbildung 3-4:   *Unterschiede zwischen Gewinn- und Verlustkonto und -rechnung*

GVK	GVR
In das System der doppelten Buch-führung integriert	Steht außerhalb der doppelten Buch-führung
Keine Gliederungsvorschriften	Gesetzliche Gliederungsvorschriften für Kapitalgesellschaften (vgl. § 275 HGB)

3.3   Verbuchung von Privateinlagen und Privatentnahmen

Das Eigenkapital wird zum einen durch Aufwendungen und Erträge verändert, d. h. durch erfolgswirksame Vorgänge. Davon zu unterscheiden sind Eigenkapitalveränderungen durch Einlagen oder Entnahmen des Unternehmers bzw. der Gesellschafter. Solche Privateinlagen bzw. Privatentnahmen können Geld, aber auch Güter umfassen (z. B. Einbringung eines privaten Grundstückes in das Geschäftsvermögen; private Nutzung eines Firmenwagens). Nicht jede Eigenkapitaländerung kann als Erfolg interpretiert werden. Zum Jahreserfolg gehören nur solche Eigenkapitaländerungen, die sich auf die Geschäftstätigkeit zurückführen lassen, nicht dagegen solche, die auf privaten Transaktionen, d. h. auf Einlagen oder Entnahmen basieren.

3.3.1 Privateinlagen

Privateinlagen erhöhen das Eigenkapital.

Beispiel:

Der Unternehmer zahlt aus seinem Privatvermögen 10.000 € auf das geschäftliche Bankkonto ein.

Buchungssatz:

Bank	an	Eigenkapital	10.000

Alternativ kann die Privateinlage auch auf einem Unterkonto „Privateinlagen" des Eigenkapitalkontos verbucht werden, das dann über das Eigenkapitalkonto abgeschlossen wird.

Buchungssätze:

Bank	an	Privateinlagen	10.000
Privateinlagen	an	Eigenkapital	10.000

3.3.2 Privatentnahmen

Privatentnahmen verringern das Eigenkapital.

Beispiel:

Der Unternehmer überweist zur Begleichung seiner privaten Einkommenssteuerschuld in Höhe von 5.000 € vom geschäftlichen Bankkonto an das Finanzamt.

Buchungssatz:

Eigenkapital	an	Bank	5.000

Da Privatentnahmen häufiger vorkommen, werden sie i. d. R. auf einem Unterkonto des Eigenkapitalkontos, dem Konto Privatentnahmen, gesammelt. Dies wird am Jahresende über das Eigenkapitalkonto abgeschlossen.

Buchungssätze:

Privatentnahmen	an	Bank	5.000
Eigenkapital	an	Privatentnahmen	5.000

Zu beachten ist, dass nicht-monetäre Privatentnahmen umsatzsteuerpflichtig sind.

Alternativ können Privateinlagen und Privatentnahmen auf einem gemeinsamen Unterkonto des Eigenkapitalkontos, dem Konto „Privat", erfasst werden. Für die Verbuchung auf diesem Konto gelten die gleichen Buchungsregeln wie für die Verbuchung auf dem passiven Bestandskonto „Eigenkapital". Zugänge (Einlagen) werden demnach im Haben und Abgänge (Entnahmen) im Soll des Privatkontos gebucht. Auch das Privatkonto ist am Periodenende über das Eigenkapitalkonto abzuschließen.

Bei einem Einzelunternehmen genügt die Einrichtung eines Privatkontos zur laufenden Erfassung privater Vorgänge. Sind dagegen mehrere Personen an einer Gesellschaft beteiligt, werden aus Gründen der Klarheit und Übersichtlichkeit für jeden einzelnen Gesellschafter ein Eigenkapitalkonto und ein Privatkonto geführt.

3.4   Zusammenfassung der buchhalterischen Abschlussarbeiten

Die folgende Darstellung zeigt noch einmal zusammenfassend den Ablauf der buchhalterischen Abschlussarbeiten:

Abbildung 3-5:   *Ablaufschema zum Jahresabschluss*

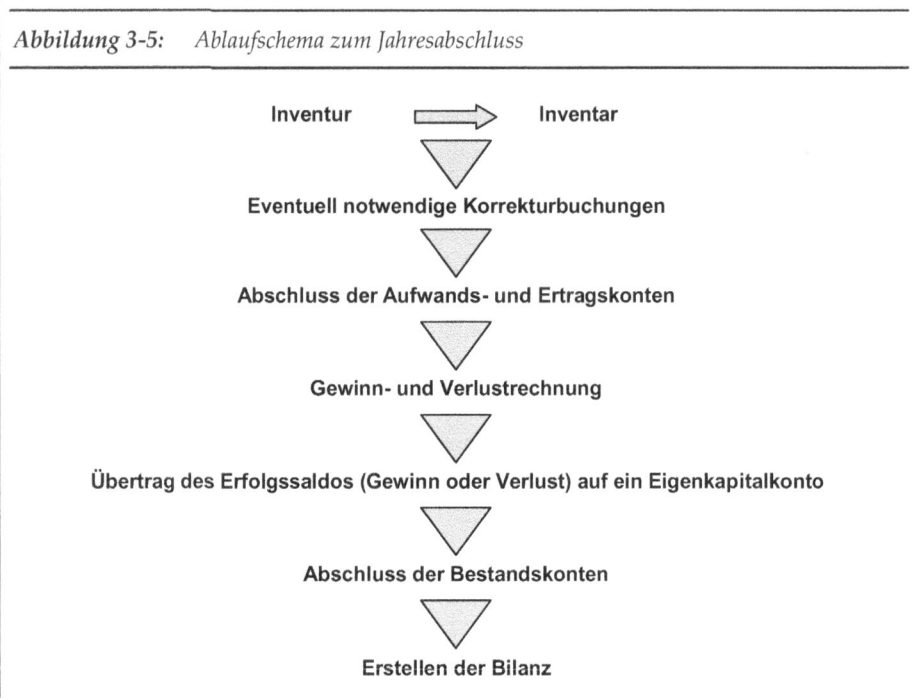

Kontrollfragen

1. Nehmen Sie eine Abgrenzung zwischen erfolgswirksamen Geschäftsvorfällen und erfolgsneutralen Geschäftsvorfällen vor.

2. Nennen Sie jeweils einen Geschäftsvorfall, der zu einem Aktivtausch führt, und einen Geschäftsvorfall, der zu einem Passivtausch führt.

3. Was wird unter einer Bilanzverkürzung verstanden?

4. Warum ist die Bilanz in Konten aufzulösen?

5. Auf welchen Kontenseiten werden Zugänge bzw. Abgänge gebucht?

6. Was ist unter einem Buchungssatz zu verstehen?

7. Wozu wird das Eröffnungsbilanzkonto benötigt?

8. Erläutern Sie die Funktion des Schlussbilanzkontos.

9. Warum werden erfolgswirksame Geschäftsvorfälle nicht unmittelbar auf dem Eigenkapitalkonto erfasst?

10. Nach welchen grundsätzlichen Regeln werden Aufwendungen und Erträge gebucht?

11. Über welches Konto werden Aufwands- und Ertragskonten abgeschlossen?

12. Was wird unter einem Sollsaldo verstanden?

13. Grenzen Sie das Gewinn- und Verlustkonto von der Gewinn- und Verlustrechnung ab.

14. Wie sind Privateinlagen zu verbuchen?

15. Skizzieren Sie einen Geschäftsvorfall, der eine Privatentnahme darstellt.

4 Ausgewählte Buchungsprobleme

4.1 Verbuchung des Warenverkehrs

Warenbestände und Warenzugänge werden in der Buchführung mit ihren **Anschaffungskosten** (AK) erfasst. Synonym wird der Terminus **Einstandswert** verwendet. Die Anschaffungskosten (exklusive Umsatzsteuer) berechnen sich nach § 255 Abs. 1 HGB wie folgt:

AK = **Anschaffungspreis + Anschaffungsnebenkosten – Anschaffungspreisminderungen**

Der Zeitpunkt der Erfassung von Vermögensgegenständen und damit auch von Waren in der Buchführung wird durch den Zeitpunkt der Übertragung des wirtschaftlichen Eigentums (Verlustgefahr, Nutzen und Lasten gehen auf den Erwerber über) bestimmt. Wirtschaftliches und rechtliches Eigentum an Vermögensgegenständen können auseinander fallen. So verbleiben z. B. unter Eigentumsvorbehalt gelieferte Waren bis zur vollständigen Bezahlung im Eigentum des Verkäufers. Wirtschaftlicher Eigentümer ist dagegen der Käufer, so dass die Waren in den Büchern des Käufers zu erfassen sind.

Der **Umsatzerlös** oder **Verkaufswert** bestimmt sich nach § 277 Abs. 1 HGB wie folgt:

Umsatzerlös = **Erlös – Erlösschmälerungen – Umsatzsteuer**

Bei einem Verkaufsvorgang darf ein Umsatzerlös erst verbucht werden, wenn dieser auch tatsächlich realisiert ist (**Realisationsprinzip**, § 252 Abs. 1 HGB). Dies ist in der Regel bei Lieferung und Übergang des wirtschaftlichen Eigentums der Fall. In der Praxis wird häufig der Buchungszeitpunkt von Warenzu- und Warenabgängen aus Vereinfachungsgründen durch den Zeitpunkt des Rechnungseingangs oder -ausgangs festgelegt.

Hinsichtlich der Verbuchungstechnik stehen – wie bereits dargelegt – zwei Varianten zur Verfügung:

- gemischte Warenkonten,

- getrennte Warenkonten.

© Springer Fachmedien Wiesbaden GmbH, ein Teil von Springer Nature 2023
R. Quick, H.-J. Wurl, *Doppelte Buchführung*, https://doi.org/10.1007/978-3-658-42596-8_4

Die Nachteile eines gemischten Warenkontos (= Erfolgskonto mit Bestandsanteil) wurden bereits diskutiert. Die folgenden Ausführungen beschränken sich daher auf die Verbuchung auf getrennten Warenkonten.

4.1.1 Getrennte Warenkonten

Im Folgenden bleiben die umsatzsteuerlichen Vorschriften zunächst unberücksichtigt.

Wareneinkaufskonto (WEK)

Auf dem Wareneinkaufskonto werden im Soll der Anfangsbestand und die Zugänge – jeweils zu Einstandswerten – verbucht. Im Haben wird der Wareneinsatz, d. h. die mit Einstandswerten bewerteten Abgänge, und der Warenendbestand (ebenfalls zu Einstandswerten) erfasst. Der Endbestand wird – wie üblich – im SBK gegengebucht.

S	Wareneinkaufskonto	H
Anfangsbestand	Abgänge
Zugänge	Endbestand

Warenverkaufskonto (WVK)

Auf dem Warenverkaufskonto wird im Haben der Verkaufswert der abgesetzten Waren erfasst. Für die Gegenbuchung des im Haben des WEK ausgewiesenen Wareneinsatzes gibt es mit dem Netto- und dem Bruttoabschlussverfahren zwei unterschiedliche Möglichkeiten, die im Folgenden erläutert werden.

4.1.2 Nettoabschlussverfahren und Bruttoabschluss- verfahren

Nettoabschlussverfahren

Die Gegenbuchung zur Registrierung des Wareneinsatzes im Haben des WEK erfolgt nach diesem Ansatz im Soll des WVK.

Buchungssatz:

    Warenverkaufskonto   an   Wareneinkaufskonto

Auf dem WVK stehen sich nun Warenverkauf (zu Verkaufswerten) und Wareneinsatz (zu Einstandswerten) gegenüber. Der Saldo stellt den Rohgewinn dar. Er wird auf das GVK übertragen.

Buchungssatz:

    Warenverkaufskonto   an   Gewinn- und Verlustkonto

Bruttoabschlussverfahren

Die Gegenbuchung des Wareneinsatzes im Haben des WEK erfolgt hier im Soll des GVK.

Buchungssatz:

      Gewinn- und Verlustkonto   an   Wareneinkaufskonto

Desgleichen empfängt das GVK im Haben den Saldo des WVK.

Buchungssatz:

      Warenverkaufskonto   an   Gewinn- und Verlustkonto

Das GVK weist den Wareneinsatz (Aufwand) und den Verkaufswert (Ertrag) unsaldiert aus. Mit dieser Verbuchungstechnik sind folgende Vorteile verbunden:

- Die Aussagefähigkeit des GVK steigt, denn es zeigt auf, wie der Rohgewinn zustande kommt.

- Diese Vorgehensweise entspricht den Gliederungsvorschriften des § 275 HGB.

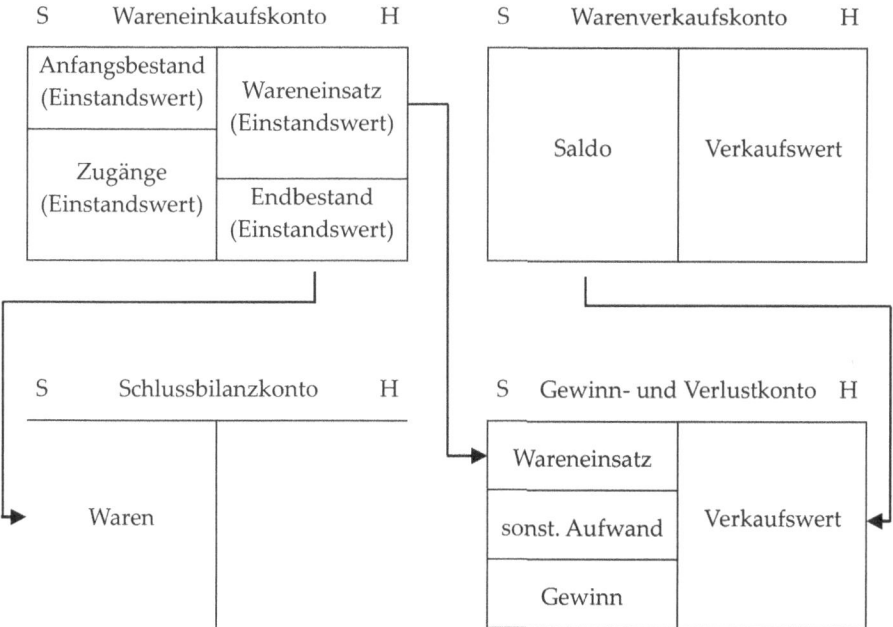

Nachfolgendes **Beispiel** basiert auf dem Nettoabschlussverfahren:

Im Folgenden bleiben die umsatzsteuerlichen Vorschriften zunächst unberücksichtigt.

1.	Anfangsbestand	5.000
2.	Wareneinkauf (bar)	7.000
3.	Warenverkauf (bar)	6.000
4.	Wareneinkauf (bar)	4.000
5.	Warenverkauf (bar)	8.000
6.	Endbestand laut Inventur	4.000 (→ Nettoabschlussverfahren)

Buchungssätze:

1.	Wareneinkaufskonto	an	EBK	5.000
2.	Wareneinkaufskonto	an	Kasse	7.000
3.	Kasse	an	Warenverkaufskonto	6.000
4.	Wareneinkaufskonto	an	Kasse	4.000
5.	Kasse	an	Warenverkaufskonto	8.000
6.	Schlussbilanzkonto	an	Waren	4.000

Abschlussbuchungen:

7.	Warenverkaufskonto	an	Wareneinkaufskonto	12.000
8.	Warenverkaufskonto	an	Gewinn- und Verlust-konto	2.000

S	Wareneinkaufskonto		H	S	Warenverkaufskonto		H
(1)	5.000	(7)	12.000	(7)	12.000	(3)	6.000
(2)	7.000	(6)	4.000	(8)	2.000	(5)	8.000
(4)	4.000						

S	Gewinn- und Verlustkonto		H
	Rohgewinn		2.000

S	Schlussbilanzkonto		H
Waren	4.000	...	...

Hinweis:

- In der Praxis existieren meist mehrere Warenkonten nebeneinander, um insbesondere nach verschiedenen Warenarten trennen zu können.

- Die Ermittlung des Endbestandes erfolgt per Inventur oder durch fortlaufende Erfassung der Zu- und Abgänge in den Büchern.

4.1.3 Verbuchung der Umsatzsteuer (USt)

Das Umsatzsteuerrecht, geregelt im Umsatzsteuergesetz (UStG), orientiert sich am betrieblichen Umsatzprozess, also an der Abgabe von materiellen und immateriellen Gütern gegen Entgelt an andere Wirtschaftseinheiten. Gegenstand der Besteuerung ist die „Wertschöpfung" des Unternehmens. Dadurch wird sichergestellt, dass gleichartige Güter, unabhängig davon, wie viele Umsatzprozesse sie durchlaufen, steuerlich gleichbehandelt werden.

Erreicht wird dieser Effekt dadurch, dass einerseits die Veräußerung von Sachgütern und Dienstleistungen besteuert wird und der Unternehmer verpflichtet ist, die erhaltene „Umsatzsteuer" an den Fiskus abzuführen, er jedoch andererseits die selbst entrichtete Steuer für bezogene Vorleistungen („Vorsteuer") gegenrechnen darf. Die Umsatzsteuer ist also eine erfolgsneutrale Steuer.

Nicht alle Umsätze unterliegen der Umsatzsteuerpflicht. *Abbildung 4-1* veranschaulicht die Unterscheidungen:

Abbildung 4-1:   *Umsätze und Umsatzsteuerpflicht*

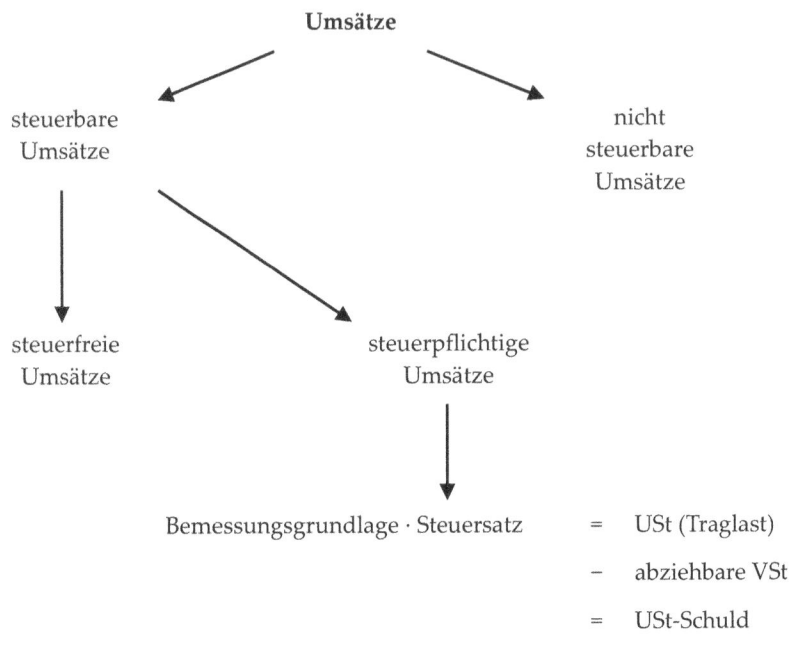

Gegenstand der Umsatzsteuer sind die **steuerbaren Umsätze**. Dazu gehören nach § 1 Abs. 1 UStG:

▨ Lieferungen im Inland gegen Entgelt,

▨ Leistungen im Inland gegen Entgelt,

▨ Einfuhr von Gegenständen aus Staaten, die nicht zur Europäischen Union gehören, sowie der

▨ innergemeinschaftliche Erwerb gegen Entgelt.

Des Weiteren gehören nach § 3 Abs. 1b UStG zu den steuerbaren Umsätzen auch:

▨ der Eigenverbrauch und

▨ bestimmte unentgeltliche Zuwendungen an das Personal oder an Dritte.

Nicht zu den steuerbaren Umsätzen gehören unter anderem Privatverkäufe.

Daneben existieren Steuerbefreiungen, um steuersystematische Mehrfachbelastungen zu vermeiden (z. B. Umsätze, die der Grunderwerbs- oder der Versicherungssteuer unterliegen) oder um sozial- und wirtschaftspolitische Ziele zu fördern (z. B. Umsätze von Ärzten, Krankenhäusern, Schulen oder Theatern).

Die Bemessungsgrundlage der Umsatzsteuer ist:

- bei Lieferungen und Leistungen: das vereinbarte Entgelt,

- bei innergemeinschaftlichem Erwerb: der Einkaufspreis zuzüglich Nebenkosten,

- bei Einfuhr aus Drittlandsgebieten: der Zollwert,

- bei Eigenverbrauch: die entstandenen Kosten.

Der Steuersatz beträgt seit 01.01.2007 19% (§ 12 Abs. 1 UStG). Der ermäßigte Steuersatz (z. B. für Nahrungsmittel, Bücher) beträgt: 7% (§ 12 Abs. 2 UStG).

Die Umsatzsteuer ist eine **Nettosteuer**. Wie bereits angedeutet, wird nur die vom Unternehmen erbrachte Wertschöpfung (Mehrwert) besteuert. Bei Ausgangsrechnungen wird die volle USt als Steuerschuld gebucht.

Buchungssatz z. B.:

Forderungen aus Lieferungen und Leistungen	an	Erlöse
		USt

Die bei Eingangsrechnungen in der Rechnung enthaltene USt wird als **Vorsteuer (VSt)** bezeichnet. Sie wird als Forderung gegen das Finanzamt gebucht.

Buchungssatz z. B.:

Wareneinkaufskonto		
VSt	an	Verbindlichkeiten aus Lieferungen und Leistungen

An das Finanzamt muss nur die **USt-Zahllast** abgeführt werden. Diese ergibt sich wie folgt:

USt-Zahllast = berechnete USt – abzuziehende VSt

Abschluss des VSt-Kontos über das USt-Konto:

Buchungssatz:

USt   an   VSt

Zahlung der Umsatzsteuer:

Buchungssatz:

USt   an   Bank

Das Buchen der USt-Traglast:

▪ Umsätze mit Dritten

Buchungssatz z. B.:

Bank   an   Warenverkaufskonto

USt

▪ Umsätze mit sich selbst

Steuerpflichtige Entnahmen werden als **Eigenverbrauch** bezeichnet. Das UStG unterscheidet drei Arten:

1. Entnahme von Gegenständen für Zwecke, die außerhalb des Unternehmens liegen,

2. außerbetriebliche Nutzung oder Verwendung von Gegenständen des Betriebsvermögens und

3. nach § 4 Abs. 5 EStG nicht abzugsfähige Betriebsausgaben.

Zu 1.: Bemessungsgrundlage: Wiederbeschaffungskosten

Die Wiederbeschaffungskosten entsprechen dem aktuellen Marktwert vorhandener Vermögensgegenstände. Die Ermittlung ist problematisch, weil die genaue Höhe nicht bestimmt werden kann.

Verbuchungsmöglichkeiten:

→ Wareneinkauf

→ Warenverkauf

→ auf einem besonderen Erlöskonto (Warenentnahmen)

Buchungssatz z. B.:

Privat	an	Wareneinkaufskonto
		USt

Sind die Wiederbeschaffungskosten größer als der Einstandswert:

Buchungssatz:

Privat	an	Wareneinkaufskonto
		Wertdifferenzenkonto
		USt

Der Abschluss des Wertdifferenzenkontos erfolgt über das Eigenkapitalkonto.

Zu 2.: Bemessungsgrundlage: die auf die Verwendung entfallenden Kosten

Buchungssatz:

Privat	an	Aufwand[10]
		USt

---

[10] Aufwand, z. B. durch die private Nutzung eines PKW, der zum Anlagevermögen des Unternehmens gehört.

Zu 3.: Bemessungsgrundlage: entstandener Aufwand

z. B. durch ein Präsent an einen Geschäftsfreund

Buchungssätze[11]:

nichtabzugsfähiger Aufwand	100			
VSt	20	an	Bank	120

nichtabzugsfähiger Aufwand	an	USt	20
Gewinn- und Verlustkonto	an	nichtabzugsfähiger Aufwand	120

Das Buchen der Vorsteuer (VSt):

Die Vorsteuer wird auf einem aktiven Bestandkonto, dem VSt-Konto, verbucht.

Buchungssatz:

Wareneinkaufskonto		
VSt	an	Verbindlichkeiten

Am Bilanzstichtag noch nicht verrechnete VSt-Beträge sind (in der Bilanz) als sonstige Forderungen, noch nicht gezahlte oder verrechnete USt-Beträge als sonstige Verbindlichkeiten auszuweisen.

Das Buchen der USt-Vorauszahlungen:

Veranlagungszeitraum der USt ist das Kalenderjahr. Das Unternehmen ist aber verpflichtet, monatlich oder vierteljährlich Voranmeldungen abzugeben und Vorauszahlungen zu leisten. Hierzu ist zunächst der Saldo des VSt-Kontos auf das USt-Konto zu übertragen.

Buchungssatz:

USt	an	VSt

---

11 Zur Vereinfachung der Berechnung wurde bei den Beispielrechnungen sowie Übungsaufgaben ein Steuersatz in Höhe von 20% angesetzt.

Anschließend ist der Saldo des USt-Kontos durch Überweisung an das Finanzamt auszugleichen.

Buchungssatz:

USt   an   Bank

Übersteigen die Vorsteuerbeträge die Umsatzsteuerbeträge eines Voranmeldezeitraumes, dann entsteht ein Erstattungsanspruch gegenüber dem Finanzamt, der als sonstige Forderungen auszuweisen ist.

Buchungssatz:

sonstige Forderungen   an   USt

4.1.4 Verbuchungen von Preisminderungen

Rabatte

Rabatte sind Preisnachlässe, die in der Regel **sofort** gewährt werden. Bei der Rechnungserstellung schon feststehende Abzüge sind nicht als gesonderte Aufwands- und Ertragsvorgänge zu betrachten, sondern unmittelbar vom Listen- oder Grundpreis abzuziehen. Dieser Nettobetrag ist relevant für den:

- auf dem Wareneinkauf zu erfassenden Einstandswert oder für den
- auf dem Warenverkauf zu erfassenden Verkaufswert.

Alternativ können Rabatte auch als Erlösschmälerung (Abschluss über das Warenverkaufskonto) erfasst werden.

Boni

Boni sind **nachträglich** gewährte Preisnachlässe. Sie vermindern das vereinbarte Entgelt.

▪ Buchung auf der Verkaufsseite = Kundenboni

Erfassung auf dem Konto „gewährte Boni", einem Unterkonto des Warenverkaufskontos, das über dieses Konto abgeschlossen wird. Bei dem den Bonus gewährenden Unternehmen vermindert sich auch die Bemessungsgrundlage der USt und damit die zu zahlende USt. Dies erfordert eine Buchung im Soll des USt-Kontos.

Buchungssatz:

gewährte Boni		
USt	an	Forderungen aus Lieferungen und Leistungen (Bank)[12]

Abschlussbuchung:

Warenverkaufskonto	an	gewährte Boni

▪ Buchung auf der Einkaufsseite = Lieferantenboni

Erfassung auf dem Konto „erhaltene Boni", einem Unterkonto des Wareneinkaufskontos. Der Saldo ist auf das Wareneinkaufskonto zu übertragen. Bei dem Unternehmen, das den Bonus empfängt, vermindert sich ebenfalls die Bemessungsgrundlage und damit die Höhe der verrechenbaren VSt.

Buchungssatz:

Verbindlichkeiten	an	erhaltene Boni
		VSt

Abschlussbuchung:

erhaltene Boni	an	Wareneinkaufskonto

Alternativ können „gewährte Boni" und „erhaltene Boni" direkt über das Gewinn- und Verlustkonto abgeschlossen werden.

---

[12] Falls die Rechnung bereits beglichen wurde, ist auf der Habenseite des Kontos „Bank" zu buchen.

Skonti

Auch beim Skonto handelt es sich um einen gewährten Preisnachlass. Er wird nachträglich gewährt, und zwar für die vorzeitige Zahlung des Rechnungsbetrages innerhalb einer bestimmten Frist. Somit kann der Skonto auch als Zins angesehen werden. Nach heutiger Meinung ist der Skontoaufwand, der bei Nichtausnutzung eines Skontos entsteht, Teil der zu aktivierenden Anschaffungskosten.

▨ Buchung auf der Verkaufsseite = Kundenskonti

Kundenskonti entstehen, wenn ein Kunde von einem angebotenen Skontoabzug Gebrauch macht. Diese gewährten Skonti stellen nachträgliche Erlösschmälerungen dar. Sie werden auf einem Aufwandskonto „gewährte Skonti" erfasst, das über das WVK abgeschlossen wird. Alternativ können gewährte Skonti auch direkt auf der Sollseite des WVK gebucht werden.

Stehen Skontoabzüge mit steuerpflichtigen Umsätzen in Zusammenhang, so ist eine Umsatzsteuerberichtigung erforderlich.

Buchungssatz:

Bank		
gewährte Skonti		
USt	an	Forderungen aus Lieferungen und Leistungen

Abschlussbuchung:

Warenverkaufskonto	an	gewährte Skonti

▨ Buchung auf der Einkaufsseite = Lieferantenskonti

Lieferantenskonti werden bei der vorzeitigen Begleichung der Schuld zurückbehalten. Diese erhaltenen Skonti mindern nachträglich die Anschaffungskosten des Wareneingangs. Sie werden auf einem eigenen Konto „erhaltene Skonti" gesammelt, das über das Wareneinkaufskonto abgeschlossen wird. Alternativ können erhaltene Skonti auch direkt auf der Habenseite des Wareneinkaufskontos gebucht werden.

Der Skontoabzug mindert die abzugsfähige Vorsteuer. Der Skontoabzug muss aufgeteilt werden in den Teil, der auf das Entgelt entfällt, und den Teil, der auf die VSt entfällt.

Buchungssatz:

Verbindlichkeiten aus Lieferungen und Leistungen	an	Bank
		erhaltene Skonti
		VSt

Alternativ können „gewährte Skonti" und „erhaltene Skonti" über das Gewinn- und Verlustkonto abgeschlossen werden.

Beispiele:

Klein&Fein verkauft Waren im Nettowert von 3.000 €. Das Geld wird am nächsten Tag unter Berücksichtigung von 5% Skonto überwiesen.

Buchungssätze:

Forderungen aus Lieferungen und Leistungen	3.600			
		an	Warenverkaufskonto	3.000
			USt	600

Bank	3.420			
gewährte Skonti	150			
USt	30	an	Forderungen aus Lieferungen und Leistungen	3.600

Es werden Waren im Wert von 1.000 € (netto) gekauft. Die Rechnung wird sofort bar unter Berücksichtigung von 5% Skonto beglichen.

Buchungssätze:

Wareneinkaufskonto	1.000			
VSt	190	an	Kasse	1.140
			erhaltene Skonti	50

4.1.5 Verbuchung zurückgewährter Entgelte

Hierunter fallen u. a. Rücksendungen und Gutschriften (z. B. ein nachträglicher Preisnachlass aufgrund einer Mängelrüge).

Buchung auf der Verkaufsseite

Den Kunden zurückgewährte Entgelte schmälern den Verkaufserlös.

Die Buchung erfolgt im Soll des Warenverkaufskontos oder eines Unterkontos des Warenverkaufskontos.

Es handelt sich um eine Berichtigung des Entgeltes und damit auch der USt-Bemessungsgrundlage. Dadurch sinkt die USt-Schuld. Die USt-Berichtigung erfolgt im Soll des USt-Kontos.

Buchungssatz:

Warenverkaufskonto

USt   an   Forderungen aus Lieferungen und Leistungen (Bank)

Buchung auf der Einkaufsseite

Vom Lieferanten zurückgewährte Entgelte mindern die Anschaffungskosten des Wareneingangs.

Die Buchung erfolgt im Haben des Wareneinkaufskontos oder eines entsprechenden Unterkontos.

Durch die Erstattung von Entgelten reduziert sich entsprechend auch die angefallene VSt. Die VSt-Korrektur erfolgt im Haben des VSt-Kontos:

Buchungssatz:

Verbindlichkeiten aus Lieferungen und Leistungen   an   Wareneinkaufskonto

VSt

1. Beschreiben Sie den grundsätzlichen Charakter des Wareneinkaufskontos bzw. den des Warenverkaufskontos.
2. Welche Sachverhalte werden auf dem Wareneinkaufskonto verbucht?
3. Wie unterscheidet sich das Nettoabschlussverfahren vom Bruttoabschlussverfahren?
4. Zeigen Sie auf, wie sich die Umsatzsteuerzahllast berechnet.
5. Grenzen Sie die Konten „Vorsteuer" und „Umsatzsteuer" voneinander ab.
6. Wie sind Umsatzsteuervorauszahlungen zu verbuchen?
7. Definieren Sie den Begriff „Boni" und erläutern Sie deren Verbuchung.
8. Was wird unter einem Skonto verstanden?
9. Zeigen Sie auf, welche wirtschaftlichen Hintergründe zurückgewährten Entgelten zugrunde liegen können.

4.2   Verbuchung des Materialverbrauchs

Für die Erfassung der Verbrauchsmengen an Material stehen neben der Lagerbuchführung und der Inventurmethode die Zugangsrechnung und die retrograde Methode zur Verfügung. Die Zugangsrechnung basiert auf der Annahme, dass der Verbrauch der Periode dem Zugang der Periode entspricht (Festbewertung). Für die Ermittlung des Materialverbrauchs einer Periode genügt daher die Erfassung der Zugänge. Ein Nachteil der Zugangsrechnung ist allerdings darin zu sehen, dass diese Annahme für viele Materialien nicht zutrifft. Bei Anwendung der retrograden Methode wird der Verbrauch aus den hergestellten Mengen an unfertigen und fertigen Erzeugnissen abgeleitet. Nachteilig erweist sich jedoch, dass die für die Herstellung benötigten Materialarten und -mengen genau bekannt sein müssen. Als weiterer Nachteil kommt sowohl für die Zugangsrechnung als auch für die retrograde Methode hinzu, dass eine Abgrenzung des außerordentlichen Verbrauchs (z. B. Schwund, Diebstahl) nicht möglich ist.

1. Lagerbuchführung

In größeren industriellen Betrieben wird – insbesondere bei einem stark differenzierten Bedarf an Rohstoffen und Bauteilen – der Materialverbrauch zumeist im Rahmen einer Nebenbuchführung für das Materiallager erfasst. Das bedeutet, dass die Materialzugänge differenziert nach Materialarten auf speziellen Konten zu verbuchen sind und bei jeder Materialentnahme ein Materialentnahmeschein ausgefüllt und abgezeichnet werden muss. Die Materialentnahmescheine bilden die Grundlage für die Verbuchung der Entnahmen auf den entsprechenden Lagerkonten. Durch den Vergleich der Soll- und Haben-Buchungen auf den verschiedenen Lagerkonten kann dann für jede Materialart gesondert der Materialverbrauch während der Abrechnungsperiode ermittelt werden (Skontraktionsrechnung).

Etwaige Differenzen zwischen den Inventurergebnissen und den ermittelten Salden sind zurückzuführen auf Buchungsfehler, Schwund oder unerlaubte Entwendungen.

2. Inventurmethode

In kleineren handwerklichen und industriellen Betrieben wird der Materialverbrauch dagegen nach folgendem Schema („Inventurmethode") bestimmt:

	Lageranfangsbestand
+	Lagerzugänge
–	Rücksendungen an Lieferanten (beispielsweise wegen festgestellter Qualitätsmängel)
–	Lagerendbestand (durch Inventur festgestellt)
=	Materialverbrauch

Bei dieser Abrechnungsmethode können nicht verbrauchsbedingte Fehlmeldungen nicht festgestellt werden.

Beispiel:

S	Materiallager		H	
AB	61.000	Rücksendung	3.000	
Zugänge	10.500	Saldo	82.500	→ Materialaufwand
	15.000	EB	25.000	→ Bilanz
	24.000			
	110.500		110.500	

S	Materialaufwand		H	
Materiallager	82.500	Saldo	82.500	→ Gewinn- und Verlust- rechnung

AB: Anfangsbestand

EB: Endbestand (durch Inventur ermittelt)

1. Welche grundsätzlichen Methoden bestehen für die Ermittlung des Material-verbrauchs?
2. Skizzieren Sie die sogenannte Inventurmethode.

4.3 Veränderung der Bestände an fertigen und unfertigen Erzeugnissen

4.3.1 Ermittlung der Bestände an fertigen Erzeugnissen

In industriellen, aber auch in handwerklichen Betrieben werden im Allgemeinen Produktion und Absatz während einer Geschäftsperiode nicht übereinstimmen. Die Frage stellt sich also, wie derartige Differenzen buchungstechnisch zu behandeln sind. Im Folgenden wird zunächst einmal unterstellt, dass unfertige Erzeugnisse nicht entstehen.

Falls sich am Ende einer Abrechnungsperiode im Rahmen einer Inventur herausstellt, dass nicht alle in dieser Periode hergestellten Erzeugnisse auch abgesetzt werden konnten, so ergibt sich dadurch zwangsläufig im Vergleich zum Anfangsbestand ein höherer Endbestand.

Da nach den handelsrechtlichen Grundsätzen für die kaufmännische Buchführung der Erfolg „periodengerecht" ermittelt werden muss, entspricht die bewertete (positive) Bestandsdifferenz prinzipiell einem *Ertrag*, da ja die nicht verkauften Produkte während der Abrechnungsperiode hergestellt worden sind. Fraglich ist nur, wie dieser „Überhang" an fertigen Erzeugnissen zu bewerten ist. Während für die abgesetzten Erzeugnisse die tatsächlich erzielten Verkaufspreise die Grundlage für die Bewertung bilden, sind nach § 255 HGB die Güter des Umlaufvermögens – und dazu gehören auch die Bestände an fertigen Erzeugnissen – mit den „Herstellungskosten" zu bewerten.

Grundlage für die Ermittlung der Herstellungskosten sind die Ergebnisse der Kostenund Leistungsrechnung. Falls allerdings die ermittelten Herstellungskosten über dem aktuellen Marktwert liegen, ist der niedrigere Wert anzusetzen.

Im umgekehrten Fall, wenn also während einer Abrechnungsperiode mehr Erzeugnisse verkauft werden konnten als produziert worden sind, der Endbestand an fertigen Erzeugnissen also *unter* dem entsprechenden Anfangsbestand liegt, so entspricht die negative Differenz einem *Aufwand*, denn generell gilt, dass jedwede Vermögensminderung aufwandswirksam zu verbuchen ist. Die negative Bestandsdifferenz lässt sich aber auch als Ertragskorrektur interpretieren.

Beispiel:

Ein Handwerksbetrieb hat sich auf die Herstellung bestimmter Küchenstühle spezialisiert.

Annahmen:

In der Periode 1 wurden 200 Stühle produziert. Davon konnten 180 verkauft werden.

Anfangsbestand: 10 Küchenstühle

In der Periode 2 reduziert der Inhaber die Produktion auf 190 Stühle.

Verkauf: 200 Küchenstühle

Verkaufspreis: 50 €/Küchenstuhl (netto)

Herstellungskosten: 40 €/Küchenstuhl

Umsatzsteuersatz: 20%

Periode 1

Forderungen aus Lieferungen und Leistungen	10.800			
		an	Umsatzerlöse	9.000
			USt	1.800

Abschlussbuchungen:

S	fertige Erzeugnisse (Lager)		H	S	Veränderungen der Bestände an fertigen Erzeugnissen		H
AB	400	EB	1.200	Saldo	800	FE	800
Saldo	800						

Schlussbilanzkonto	an	fertige Erzeugnisse	1.200
Bestandsveränderungen	an	Gewinn- und Verlust-konto	800

Periode 2

Forderungen aus Lie-ferungen und Leistun-gen	12.000			
		an	Umsatzerlöse	10.000
			USt	2.000

Abschlussbuchungen:

S	fertige Erzeugnisse (Lager)		H	S	Veränderungen der Bestände an fertigen Erzeugnissen		H
AB	1.200	Saldo	400	FE	400	Saldo	400
		EB	800				

Schlussbilanzkonto	an	fertige Erzeugnisse	800
Gewinn- und Verlustkonto	an	Bestands-veränderungen	400

AB: Anfangsbestand

EB: Endbestand

FE: fertige Erzeugnisse (Lager)

4.3.2 Probleme der Bewertung unfertiger Erzeugnisse

Grundsätzlich können sich in industriellen und auch in handwerklichen Betrieben Veränderungen der Bestände an unfertigen Erzeugnissen ergeben. Derartige Veränderungen werden buchungstechnisch genauso behandelt wie Veränderungen der Bestände an fertigen Erzeugnissen.

Problematisch ist vor allem die quantitative Erfassung, weil der Fertigstellungsgrad der noch in der Bearbeitungsphase befindlichen Erzeugnisse sehr unterschiedlich sein kann. Auch lassen sich die Herstellungskosten der noch unfertigen Erzeugnisse nicht ohne Weiteres genau feststellen.

Handelsrechtlich zulässig ist deshalb die vereinfachende Annahme, dass die Produktion aller noch nicht fertiggestellten Erzeugnisse im Durchschnitt bereits die Hälfte der Herstellungskosten, die üblicherweise bei Fertigstellung der erfassten unfertigen Erzeugnisse anfallen, verursacht hat.

Kontrollfragen

1. Wie sind Bestandsdifferenzen an fertigen und unfertigen Erzeugnissen zu behandeln?
2. Welche Bewertungsprobleme ergeben sich bei unfertigen Erzeugnissen?

4.4 Buchungsprobleme im Anlagevermögen

4.4.1 Anschaffung

Angeschaffte Anlagegüter sind in Höhe der **Anschaffungskosten** zu verbuchen. Anschaffungskosten entsprechen den Aufwendungen, die geleistet werden, um einen Vermögensgegenstand zu erwerben und in einen betriebsbereiten Zustand zu versetzen, soweit sie dem Vermögensgegenstand einzeln zugeordnet werden können (§ 255 Abs. 1 HGB):

	Anschaffungspreis
+	Anschaffungsnebenkosten
+	nachträgliche Anschaffungskosten
–	Anschaffungspreisminderungen
=	Anschaffungskosten

Der Anschaffungspreis entspricht dem Rechnungsbetrag abzüglich der belasteten Umsatzsteuer (Vorsteuer).

Beispiel:

Kauf einer Maschine mit Listenpreis 50.000 € zuzüglich 20% USt auf Ziel. Der Händler gewährt einen Sofortrabatt in Höhe von 10% auf den Listenpreis. Für den Transport der Maschine vom Händler bis zum Betriebsgelände werden von einem Spediteur 1.200 € (einschließlich USt) in Rechnung gestellt, die per Banküberweisung bezahlt werden. Für die Herstellung der Betriebsbereitschaft der Maschine fallen innerbetriebliche Transportkosten in Höhe von 400 € an, die durch Schlüsselung ermittelt wurden. Ferner ergeben sich für innerbetrieblich durchgeführte Montage- und Fundamentierungsarbeiten Aufwendungen in Höhe von 2.000 € (Lohn 1.200 €, Material 800 €), die durch Einzelaufschreibungen (Lohnzettel, Materialentnahmescheine) erfasst wurden.

Anschaffungspreis (netto):		50.000 €
Anschaffungsnebenkosten:	– externer Transport (netto):	1.000 €
	– interner Transport –	
	nicht **direkt** (einzeln) zurechenbar!	
	→ **nicht aktivierungsfähig!**	0 €
	– Montage und Fundamentierung:	2.000 €
Anschaffungspreis-minderung (netto):		5.000 €
Anschaffungskosten:		**48.000 €**

Anschaffungskosten sind im Soll des Maschinenkontos einzubuchen. Gegenbuchungen müssen grundsätzlich auf dem entsprechenden Finanzmittel- oder Verbindlichkeitskonto eingetragen werden.

Ausnahme:

Gegenbuchung für aktivierte Montage- und Fundamentierungskosten. Diese wurden im Rahmen der laufenden Aufwandsbuchungen zunächst in voller Höhe den jeweiligen Primäraufwandskonten (Lohn, Material) auf der Sollseite belastet, was nun durch entsprechende Habenbuchungen auf den betreffenden Konten zu kompensieren ist.

Für das Beispiel ergibt sich demnach folgender Buchungssatz:

Maschinen	48.000			
VSt	9.200	an	Verbindlichkeiten aus Lieferungen und Leistungen	54.000
			Bank	1.200
			Lohnaufwand	1.200
			Materialaufwand	800

Anzahlungen

Beim Kauf von Anlagegütern werden häufig Anzahlungen vereinbart. Geleistete eigene Anzahlungen werden auf einem Konto „geleistete Anzahlungen" erfasst. Dabei ist zu beachten, dass Anzahlungen USt-pflichtig sind (§ 13 Abs. 1 Nr. 1a UStG).

Buchungssatz:

geleistete Anzahlungen		
VSt	an	Bank

Wenn später die Lieferung stattfindet, auf die die Anzahlung geleistet wurde, erfolgt eine einfache Umbuchung:

Buchungssatz:

Maschinen	an	geleistete Anzahlungen

Bei empfangenen Anzahlungen ist analog zu buchen.

4.4.2   Abschreibungen

Planmäßige Abschreibungen auf das abnutzbare Anlagevermögen

Vermögensgegenstände sind abnutzbar, wenn ihre zeitliche Nutzung begrenzt ist, z. B. Gebäude, Maschinen, maschinelle Anlagen, Kfz oder Betriebs- und Geschäftsausstattung. Derartige Gegenstände des Anlagevermögens müssen planmäßig abgeschrieben werden (§ 253 Abs. 3 S. 1 HGB).

Der tatsächliche Wertverzehr resultiert aus der Nutzung in den produktiven Gestaltungsprozessen, wobei die Wertminderung auf unterschiedlichen Ursachen beruhen kann. Dominanter Einflussfaktor wird in der Regel der Gebrauchsverschleiß sein. Je intensiver beispielsweise eine Maschine genutzt wird, umso größer ist die zeitabhängige Minderung des Leistungspotentials. Dieser Prozess wird überlagert durch den natürlichen Verschleiß, etwa durch Korrosion oder Kavitation.

Der effektive Wertverzehr lässt sich nicht exakt bestimmen, da die Einflussfaktoren unterschiedlich ausgeprägt sein können und die Wirkungsintensität sich im Zeitablauf verändern kann. Theoretisch müsste die Bemessung der erforderlichen Abschreibungen durch fiktive Angebote auf den entsprechenden Märkten für gebrauchte Güter ermittelt werden. Aber auch dabei wird sich eine mehr oder weniger weite Preisspanne herausstellen.

Handelsrechtlich ist deshalb eine pauschale Wertminderungsprognose für die Berechnung der Abschreibungsbeträge zulässig.

Die formalen Determinanten für die Ermittlung der periodenbezogenen Abschreibungen sind:

- die Anschaffungskosten,

- die voraussichtlichen Liquidationserlöse am Ende der Nutzungsdauer,

- die geschätzte Nutzungsdauer,

- das gewählte Abschreibungsverfahren.

Für die planmäßige Abschreibung kommen die in *Abbildung 4-2* dargestellten Verfahren in Betracht.[13]

---

[13]   Erläuterungen zu Verfahren der planmäßigen Abschreibungen finden sich z. B. bei *Quick, Reiner/ Wolz, Matthias*: Bilanzierung in Fällen: Grundlagen, Aufgaben und Lösungen nach HGB und IFRS, 7. Aufl., Stuttgart 2022, S. 95-108.

Abbildung 4-2: *Verfahren der planmäßigen Abschreibung*

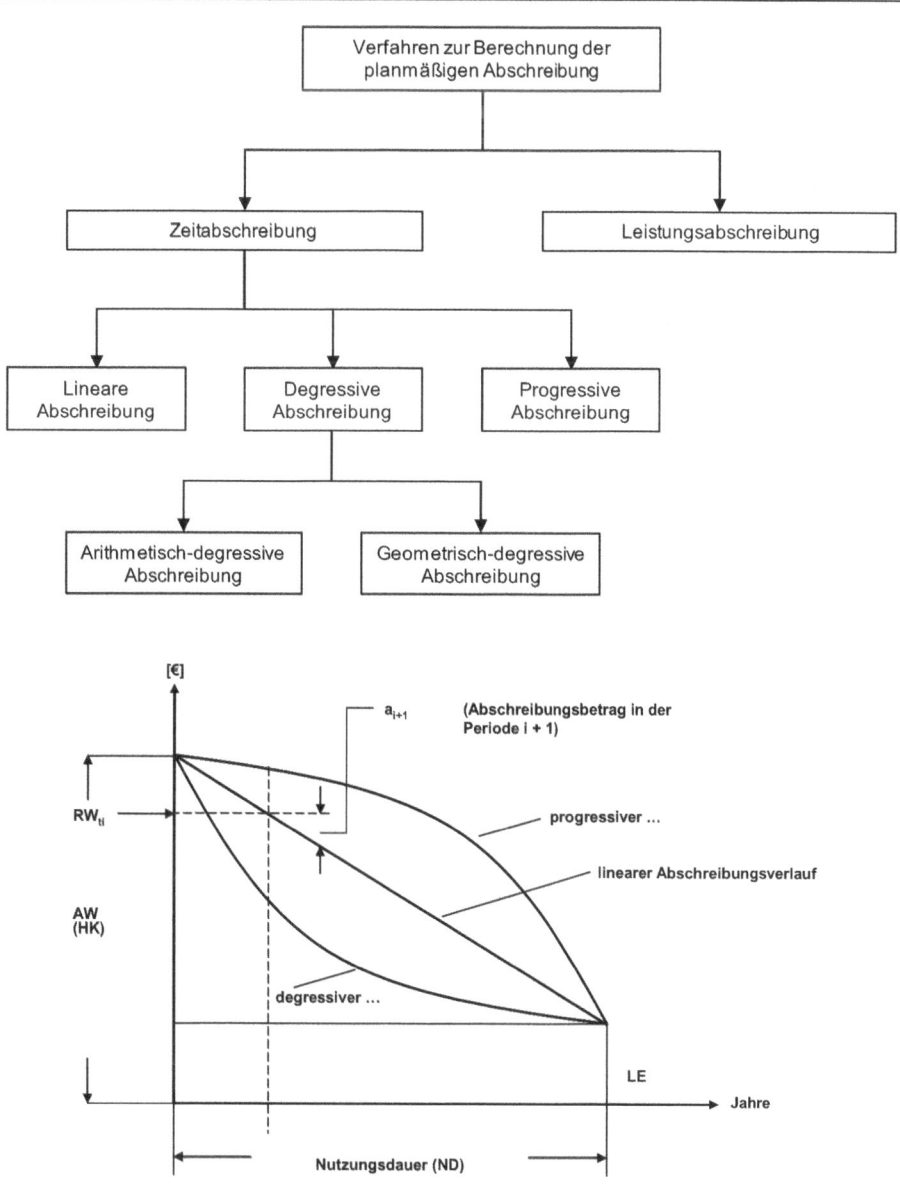

RW_{ti}: Restwert (= Buchwert) am Ende der Periode i
AW: Anschaffungswert („Anschaffungskosten")
HK: „Herstellungskosten"
LE: (voraussichtlicher) Liquidationserlös

Im weiteren Verlauf wird ausschließlich die Methode der linearen Abschreibung berücksichtigt.

Der jährliche Abschreibungsbetrag berechnet sich mittels der Formel:

$$A_t = \frac{\text{Anschaffungs - oder Herstellungskosten} - \text{Liquidationserlös (Restwert)}}{\text{Nutzungsdauer}} \quad (\text{€/Jahr})$$

Buchungstechnisch bestehen für Abschreibungen zwei Möglichkeiten:

Direkte Abschreibungen

Der Abschreibungsbetrag wird auf einem Abschreibungskonto erfasst. Die Gegenbuchung erfolgt unmittelbar auf dem Anlagekonto, dessen wertmäßiger Bestand abzuschreiben ist.

Das Anlagekonto enthält die um Abschreibungen verminderten Buchwerte, d. h. die Restbuchwerte, und wird über das Schlussbilanzkonto abgeschlossen.

Das Abschreibungskonto wird über das Gewinn- und Verlustkonto abgeschlossen.

Buchungssatz:

        Abschreibungen auf Anlagen   an   Maschinen

Abschlussbuchungen:

        Schlussbilanzkonto   an   Maschinen

        Gewinn- und Verlustkonto   an   Abschreibungen auf Anlagen

Indirekte Abschreibungen

Bei diesem Abschreibungsverfahren erfolgt die Gegenbuchung nicht auf dem Konto des abzuschreibenden Vermögensgegenstandes, sondern auf einem **Wertberichtigungskonto** (Passivkonto).

In der Bilanz erscheinen daher auf der Aktivseite während der gesamten Nutzungsdauer unverändert die aktivierten Anschaffungskosten (oder bei selbst erstellten Anlagen die Herstellungskosten). Sie werden durch das auf der Passivseite geführte Wertberichtigungskonto korrigiert.

Buchungssatz:

    Abschreibungen auf Anlagen   an   Wertberichtigungen auf Anlagen

Abschlussbuchungen:

    Wertberichtigungen auf Anlagen   an   Schlussbilanzkonto

    Gewinn- und Verlustkonto   an   Abschreibungen auf Anlagen

Der **Vorteil** der indirekten Abschreibung ist in der höheren **Bilanzklarheit** zu sehen. Es werden stets die Anschaffungs- oder Herstellungskosten ausgewiesen. Über die Höhe der Wertberichtigungen lassen sich die Abschreibungen erkennen. Dadurch sind auch Rückschlüsse auf das Alter der Anlagen möglich.

Ein **Nachteil** der indirekten Abschreibung liegt darin, dass die **Bilanz Restbuchwerte nicht unmittelbar ausweist**. Außerdem führt die indirekte Abschreibung zu einer **erhöhten Bilanzsumme**.

Einzelunternehmen und Personengesellschaften dürfen in ihrer Bilanz einen passiven Wertberichtigungsposten zum Anlagevermögen ausweisen. Für Kapitalgesellschaften ist dies gemäß dem Bilanzgliederungsschema des § 266 HGB nicht vorgesehen. Dadurch wird der Grundsatz der Bilanzklarheit beeinträchtigt.

Demnach verlangt der Gesetzgeber gemäß § 284 Abs. 3 HGB die Aufstellung eines **Anlagespiegels** im Anhang. Er enthält die Anschaffungs- oder Herstellungskosten, Zugänge, Abgänge, Abschreibungen, Umbuchungen, Zuschreibungen des Geschäftsjahrs und die Gesamthöhe der Abschreibungen. Der Anlagespiegel sorgt für die gebotene Klarheit. Kleine Kapitalgesellschaften sind von der Aufstellung befreit (§ 288 Abs. 1 Nr. 1 HGB).

Erinnerungswert

Falls Gegenstände des Anlagevermögens buchungstechnisch bereits vollständig abgeschrieben sind, aber noch genutzt werden, ist auf den entsprechenden Konten bis zum Verkauf oder zur Verschrottung (Entsorgung) ein Erinnerungswert in Höhe von 1 € auszuweisen. Dies leitet sich aus den GoB ab, nach denen die Vermögenswerte des Unternehmens vollständig in der Bilanz auszuweisen sind.

Geringwertige Wirtschaftsgüter

Eine Besonderheit besteht nach § 6 Abs. 2 EStG für geringwertige Wirtschaftsgüter (GWG). Dabei handelt es sich um abnutzbare, bewegliche Wirtschaftsgüter des Anlagevermögens, die zu einer selbständigen Nutzung fähig sind und deren Anschaffungs- oder Herstellungskosten 800 € (netto) nicht übersteigen. Sie können im Jahr der Anschaffung oder Herstellung in voller Höhe abgeschrieben werden. Ungeachtet dessen müssen aber Wirtschaftsgüter, deren Wert 250 € übersteigt, in ein besonderes laufend zu führendes Verzeichnis aufgenommen werden (§ 6 Abs. 2 S. 4 EStG).

Übersteigen die Anschaffungs- oder Herstellungskosten 250 € (netto), nicht jedoch 1.000 € (netto), können diese Wirtschaftsgüter nach § 6 Abs. 2a EStG in einem Jahres-Sammelposten zusammengefasst werden. Dabei sind jeweils jährlich diejenigen Wirtschaftsgüter zu bündeln, die beweglich und abnutzbar sowie selbständig nutzbar sind. Für die Anschaffungen eines jeden Jahres ist jeweils ein separater Sammelposten zu bilden. Der Sammelposten ist pauschal mit 20% p. a. abzuschreiben, was einer Nutzungsdauer von fünf Jahren entspricht. Dabei ist es unerheblich, wann die einzelnen Wirtschaftsgüter im Laufe des Jahres erworben wurden. Falls ein Wirtschaftsgut im Laufe der fünf Jahre das Anlagevermögen verlässt, bspw. aufgrund von Beschädigung, Entnahme oder Veräußerung, so beeinflusst dies nicht den Wert des Sammelpostens und er ist weiterhin über den verbleibenden Teil des 5-Jahres-Zeitraumes abzuschreiben. Im Falle einer Veräußerung oder Entnahme ist der Veräußerungserlös im Zeitpunkt des Zugangs des Veräußerungserlöses bzw. im Zeitpunkt der Entnahme als Betriebseinnahme anzusetzen. Für die Einstellung in den Sammelposten ist immer der Nettobetrag maßgebend und zwar auch dann, wenn der Unternehmer nicht zum Vorsteuerabzug berechtigt ist. Die nicht als Vorsteuer abziehbare Umsatzsteuer gehört dann zu den Anschaffungs- oder Herstellungskosten. Unternehmer, die nicht zum Vorsteuerabzug berechtigt sind, müssen deshalb den Bruttobetrag in den Sammelposten einstellen, auch wenn dieser über 1.000 € liegt.

Liegen die Anschaffungs- und Herstellungskosten über 1.000 € (netto), so stellen diese Wirtschaftsgüter keine GWG dar und es erfolgt eine Abschreibung über die betriebsgewöhnliche Nutzungsdauer.

Außerplanmäßige Abschreibungen im Anlagevermögen

Bei Vermögensgegenständen des Anlagevermögens, denen am Bilanzstichtag ein niedrigerer Wert als die fortgeführten Anschaffungs- oder Herstellungskosten beizulegen ist, müssen außerplanmäßige Abschreibungen vorgenommen werden, wenn es sich um eine voraussichtlich dauernde Wertminderung handelt. Diese Abschreibungspflicht resultiert aus dem **Imparitätsprinzip** (§ 252 Abs. 1 Nr. 4 HGB), nach dem erkennbare Verluste bei der Bewertung berücksichtigt werden müssen, auch wenn sie noch nicht realisiert sind.

Außer dem gebrauchsbedingten Verschleiß kann sich eine (abrupte) Wertminderung der Gegenstände des Anlagevermögens auch durch höhere Gewalt oder menschliches Versagen – wie etwa die Fehlbedienung einer Maschine – ergeben. Außerdem können auch Nachfrageverschiebungen auf den Absatzmärkten oder technische Innovationen den Wert negativ beeinflussen. Derartige Wertminderungen müssen durch *außerplanmäßige* Abschreibungen berücksichtigt werden.

Generell gilt, dass alle vorhersehbaren Risiken und Verluste in den Bewertungsprozess einzubeziehen sind. Dagegen darf ein Gewinn erst dann ausgewiesen werden, wenn er tatsächlich realisiert ist, wenn also beispielsweise die Einnahmen aus dem Verkauf einer gebrauchten Maschine über dem ausgewiesenen Buchwert (den geschätzten Liquidationserlösen) liegen (§ 252 Abs. 1 Nr. 4 HGB).

Während im Falle einer voraussichtlich dauerhaften Wertminderung eine Abschreibungspflicht für sämtliche Vermögensgegenstände des Anlagevermögens besteht, ist bei einer vorübergehenden Wertminderung keine außerplanmäßige Abschreibung vorzunehmen. Lediglich bei den Finanzanlagen besteht bei voraussichtlich vorübergehender Wertminderung ein Wahlrecht zur Vornahme außerplanmäßiger Abschreibung (§ 253 Abs. 3 S. 5 HGB). Damit wird die vor dem Inkrafttreten des BilMoG für Kapitalgesellschaften geltende Regelung auf alle Unternehmen, die zur Aufstellung eines Jahresabschlusses verpflichtet sind, ausgeweitet.

Abbildung 4-3:   *Niederstwertvorschriften für Vermögensgegenstände des Anlagevermögens*

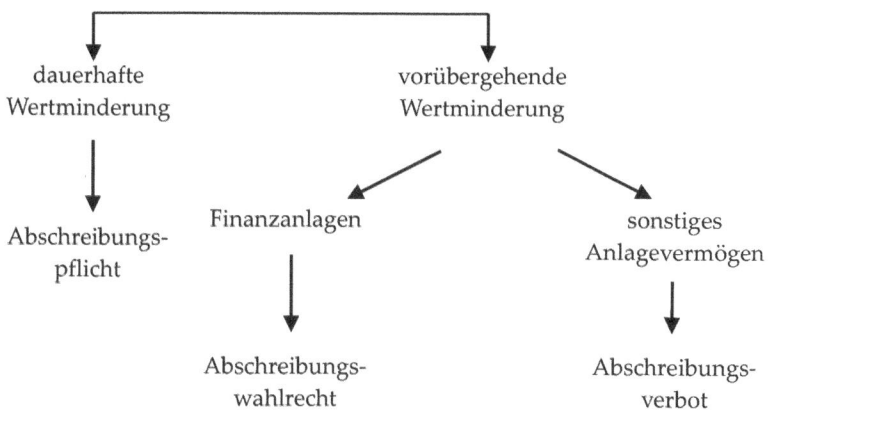

Buchungssatz:

     außerplanmäßige Abschreibun-   an   Maschinen (z. B.)
     gen auf Anlagen

Zuschreibungen

Es ist durchaus möglich, dass der Grund für eine außerplanmäßige Abschreibung später ganz oder teilweise entfällt. In diesem Fall besteht, unabhängig von der Rechtsform, ein Zuschreibungsgebot, d. h. die außerplanmäßige Abschreibung ist rückgängig zu machen (§ 253 Abs. 5 HGB). Absolute Obergrenze für die Zuschreibung sind jedoch die (fortgeführten) Anschaffungs- oder Herstellungskosten.

Beispiel:

Die *X-GmbH* besitzt ein unbebautes Grundstück, das für 1 Mio. € angeschafft wurde. Der Zeitwert des Grundstücks sinkt aufgrund eines Autobahnneubaus in unmittelbarer Nähe auf 500.000 €.

Buchungssatz:

Abschreibungen auf Grundstücke	an	Grundstücke	500.000

Im Folgejahr erweist sich jedoch überraschenderweise die Autobahn als Vorteil, da in unmittelbarer Nähe eine zusätzliche Auffahrt errichtet wurde. Infolge dessen steigt der Marktwert auf 800.000 €.

Buchungssatz:

Grundstücke	an	Zuschreibungen	300.000

4.4.3 Verkauf

Beim Verkauf von Gegenständen des Anlagevermögens können folgende Fälle auftreten:

▓ **Verkauf zum Buchwert**

Buchungssatz:

Bank	an	Maschinen
		USt

▦ **Verkauf über Buchwert**

Die insgesamt verbuchten Abschreibungen waren in diesem Fall zu hoch. Die Korrektur des zu hoch verrechneten Abschreibungsaufwands erfolgt durch die Verbuchung des Ertrags aus dem Abgang des Vermögensgegenstandes als „sonstiger betrieblicher Ertrag".

Buchungssatz:

Bank		an	Maschinen
			USt
			sonstiger betrieblicher Ertrag

▦ **Verkauf unter Buchwert**

Waren die bisher verbuchten Abschreibungen zu niedrig, so muss die Differenz als „sonstiger betrieblicher Aufwand" zu Lasten des aktiven Bestandskontos verbucht werden.

Buchungssatz:

Bank			
sonstiger betrieblicher Aufwand		an	Maschinen
			USt

Beispiele:

1. Barverkauf eines LKW mit einem Buchwert von 50.000 € zu 50.000 € (netto):

   Buchungssatz:

Kasse	60.000	an	Fuhrpark	50.000
			USt	10.000

2. Barverkauf eines LKW mit einem Buchwert von 50.000 € zu 60.000 € (netto):

   Buchungssatz:

Kasse	72.000	an	Fuhrpark	50.000
			USt	12.000
			sonstiger betrieblicher Ertrag	10.000

3. Barverkauf eines LKW mit einem Buchwert von 50.000 € zu 40.000 € (netto):

Buchungssatz:

Kasse	48.000			
sonstiger betrieblicher Aufwand	10.000	an	Fuhrpark	50.000
			USt	8.000

Kontrollfragen

1. Aus welchen Elementen setzen sich die Anschaffungskosten zusammen?
2. Wie wird die Vorsteuer im Rahmen von Anschaffungsvorgängen behandelt?
3. Welche umsatzsteuerrechtliche Besonderheit ergibt sich bei geleisteten Anzahlungen?
4. Welche Faktoren bestimmen die Höhe der planmäßigen Abschreibung?
5. Geben Sie einen Überblick über die Verfahren der planmäßigen Abschreibung.
6. Wie unterscheiden sich die direkten von den indirekten Abschreibungen?
7. Welche Besonderheiten ergeben sich für die Abschreibung sogenannter geringwertiger Wirtschaftsgüter (GWG)?
8. Unter welchen Voraussetzungen ist im Anlagevermögen außerplanmäßig abzuschreiben?
9. Was wird unter dem Zuschreibungsgebot verstanden?
10. Wie schlägt sich ein Verkauf von Anlagevermögen über dem Buchwert nieder?

4.5 Buchungsprobleme im Umlaufvermögen

4.5.1 Abschreibungen auf Vorräte

Vorräte verlieren nicht regelmäßig an Wert. Daher kommen planmäßige Abschreibungen nicht in Betracht. Vorräte sind Bestandteil des Umlaufvermögens und unterliegen deshalb dem **strengen Niederstwertprinzip** (vgl. § 253 Abs. 4 HGB), das eine Konkretisierung des Imparitätsprinzips darstellt. Nach dem strengen Niederstwertprinzip sind Abschreibungen auf einen niedrigeren Zeitwert (Marktwert) am Bilanzstichtag zwingend.[14] Die Verbuchung erfolgt ausschließlich nach der direkten Methode:

Buchungssatz:

> Abschreibungen auf Vorräte an Vorräte

Beispiel:

Waren, die zu Anschaffungskosten in Höhe von 500 € erworben wurden, sind am Bilanzstichtag noch auf Lager. Der Zeitwert am Bilanzstichtag beträgt 400 €.

Buchungssatz:

> Abschreibungen auf Vorräte an Waren 100

Über die Niederstwertvorschriften hinausgehende außerplanmäßige Abschreibungen sind nicht vorgesehen.

4.5.2 Abschreibungen auf Forderungen

Forderungen sind höchstens zum Nennwert anzusetzen. Sie gehören zum Umlaufvermögen, so dass auch für sie das **strenge Niederstwertprinzip** (vgl. § 253 Abs. 4 HGB) gilt. Liegt der Wert einer Forderung daher am Bilanzstichtag unter dem Nennwert oder dem Buchwert, so ist zwingend eine außerplanmäßige Abschreibung vorzunehmen.

---

[14] Die Bilanzierung von Vorräten wird z. B. ausführlich behandelt von *Coenenberg, Adolf G./ Haller, Axel/ Schultze, Wolfgang*: Jahresabschluss und Jahresabschlussanalyse: Betriebswirtschaftliche, handelsrechtliche, steuerrechtliche und internationale Grundlagen – HGB, IAS/IFRS, US-GAAP, DRS, 26. Aufl., Stuttgart 2021, S. 239-270.

Forderungen werden nach ihrer Einbringlichkeit in drei Gütekategorien eingeteilt:

1. Vollwertige Forderungen

Bei vollwertigen Forderungen bestehen hinsichtlich der Einbringlichkeit weder Einschränkungen noch Zweifel, dass Zahlungsausfälle zu erwarten sind. Diese Forderungen verbleiben auf dem Forderungskonto und sind dort mit dem Nennwert anzusetzen.

2. Zweifelhafte Forderungen

Sie sind dadurch gekennzeichnet, dass eine lediglich teilweise Realisierung zu erwarten ist. Anhaltspunkte dafür können sein:

- erfolglose Mahnungen,
- negative Auskünfte über die Liquiditätsverhältnisse,
- erhebliche Zahlungszielüberschreitung,
- die Nichteinlösung von Schecks oder Wechseln,
- die beantragte Eröffnung eines Insolvenzverfahrens.

Zweifelhafte Forderungen sind von den vollwertigen Forderungen buchungstechnisch zu trennen und auf das aktive Bestandskonto „zweifelhafte Forderungen" umzubuchen. Dieses Konto wird mitunter auch als „Dubiose" bezeichnet.

Buchungssatz:

> zweifelhafte Forderungen   an   Forderungen aus Lieferungen
> und Leistungen

Zweifelhafte Forderungen sind mit dem wahrscheinlichen Wert anzusetzen. Der als uneinbringlich geschätzte Teil der Forderung ist abzuschreiben.

Buchungssatz:

> Abschreibungen auf Forderun-   an   zweifelhafte Forderungen
> gen

3. Uneinbringliche Forderungen

Hierbei handelt es sich um Forderungen, die aller Wahrscheinlichkeit nach nicht mehr beglichen werden können. Sie sind in voller Höhe abzuschreiben. Die Uneinbringlichkeit einer Forderung ist z. B. in folgenden Situationen anzunehmen:

■ Der Antrag auf Eröffnung des Insolvenzverfahrens wird mangels Masse abgelehnt. (Das Vermögen reicht nicht aus, um die Kosten des Verfahrens zu decken.)

■ Die Verwertung der Insolvenzmasse blieb für das buchende Unternehmen ohne Ergebnis.

■ Eine Zwangsvollstreckung erwies sich als fruchtlos.

■ Der Aufenthaltsort des Schuldners lässt sich nicht ermitteln.

■ Der Schuldner leistet einen Offenbarungseid.

Uneinbringliche Forderungen liegen auch vor, wenn nur ein Teil der Forderung ausfällt und dieser Ausfall sicher ist. Dies ist z. B. der Fall, wenn im Rahmen eines Insolvenzverfahrens die Ausfallquote gerichtlich festgelegt ist.

Buchungssatz:

> Abschreibungen auf Forderungen
>
> USt   an   Forderungen aus Lieferungen und Leistungen

Im Rahmen der Forderungsabschreibung erweist sich die **Umsatzsteuerkorrektur** als problematisch. Nur bei tatsächlichem Forderungsverlust besteht ein gegenüber dem Finanzamt realisierbarer Kürzungsanspruch. Abschreibungen im Rahmen der zweifelhaften Forderungen erfolgen daher vom Nettobetrag. Erst wenn die Höhe des Forderungsausfalls tatsächlich feststeht und somit das vereinbarte Entgelt für eine steuerpflichtige Lieferung oder sonstige Leistung uneinbringlich geworden ist, darf die Umsatzsteuer korrigiert werden (§ 17 Abs. 2 Nr. 1 UStG). Bei als uneinbringlich kategorisierten Forderungen ist dagegen der Forderungsverlust hinreichend konkret, so dass unmittelbar eine Korrektur der Umsatzsteuer vorzunehmen ist.

4.5.3 Buchung zu berichtigender Forderungen

Im Rahmen der Erfassung von Abschreibungen auf Forderungen ist zwischen Einzelwertberichtigungen und Pauschalwertberichtigungen zu unterscheiden.

Einzelwertberichtigungen beruhen auf einer individuellen Risikoprüfung, d. h. Forderungen werden einzeln auf ihre Bonität oder Einbringlichkeit überprüft. Eine solche Einzelbewertung berücksichtigt das **individuelle Ausfallrisiko** des Schuldners. Dies ist nur bei einer überschaubaren Forderungsanzahl oder bei hochwertigen Forderungen zu rechtfertigen. Der Nennwert der Forderung wird durch eine Abschreibung reduziert und somit der wahrscheinliche Wert der Forderung angesetzt.

Beispiel:

Eine Forderung in Höhe von 12.000 € (einschließlich USt) wird zweifelhaft. Es ist mit einem Ausfall von 60% zu rechnen.

Buchungstechnisch ist zwischen einer direkten und einer indirekten Form der Abschreibung zu unterscheiden.

▪ **Direkte Abschreibung**

Buchungssatz:

zweifelhafte Forderungen	an	Forderungen aus Lieferungen und Leistungen	12.000
Abschreibungen auf Forderungen	an	zweifelhafte Forderungen	6.000

Abschlussbuchungen:

Schlussbilanzkonto	an	zweifelhafte Forderungen	6.000
Gewinn- und Verlustkonto	an	Abschreibungen auf Forderungen	6.000

▪ **Indirekte Abschreibung**

Buchungssatz:

zweifelhafte Forderungen	an	Forderungen aus Lieferungen und Leistungen	12.000
Abschreibungen auf Forderungen	an	Wertberichtigungen auf Forderungen	6.000

Abschlussbuchungen:

Schlussbilanzkonto	an	zweifelhafte Forde-rungen	12.000
Wertberichtigungen auf Forde-rungen	an	Schlussbilanzkonto	6.000
Gewinn- und Verlustkonto	an	Abschreibungen auf Forderungen	6.000

Die indirekte Abschreibung dient dem Grundsatz der Klarheit, d. h. der Bilanzleser kann sowohl die Höhe der ursprünglichen Forderungen, als auch die Höhe der erwarteten Verluste erkennen.

Nach § 266 Abs. 3 HGB dürfen Kapitalgesellschaften keine passiven Wertberichtigungsposten in der Bilanz ausweisen. Sie können dennoch Forderungen in den laufenden Aufzeichnungen der Buchführung indirekt abschreiben. Das Wertberichtigungskonto ist dann über das Forderungskonto abzuschließen:

Buchungssatz:

Wertberichtigungen auf Forde-rungen	an	zweifelhafte Forde-rungen	6.000

Mit der **Pauschalwertberichtigung** werden zwei Risiken erfasst:

1. Einerseits werden **spezielle Kreditrisiken** (Ausfallrisiko, Verzögerungsrisiko, Einziehungsrisiko) pauschal erfasst (Vereinfachung der Buchungsprozesse). Anwendung findet die Pauschalwertberichtigung insbesondere, wenn sich umfangreiche Forderungsbestände aus zahlreichen, betragsmäßig weniger ins Gewicht fallenden Einzelforderungen zusammensetzen.

2. Andererseits bezieht sich die Pauschalwertberichtigung auf die Erfassung **allgemeiner Kreditrisiken**, denn auch bei einwandfreien Forderungen sind Ausfälle möglich (z. B. allgemeines Ausfallrisiko bei Konjunkturrückgang, erhöhte Wagnisse bei Auslandsforderungen). Kunden von an sich guter Bonität können durch nicht vorhergesehene Ereignisse in Zahlungsschwierigkeiten geraten. Diesen Risiken lässt sich vorsorglich durch Pauschalwertberichtigungen Rechnung tragen.

Die Pauschalwertberichtigung ist aus Erfahrungswerten der Vergangenheit zu bemessen. Im Steuerrecht sind Wertberichtigungssätze von 3-7% zulässig. Auch Pauschalwertberichtigungen können direkt oder indirekt verbucht werden. Die indirekte Verbuchung ist jedoch vorherrschend. Bereits einzelwertberichtigte Forderungen werden in der Regel bei der Pauschalwertberichtigung nicht berücksichtigt.

Beispiel:

Forderungsbestand 36.000 € (einschließlich USt), Ausfallsatz erfahrungsgemäß 5%

Buchungssatz:

Abschreibungen auf Forderungen	an	Pauschalwertberichtigung auf Forderungen	1.500

Abschlussbuchungen:

Schlussbilanzkonto	an	Forderungen aus Lieferungen und Leistungen	36.000
Pauschalwertberichtigung auf Forderungen	an	Schlussbilanzkonto	1.500
Gewinn- und Verlustkonto	an	Abschreibungen auf Forderungen	1.500

Bei Kapitalgesellschaften:

Buchungssatz:

Pauschalwertberichtigung auf Forderungen	an	Forderungen aus Lieferungen und Leistungen	1.500

Abschlussbuchungen:

Schlussbilanzkonto	an	Forderungen aus Lieferungen und Leistungen	34.500
Gewinn- und Verlustkonto	an	Abschreibungen auf Forderungen	1.500

Das Konto „Pauschalwertberichtigung auf Forderungen" wird mitunter auch als „Delkredere"-Konto bezeichnet.

4.5.4 Verbuchung von Zahlungseingängen wertberichtigter Forderungen

Beim Zahlungseingang auf **zweifelhafte Forderungen** sind folgende Fälle zu unterscheiden:

1. **Harmoniefall:**

   Die Höhe des tatsächlichen Forderungsausfalls ist gleich der Höhe des geschätzten Forderungsausfalls (6.000 €).

   Beispiel:

   Forderungsbestand 12.000 € (inkl. USt)

   Zahlungseingang 4.800 € → Forderungsausfall 7.200 € (brutto), davon 1.200 € USt

   Direkte Abschreibung:

   Buchungssatz:

Bank	4.800			
USt	1.200	an	zweifelhafte Forderungen	6.000

   Indirekte Abschreibung:

   Buchungssatz:

Wertberichtigungen auf Forderungen	6.000			
Bank	4.800			
USt	1.200	an	zweifelhafte Forderungen	12.000

2. **Diskrepanzfall I:**

Die Höhe des tatsächlichen Forderungsausfalls ist größer als die Höhe des geschätzten Forderungsausfalls.

Beispiel:

Zahlungseingang 3.600 € → Forderungsausfall 8.400 € (brutto), davon 1.400 € USt

Direkte Abschreibung:

Buchungssatz:

Bank	3.600			
USt	1.400			
sonstiger betrieblicher Aufwand	1.000	an	zweifelhafte Forderungen	6.000

Indirekte Abschreibung:

Buchungssatz:

Wertberichtigungen auf Forderungen	6.000			
Bank	3.600			
USt	1.400			
sonstiger betrieblicher Aufwand	1.000	an	zweifelhafte Forderungen	12.000

3. **Diskrepanzfall II:**

Die Höhe des tatsächlichen Forderungsausfalls ist kleiner als die Höhe des geschätzten Forderungsausfalls.

Beispiel:

Zahlungseingang   7.200 €   →   Forderungsausfall   (brutto)   4.800 €,   davon 800 € USt

Direkte Abschreibung:

Buchungssatz:

Bank	7.200			
USt	800	an	zweifelhafte Forderungen	6.000
			sonstiger betrieblicher Ertrag	2.000

Indirekte Abschreibung:

Buchungssatz:

Bank	7.200			
Wertberichtigungen auf Forderungen	6.000			
USt	800	an	zweifelhafte Forderungen	12.000
			sonstiger betrieblicher Ertrag	2.000

▪ Zahlungseingang auf eine als **uneinbringlich abgeschriebene Forderung**

Beispiel:

Eine Forderung in Höhe von 24.000 € wurde als uneinbringlich voll abgeschrieben.

Buchungssatz:

Abschreibungen auf Forderungen	20.000			
USt	4.000	an	Forderungen aus Lieferungen und Leistungen	24.000

Wider Erwarten gehen 9.600 € ein.

Buchungssatz:

Bank	9.600	an	sonstiger betrieblicher Ertrag	8.000
			USt	1.600

▪ Zahlungseingang auf **pauschalwertberichtigte Forderungen**

In der Praxis ist hier eine **Fortschreibung der Pauschalwertberichtigung** üblich.

Beispiel:

Pauschalwertberichtigung von 5%, Forderungsbestand im Jahr 1: 48.000 € (brutto)

Buchungssatz:

Abschreibungen auf Forderungen	an	Pauschalwertberichtigung auf Forderungen	2.000

Forderungsbestand im Jahr 2: 60.000 € (brutto)

Buchungssatz:

Abschreibungen auf Forderungen	an	Pauschalwertberichtigung auf Forderungen	500

Forderungsbestand im Jahr 3: 36.000 € (brutto)

Buchungssatz:

Pauschalwertberichtigung auf Forderungen	an	sonstiger betrieblicher Ertrag	1.000

Ist also die Pauschalwertberichtigung im neuen Geschäftsjahr größer, dann entstehen zusätzliche Abschreibungen auf Forderungen. Ist dagegen die Pauschalwertberichtigung im neuen Geschäftsjahr kleiner, dann entsteht ein sonstiger betrieblicher Ertrag. Wird eine pauschalwertberichtigte Forderung uneinbringlich oder geht sie ganz oder teilweise ein, so wird das Konto „Pauschalwertberichtigung auf Forderungen" nicht berührt! Diese hier beschriebene Anpassung der Pauschalwertberichtigung auf Forderungen wird als **statisches Verfahren** bezeichnet. Es hat eine wesentliche Arbeitserleichterung zur Folge, da keine laufende Anpassung der Pauschalwertberichtigung auf Forderungen während des Geschäftsjahres erfolgen muss.

Die effektiven Ausfälle der pauschal wertberichtigten Forderungen im nächsten Geschäftsjahr müssen dann allerdings auch individuell verbucht werden.

Im Rahmen der vorgestellten Abschreibungsprobleme bei den Forderungen ist die Verbuchung der Differenzen als sonstiger betrieblicher Aufwand bzw. sonstiger betrieblicher Ertrag erläuterungsbedürftig. Offensichtlich waren in den angesprochenen Fällen die Abschreibungen zu niedrig bzw. zu hoch angesetzt gewesen. Grundsätzlich wäre es daher auch denkbar, die Differenz auf dem Konto „Abschreibungen auf Forderungen" zu verbuchen. Erfolgt allerdings die Begleichung der Forderung in einem späteren Jahr, so wären die Abschreibungen auf Forderungen nicht nur in der alten, sondern auch in der neuen Periode in falscher Höhe ausgewiesen. Dies spricht für die hier gewählte Vorgehensweise des Verbuchens der Differenz als sonstiger betrieblicher Aufwand/ Ertrag.

Kontrollfragen

1. Erläutern Sie die gesetzlichen Vorschriften zu außerplanmäßigen Abschreibungen im Umlaufvermögen.

2. Systematisieren Sie Forderungen nach ihrer Einbringlichkeit.

3. In welchen Situationen ist von einer uneinbringlichen Forderung auszugehen?

4. Zu welchem Zeitpunkt erfolgt im Rahmen der Forderungsabschreibung eine Korrektur der Umsatzsteuer?

5. Wie unterscheiden sich Einzelwertberichtigungen von Pauschalwertberichtigungen?

6. Erläutern Sie die indirekte Verbuchung einer Abschreibung auf Forderungen.

7. Welche Risiken erfasst eine Pauschalwertberichtigung?

8. Wie ist die Situation, dass der tatsächliche Forderungsausfall größer ist als der geschätzte Forderungsausfall, in der Buchführung abzubilden?

4.6 Buchungsprobleme mit zeitlicher Abgrenzung

In der Finanzbuchführung lösen Geschäftsvorfälle, bei denen die Zahlungswirksamkeit und die Erfolgswirksamkeit zeitlich auseinander fallen, spezielle Probleme aus. Sie werden durch die zeitliche Abgrenzung gelöst, z. B. über die Vornahme planmäßiger Abschreibungen, die Bildung von Rückstellungen oder den Ansatz von Rechnungsabgrenzungsposten.

4.6.1 Rechnungsabgrenzungsposten (RAP)

Rechnungsabgrenzungsposten dienen der **periodengerechten Verteilung von Vermögensänderungen** und damit der **zeitlich richtigen Erfolgsermittlung**. Sie werden gebildet, wenn am Abschlussstichtag zeitliche Diskrepanzen zwischen Ausgaben und Aufwendungen oder Einnahmen und Erträgen vorliegen, so dass Zahlungsvorgang und Erfolgswirkung zumindest teilweise durch den Jahresabschluss getrennt werden. Es sind zwei grundsätzliche Arten an Rechnungsabgrenzungsposten zu unterscheiden:

▨ **Transitorische RAP**

Bei den transitorischen RAP liegt die Zahlungswirksamkeit vor der Erfolgswirksamkeit, d. h. es werden vorschüssige Zahlungen getätigt. Dabei sind wiederum zwei Varianten zu unterscheiden:

o   Die Ausgabe erfolgt jetzt, der Aufwand entsteht aber erst später.

   In dieser Situation ist ein **aktiver RAP** auszuweisen (§ 250 Abs. 1 HGB).

   Beispiel: im Voraus bezahlte Versicherungsprämien

o   Die Einnahme erfolgt jetzt, der Ertrag entsteht aber erst später.

   In dieser Situation ist ein **passiver RAP** auszuweisen (§ 250 Abs. 2 HGB).

   Beispiel: vorschüssig erhaltene Zinsen

▨ **Antizipative RAP**

Sie sind dadurch gekennzeichnet, dass Zahlungen nach der Erfolgswirksamkeit zu leisten sind, d. h. periodenübergreifende Zahlungen erfolgen nachschüssig. Auch bei dieser Konstellation gibt es zwei Varianten:

o   Der Ertrag entsteht jetzt, die Einnahme erfolgt aber erst später.

   In diesem Fall kommt es zu einem Ausweis **sonstiger Forderungen** (bei Kapitalgesellschaften: sonstige Vermögensgegenstände).

   Beispiel: noch zu erhaltende Miete

o   Der Aufwand entsteht jetzt, die Ausgabe erfolgt aber erst später.

   Dieser Vorgang erfordert den Ausweis **sonstiger Verbindlichkeiten**.

   Beispiel: nachschüssig zu zahlende Gehälter

Abbildung 4-4:   *Rechnungsabgrenzungsposten*

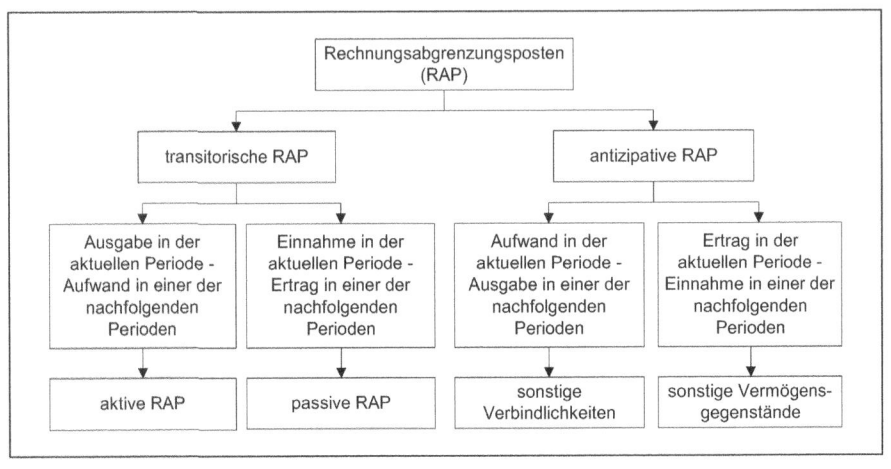

Es bleibt also festzuhalten, dass **in der Bilanz nur transitorische RAP unter der Bezeichnung „Rechnungsabgrenzungsposten" ausgewiesen werden**.

Für RAP besteht nach § 250 Abs. 1 und 2 HGB eine **Bilanzierungspflicht** (Ausnahme: Disagio). Sie dürfen jedoch nur dann gebildet werden, wenn die Erfolgswirksamkeit der periodenübergreifenden Zahlung einem kalendermäßig exakt bestimmbaren Zeitraum nach dem Abschlussstichtag zugeordnet werden kann.

Beispiele:

Vorauszahlungen von Miete, Pacht, Versicherungsprämien, Kfz-Steuern, Beiträgen, Zinsen, Honoraren, Löhnen und Gehältern, Provisionen

Vorgänge, für deren zeitliche Erfolgswirkung Anfang und Ende nicht eindeutig bestimmbar sind (z. B. Werbemaßnahmen, Ausgaben im Bereich Forschung und Entwicklung), dürfen nicht als RAP ausgewiesen werden, denn eine pro Zeiteinheit berechenbare Zahlung ist hier nicht gegeben.

→ Diese Vorgänge stellen einen in voller Höhe erfolgswirksamen Aufwand dar.

Ein **Disagio** entsteht, wenn der Auszahlungsbetrag einer Verbindlichkeit kleiner als der Rückzahlungsbetrag ist. Es besteht ein Wahlrecht (§ 250 Abs. 3 HGB), d. h. das Disagio kann:

- sofort als Aufwand verrechnet werden oder

- als aktiver RAP aktiviert und durch planmäßige Abschreibung über die gesamte Kreditlaufzeit verteilt werden.

Das Disagio hat den Charakter einer Zinsvorauszahlung.

Bei den transitorischen RAP handelt es sich lediglich um Abgrenzungsposten, die Geldzahlungen in die Leistungsperiode überleiten. Sie weisen eine andere Qualität auf als Vermögensgegenstände des Anlage- oder Umlaufvermögens sowie der Schulden. Für ihren **Ausweis** gilt daher nach §§ 247 Abs. 1, 266 Abs. 2 C. und Abs. 3 D. HGB, dass RAP in der Bilanz als eigener Hauptposten ganz unten einzustellen sind. Aktive RAP stehen somit unter dem Umlaufvermögen, passive RAP unter den Verbindlichkeiten.

Verbuchung transitorischer RAP

- **Ausgaben jetzt – Aufwand später**

  Beispiel:

  Am 01.07. wird eine Versicherungsprämie in Höhe von 8.000 € vorschüssig für ein Jahr durch Banküberweisung gezahlt.

  Buchung bei Zahlung:

Versicherungsaufwand	an	Bank	8.000

Am Jahresende müssen in den Aufwandskonten enthaltene Beträge, die erfolgsrechnerisch auf eine bestimmte Zeit nach dem Abschlussstichtag entfallen, durch Bildung eines aktiven RAP abgegrenzt werden. Für das Beispiel gilt, dass die Versicherungszahlung in Höhe von 4.000 € in der alten Periode „verbraucht" wurde. Ein Wertverzehr ist bereits eingetreten, so dass dieser Aufwand das alte Geschäftsjahr betrifft. Dagegen besteht in Höhe von ebenfalls 4.000 € gegenüber dem Versicherungsgeber ein Leistungsanspruch auf Versicherungsschutz. Dieser Leistungsanspruch hat Ähnlichkeit mit einer Forderung und ist als aktiver RAP in die Schlussbilanz aufzunehmen.

Vorbereitende Abschlussbuchung:

aktive RAP	an	Versicherungsaufwand	4.000

In der neuen Periode ist der gebildete aktive RAP (sofern er nicht mehrere Perioden betrifft) aufzulösen, indem der Betrag auf das entsprechende Aufwandskonto übernommen wird.

Buchungssatz in der neuen Periode:

Versicherungsaufwand	an	aktive RAP	4.000

Einnahmen jetzt – Ertrag später

Beispiel:

Aus einem gewährten Darlehen fließen jährlich 12.000 € Zinseinnahmen, die vorschüssig am 01.10. gezahlt werden.

Buchung bei Vereinnahmung:

Bank	an	Zinserträge	12.000

Am Jahresende müssen in den Ertragskonten enthaltene Beträge, die erfolgsrechnerisch auf eine bestimmte Zeit nach dem Abschlussstichtag entfallen, durch Bildung eines passiven RAP abgegrenzt werden. Für das Beispiel gilt, dass in der alten Periode nur Zinserträge in Höhe von 3.000 € realisiert wurden und damit als Zinsertrag ausgewiesen werden dürfen. Dagegen besteht in Höhe von 9.000 € gegenüber dem Kreditnehmer eine Leistungsverpflichtung. Sie hat Ähnlichkeit mit einer Verbindlichkeit und ist als passiver RAP in die Schlussbilanz aufzunehmen.

Vorbereitende Abschlussbuchung:

Zinserträge	an	passive RAP	9.000

In der neuen Periode ist der gebildete passive RAP (sofern er nicht mehrere Perioden betrifft) aufzulösen, indem der Betrag auf das entsprechende Ertragskonto übertragen wird.

Buchungssatz in der neuen Periode:

passive RAP		an	Zinserträge	9.000

Alternativ zu der hier vorgestellten Verbuchungsweise wäre es auch möglich, eine **direkte Rechnungsabgrenzung** vorzunehmen. Ausgaben/Einnahmen des laufenden Geschäftsjahres, die Aufwendungen/Erträge des nächsten Jahres betreffen, wären dann bereits direkt bei Zahlung entsprechend zeitlich abzugrenzen. Dadurch erübrigt sich zum Jahresabschluss eine Überprüfung aller Ausgaben und Einnahmen auf ihre periodengerechte Abgrenzung. Dann wäre für die angeführten Beispiele am Zahlungszeitpunkt wie folgt zu buchen:

Versicherungsaufwand	4.000			
aktive RAP	4.000	an	Bank	8.000

Bank	12.000	an	passive RAP	9.000
			Zinserträge	3.000

Verbuchung antizipativer RAP

▓ **Ertrag jetzt – Einnahme später**

Beispiel:

Büroräumlichkeiten wurden an einen Zulieferer vermietet. Die Dezembermiete in Höhe von 2.300 € geht erst im Januar auf dem Bankkonto ein.

Obwohl die Miete noch nicht vereinnahmt ist, muss sie erfolgswirksam erfasst werden.

Buchung am Bilanzstichtag:

sonstige Forderungen		an	Mieterträge	2.300

Buchung bei Zahlungseingang im neuen Jahr:

Bank		an	sonstige Forderungen	2.300

▧ **Aufwand jetzt – Ausgabe später**

Beispiel:

Die Dezemberlöhne in Höhe von 18.200 € werden erst am 02.01. überwiesen.

Obwohl die Ausgabe noch nicht angefallen ist, muss der Vorgang erfolgswirksam erfasst werden.

Buchung im alten Jahr:

Lohnaufwand	an	sonstige Verbindlich- keiten	18.200

Buchung am 02.01.:

sonstige Verbindlichkeiten	an	Bank	18.200

Verbuchung eines Disagios

Beispiel:

Zum 01.01. wird ein Darlehen zum Nennbetrag 50.000 € aufgenommen (vereinbartes Disagio: 1800 €; Laufzeit 3 Jahre).

1. **Möglichkeit:** Disagio sofort als Aufwand verrechnen

Buchungssatz:

Bank	48.200			
Zinsaufwand	1.800	an	Verbindlichkeiten gegenüber Kreditinsti- tuten	50.000

2. **Möglichkeit:** Disagio als aktiven RAP aktivieren und über die Laufzeit abschreiben

Buchung bei Aufnahme des Darlehens:

Bank	48.200			
aktive RAP	1.800	an	Verbindlichkeiten gegenüber Kreditinsti- tuten	50.000

Buchung der Abschreibung des aktiven RAP jeweils am Periodenende:

| Zinsaufwand | an | aktive RAP | 600 |

4.6.2 Rückstellungen

Rückstellungen[15] dienen ebenfalls dem **Zweck** der periodengerechten Erfolgsermittlung, indem Aufwendungen erfasst werden, die erst in zukünftigen Perioden zu Ausgaben führen. Sie antizipieren also zukünftige erfolgswirksame Ausgaben, deren wirtschaftliche Verursachung vor oder in der abzuschließenden Periode liegt. Im Gegensatz zu den Verbindlichkeiten sind Rückstellungen dadurch charakterisiert, dass eine Ungewissheit in Bezug auf die Höhe und/oder die Fälligkeit der Ausgaben besteht. Die Höhe der Aufwendungen ist folglich zu schätzen.

Das HGB differenziert folgende **Rückstellungsarten**:

▪ **Rückstellungen für ungewisse Verbindlichkeiten**

Es besteht eine **Passivierungspflicht** (§ 249 Abs. 1 S. 1 HGB).

Beispiele: Pensions-, Garantie-, Prozess-, Steuerrückstellungen, Rückstellungen für noch nicht in Anspruch genommenen Urlaub, Rückstellungen für Altlastensanierungen

▪ **Rückstellungen für drohende Verluste aus schwebenden Geschäften**

Es besteht eine **Passivierungspflicht** (§ 249 Abs. 1 S. 1 HGB).

Als schwebende Geschäfte werden zweiseitig verpflichtende Verträge bezeichnet, bei denen noch keiner der Vertragspartner die vereinbarte Lieferung oder Leistung erbracht hat. Solange sich die gegenseitigen Ansprüche ausgleichen, werden schwebende Geschäfte nicht bilanziert. Ist für den Bilanzierenden aus dem schwebenden Geschäft ein Gewinn zu erwarten, so verbietet das Realisationsprinzip einen Ausweis. Entsteht jedoch beim Bilanzierenden ein Verpflichtungsüberschuss, werden Rückstellungen für drohende Verluste auf dem Konto „Drohverlustrückstellungen" gebildet. Die Pflicht zur Bildung von Drohverlustrückstellungen stellt damit eine Konkretisierung des Imparitätsprinzips dar.

---

[15] Eine ausführliche Diskussion der Bilanzierung von Rückstellungen findet sich z. B. *Coenenberg, Adolf G./ Haller, Axel/ Schultze, Wolfgang*: Jahresabschluss und Jahresabschlussanalyse: Betriebswirtschaftliche, handelsrechtliche, steuerrechtliche und internationale Grundlagen – HGB, IAS/IFRS, US-GAAP, DRS, 26. Aufl., Stuttgart 2021, S. 455–480 sowie *Baetge, Jörg/ Kirsch, Hans-Jürgen/ Thiele, Stefan*: Bilanzen, 16. Aufl, Düsseldorf 2021, S. 423–475.

Verluste drohen aus:

o   schwebenden Beschaffungsgeschäften

o   schwebenden Absatzgeschäften

o   schwebenden Dauerschuldverhältnissen

Derartige Rückstellungen sind beispielsweise bei schwebenden Beschaffungsgeschäften zu bilden, wenn die georderten Waren aller Voraussicht nach nur noch zu Preisen, die unter den Einstandspreisen liegen, veräußert werden können.

▨ **Rückstellungen für Gewährleistungen, die ohne rechtliche Verpflichtung erbracht werden.**

Es besteht eine **Passivierungspflicht** (§ 249 Abs. 1 S. 2 Nr. 2 HGB).

Hiermit sind Kulanzleistungen des bilanzierenden Unternehmens angesprochen. Besteht eine rechtliche Verpflichtung für Gewährleistungen, führen entsprechende Geschäftsvorfälle zum Ausweis von Rückstellungen für ungewisse Verbindlichkeiten.

▨ **Rückstellungen für im Geschäftsjahr unterlassene Instandhaltung, die im folgenden Geschäftsjahr innerhalb von drei Monaten nachgeholt wird.[16]**

Es besteht eine **Passivierungspflicht** (§ 249 Abs. 1 S. 2 Nr. 1 HGB).

▨ **Rückstellungen für im Geschäftsjahr unterlassene Abraumbeseitigung, die im folgenden Geschäftsjahr nachgeholt wird.**

Es besteht eine **Passivierungspflicht** (§ 249 Abs. 1 S. 2 Nr. 1 HGB).

Kapitalgesellschaften und bestimmte Personenhandelsgesellschaften haben in ihren Bilanzen die Rückstellungen in Pensionsrückstellungen, Steuerrückstellungen und sonstige Rückstellungen zu untergliedern (§ 266 Abs. 3 B. HGB). Sie sind in der Bilanz nach dem Eigenkapital und vor den Verbindlichkeiten auszuweisen. Nach § 253 Abs. 1 S. 1 HGB sind Rückstellungen in Höhe des nach vernünftiger kaufmännischer Beurteilung notwendigen Erfüllungsbetrages anzusetzen. Rückstellung mit einer Restlaufzeit von einem Jahr sind mit dem ihrer Restlaufzeit entsprechenden durch-

---

[16]   Vor dem BilMoG gab es ein Passivierungswahlrecht für Rückstellungen für im Geschäftsjahr unterlassene Instandhaltung, die im folgenden Geschäftsjahr nach Ablauf der 3-Monatsfrist nachgeholt wird. Zudem existierte ein Wahlrecht zur sonstigen Aufwandsrückstellung. Dabei handelt es sich um Rückstellungen für ihrer Eigenart nach genau umschriebene, dem Geschäftsjahr oder einem früheren zuzuordnende Aufwendungen, die am Abschlussstichtag wahrscheinlich oder sicher, aber hinsichtlich ihrer Höhe oder des Zeitpunkts ihres Eintritts unbestimmt sind. Für beide Rückstellungsarten gilt nach Art. 67 Abs. 3 EGHGB, dass sie letztmals für vor dem 01.01.2010 beginnende Geschäftsjahre gebildet werden dürfen.

schnittlichen Marktzinssatz der vergangenen sieben Geschäftsjahre abzuzinsen (§ 253 Abs. 2 S. 1 HGB).

Verbuchung von Rückstellungen

Die Bildung einer Rückstellung erfolgt buchungstechnisch grundsätzlich zu Lasten eines Aufwandskontos.

Beispiel 1:

Die *Steinzeit OHG* betreibt einen Steinbruch. Dabei entsteht neben verkaufsfähigem Material auch nicht verwertbarer Abraum. Da die Nachfrage im laufenden Geschäftsjahr enorm hoch ist und alle verfügbaren Kapazitäten für den Abbau von Gestein eingesetzt werden, entschließt sich die Geschäftsführung, den Abraum erst im kommenden Geschäftsjahr zu beseitigen. Voraussichtliche Ausgaben: 50.000 €.

Es ist eine Rückstellung für unterlassen Abraumbeseitigung zu bilden.

Buchungssatz:

Abraumbeseitigungsaufwand	an	Rückstellungen für unterlassene Abraumbeseitigungen	50.000

Beispiel 2:

Im Oktober des laufenden Geschäftsjahres schließt der Bushersteller *Beimer Klemmt's* einen Vertrag mit der TU Darmstadt zur Lieferung eines Reisebusses im kommenden April ab. Der vereinbarte Verkaufspreis beträgt 100.000 €. Am Bilanzstichtag erkennt der Hersteller, dass die Herstellungskosten für den Bus aufgrund tariflicher Lohnerhöhungen und gestiegener Stahlpreise bei 120.000 € liegen werden. Herstellungsbeginn ist Januar.

Es ist eine Rückstellung für drohende Verluste aus schwebenden Absatzgeschäften zu bilden.

Buchungssatz:

sonstiger betrieblicher Aufwand	an	Drohverlustrückstellungen	20.000

Beispiel 3:

Die umsatzabhängige Handelsvertreterprovision für den Monat Dezember ist aufgrund einer fehlenden endgültigen Abrechnung am Monatsende noch nicht bezahlt. Sie beläuft sich auf geschätzte 12.000 €.

Es ist eine Rückstellung für ungewisse Verbindlichkeiten zu buchen.

Buchungssatz:

Provisionsaufwand	an	Rückstellungen für ungewisse Verbind-lichkeiten	12.000

Verbuchung der Auflösung von Rückstellungen

Rückstellungen müssen aufgelöst werden, wenn der Grund für die Rückstellungsbildung entfallen ist (§ 249 Abs. 2 S. 2 HGB).

Folgende Fälle können bei der Auflösung einer Rückstellung auftreten:

■ **Zutreffende Dotierung der Rückstellung**

Bei Identität zwischen Rückstellungsbildung und tatsächlicher Inanspruchnahme wird die Rückstellung erfolgsneutral und ohne Berührung der GVR ausgebucht. Als Gegenbuchung der Rückstellungsauflösung wird entweder ein Finanzmittelkonto (z. B. Bank) belastet oder es erfolgt die Stornierung eines bei Anfall der Ausgaben verbuchten Aufwands.

Beispiel:

Der Provisionsanspruch des Handelsvertreters betrug tatsächlich 12.000 €. Die Bezahlung erfolgt per Banküberweisung.

Buchungssatz:

Rückstellungen für ungewisse Verbindlichkeiten	an	Bank	12.000

▓ **Überdotierung der Rückstellung**

Sofern sich die Rückstellung in späteren Jahren als nicht erforderlich oder in ihrer Höhe als überdotiert erweist, ist sie entsprechend aufzulösen und unter den sonstigen betrieblichen Erträgen auszuweisen.

Beispiel:

Der Provisionsanspruch des Handelsvertreters betrug lediglich 10.000 €. Die Bezahlung erfolgt per Banküberweisung.

Buchungssatz:

Rückstellungen für ungewisse Verbind-lichkeiten	12.000	an	Bank	10.000
			sonstiger betrieblicher Ertrag	2.000

▓ **Unterdotierung der Rückstellung**

Deckt die Rückstellung die späteren Ausgaben nicht ab, so ist in Höhe der Unterdeckung ein sonstiger betrieblicher Aufwand zu buchen.

Beispiel:

Der tatsächliche Provisionsanspruch betrug 15.000 €.

Buchungssatz:

Rückstellungen für ungewisse Verbind-lichkeiten	12.000			
sonstiger betrieblicher Aufwand	3.000	an	Bank	15.000

Kontrollfragen

1. Wie ist ein zeitliches Abgrenzungsproblem charakterisiert?
2. Grenzen Sie transitorische von antizipativen Rechnungsabgrenzungsposten ab.
3. Welche Rechnungsabgrenzungsposten sind in der Bilanz unter der Bezeichnung „Rechnungsabgrenzungsposten" auszuweisen?
4. Was versteht man unter einem Disagio?
5. Wie ist ein Disagio im Jahresabschluss auszuweisen?
6. Auf welchen Konten sind antizipative Rechnungsabgrenzungsposten zu verbuchen?
7. Systematisieren Sie die Rückstellungsarten nach HGB.
8. Was wird unter Drohverlustrückstellungen verstanden?
9. Auf welchen Konten werden Rückstellungen grundsätzlich gegengebucht?
10. Wie wird die Überdotierung einer Rückstellung in den Büchern verbucht?

4.7 Verbuchung von Löhnen und Gehältern

Der betriebliche Personalaufwand lässt sich untergliedern in Lohn- und Gehaltsaufwand einerseits und Sozialaufwand andererseits.

Personalaufwand = Lohn- und Gehaltsaufwand + Sozialaufwand

Der **Lohn- und Gehaltsaufwand** setzt sich aus zwei Komponenten zusammen:

- Geldbezüge (z. B. Löhne, Gehälter, Provisionen, Gratifikationen, Tantiemen)

- Sachbezüge bzw. geldwerte Vorteile (z. B. freie oder verbilligte Wohnung, private Nutzung des Firmen-Pkw)

Bei der Entlohnung ist zu unterscheiden, ob der Arbeitnehmer nach der Zeit oder nach der erbrachten Leistung bezahlt wird. Dementsprechend ergibt sich die Unterscheidung zwischen Zeit- und Leistungslohn. Beim **Zeitlohn** bestimmt sich der Bruttoverdienst nach der Dauer der Arbeitszeit und der Höhe des Lohnsatzes je Zeiteinheit (z. B. Stundenlohn). Bei Leistungslohn (**Akkordlohn**) richtet sich die Entlohnung nach der Menge der geleisteten Arbeit. Seine Anwendung setzt voraus, dass Arbeitsaufträge in einzelne bewertbare Arbeitsgänge zerlegt werden können, sich diese Arbeitsgänge regelmäßig wiederholen und der Arbeitnehmer das Arbeitsergebnis durch seinen Einsatz beeinflussen kann. Man unterscheidet zwei Formen des Akkordlohnes. Beim **Stückgeldakkord** ist für jedes hergestellte Stück ein fester Geldbetrag (Stückgeld) vorgegeben. Dagegen ist der **Stückzeitakkord** dadurch gekennzeichnet, dass für die Herstellung eines Stücks eine bestimmte Zeit (Vorgabezeit) vorgegeben ist. Der Bruttolohn ergibt sich dann als Produkt aus Stückzahl, Vorgabezeit und Lohnsatz/Zeiteinheit. Eine Sonderform der Akkordentlohnung stellt der **Gruppenakkord** dar, bei dem sich der in der Gruppe erwirtschaftete Bruttolohn nach einem vorgegebenen Schlüssel auf die Mitglieder der Gruppe verteilt. Der **Prämienlohn** ist eine Kombination aus Zeit- und Leistungslohn. Zusätzlich zum Zeitlohn wird hierbei als Anerkennung besonderer Leistungen des Arbeitnehmers (hohe Mengen, aber auch Qualität, Ersparnis oder kurze Rüst- und Reparaturzeiten) eine Prämie gezahlt.

Der **Sozialaufwand** besteht aus:

- dem Arbeitgeberanteil zur Sozialversicherung und

- den tarifvertraglichen und freiwilligen (z. B. Essenszuschüsse) Sozialleistungen

Der Arbeitnehmer bekommt allerdings nicht das gesamte **Bruttoarbeitsentgelt** ausgezahlt, sondern nur ein nach bestimmten Abzügen verbleibendes **Nettoarbeitsentgelt**. Der gesamte Personalaufwand des Arbeitgebers und der an den Arbeitnehmer auszuzahlende Betrag ermitteln sich folgendermaßen:

Arbeitgeber:

Bruttoarbeitsentgelt

+   Sozialversicherungsbeitrag (Arbeitgeberanteil)

+   tarifvertragliche Sozialleistungen

+   freiwillige Sozialleistungen

=   **gesamter Personalaufwand**

Arbeitnehmer:

Bruttoarbeitsentgelt

–   Lohnsteuer

–   Kirchensteuer

–   Sozialversicherungsbeitrag (Arbeitnehmeranteil)

=   Nettoarbeitsentgelt

–   vermögenswirksame Leistungen

=   **Auszahlungsbetrag**

Der Arbeitgeber ist im Rahmen des **Quellenabzugsverfahrens** verpflichtet, bei der Zahlung von Löhnen und Gehältern den Arbeitnehmeranteil der gesetzlichen Sozialversicherungsbeiträge, Steuern sowie gegebenenfalls vermögenswirksame Leistungen einzubehalten und an die zuständigen Stellen abzuführen.

Die **gesetzliche Sozialversicherung** setzt sich aus folgenden Komponenten zusammen:

o   Krankenversicherung,

o   Pflegeversicherung,

o   Rentenversicherung,

o   Arbeitslosenversicherung,

o   Unfallversicherung.

Bei den **vermögenswirksamen Leistungen** handelt es sich um freiwillige Geldleistungen, die der Arbeitgeber für den Arbeitnehmer anlegt, z. B. für

o   Sparverträge über Wertpapiere oder andere Vermögensbeteiligungen,

o   Vermögensanlagen im Bereich des Wohnungsbaus,

o   Sparverträge oder

o   Kapitallebensversicherungen.

Die vermögenswirksamen Leistungen werden entweder allein vom Arbeitnehmer oder nur vom Arbeitgeber oder von beiden gemeinsam erbracht.

Im Rahmen der **Verbuchung** von Lohn und Gehalt ist zu beachten:

▨ **Lohn und Gehalt**

Die Lohn- und Gehaltskonten werden mit dem Bruttoarbeitsentgelt belastet. Die Gegenbuchung erfolgt

o   hinsichtlich der an die Arbeitnehmer ausgezahlten Beträge, auf einem Zahlungsmittelkonto und

o   hinsichtlich der noch abzuführenden Abzüge (Steuer, Arbeitnehmeranteil an der Sozialversicherung, vermögenswirksame Leistungen), auf dem Konto „noch abzuführende Leistungen" (gegebenenfalls auf Unterkonten für einzelne Abzugsarten).

Buchungssatz:

Lohn- und Gehaltsaufwand   an   Bank

noch abzuführende Leistungen

▨ **Sozialaufwand**

Hierbei wird das Konto „Sozialaufwand" (gegebenenfalls Unterkonten für gesetzliche, tarifvertragliche und freiwillige Sozialleistungen) mit dem Arbeitgeberanteil belastet. Die Gegenbuchung erfolgt auf „noch abzuführende Abgaben" (oder auf Unterkonten).

Buchungssatz:

Sozialaufwand   an   noch abzuführende Abgaben

▪ **Fälligkeit der Abgaben**

Werden die vom Arbeitgeber einbehaltenen Abgaben fällig, erfolgt die erfolgsneutrale Buchung.

Buchungssatz:

noch abzuführende Abgaben   an   Bank

▪ **Vorschüsse**

Wird dem Arbeitnehmer ein Vorschuss gewährt, erfolgt eine erfolgsneutrale Buchung unter „Forderungen an das Personal" bzw. bilanziell unter „sonstige Forderungen". Vorschüsse werden mit späteren Lohn- und Gehaltszahlungen verrechnet.

Buchungssatz:

sonstige Forderungen   an   Bank

Beispiel:

	Bruttogehalt	4.000 €	
–	Lohnsteuer	800 €	20%
–	Kirchensteuer	72 €	9%
–	Krankenversicherung	292 €	14,6% · 0,5
–	Krankenversicherung (Zusatzbeitrag)	32 €	1,6% · 0,5
–	Pflegeversicherung (Beitrag mit 1 Kind)	68 €	1,7%
–	Arbeitslosenversicherung	52 €	2,6% · 0,5
–	Rentenversicherung	372 €	18,6% · 0,5
=	Nettoarbeitsentgelt	2.312 €	
–	Vorschuss	500 €	
=	Auszahlungsbetrag	1.812 €	

Die Höhe der Lohnsteuer bemisst sich nach dem Bruttogehalt, der Steuerklasse sowie eventuellen Steuerfreibeträgen. Hier wurde ein hypothetischer Steuersatz in Höhe von 20% unterstellt. Die Kirchensteuer bemisst sich nach der Höhe der Lohnsteuer, wobei sich die Kirchensteuersätze der einzelnen Bundesländer unterscheiden. Der hier angewandte Steuersatz von 9% gilt momentan im Bundesland Hessen. Der allgemeine einkommensabhängige Beitragssatz für die gesetzliche Krankenversicherung beträgt seit Januar 2015 14,6% (§ 241 SGB V). Die Hälfte des Beitrags trägt der Arbeitgeber, die andere Hälfte der Arbeitnehmer. Darüber hinaus besteht die Möglichkeit für die Krankenkasse einen einkommensabhängigen Zusatzbeitrag zu erheben. Auch hier tragen Arbeitgeber und Arbeitnehmer jeweils die Hälfte des Beitrags. Der durchschnittliche Zusatzbeitrag liegt im Jahr 2023 bei 1,6% . Für die Renten- und Arbeitslosenversicherung wurden die aktuellen Sätze des Jahres 2023 herangezogen. Diese liegen für die Arbeitslosenversicherung bei 2,6% und für die allgemeine Rentenversicherung bei 18,6%. Der Faktor 0,5 ergibt sich dadurch, dass in Deutschland die gesetzlich vorgesehenen Sozialversicherungsbeiträge grundsätzlich paritätisch, also je zur Hälfte vom Arbeitgeber und vom Arbeitnehmer zu tragen sind. Lediglich die Pflegeversicherung verhält sich dahingehend anders. Der Arbeitgeberbeitrag zur Pflegeversicherung beträgt dabei immer konstant 1,7%. Der Beitrag des Arbeitnehmers zur Pflegeversicherung richtet sich nach der Anzahl der Kinder und des Alters dieser. In der nachfolgenden Tabelle sind die Beitragssätze dargestellt:

Anzahl und Alter der Kinder des Versicherten	Arbeitnehmer-Anteil zur Pflegeversicherung ab 01.07.2023
Keine Kinder	2,3%
1 Kind (unabhängig vom Alter)	1,7%
2 Kinder unter 25 Jahren	1,45%
3 Kinder unter 25 Jahren	1,2%
4 Kinder unter 25 Jahren	0,95%
≥ 5 Kinder unter 25 Jahren	0,7%

Für das Bundesland Sachsen gelten andere Pflegeversicherungssätze. Der Arbeitgeberbeitrag beträgt dort 1,2%. Der Arbeitnehmerbeitrag folgt der dargestellten Tabelle, die Beiträge sind dabei je Kategorie 0,5% höher.

Der Arbeitnehmer hat in diesem Beispiel keine vermögenswirksamen Leistungen erbracht und braucht als Angestellter (Gehalt) keine Beiträge zur Unfallversicherung zu leisten.

Buchungssatz:

Lohn- und Gehalts-aufwand	4.000			
Sozialaufwand	816	an	noch abzuführende Leistungen	1.688
			noch abzuführende Abgaben	816
			Bank	1.812
			sonstige Forderungen	500

Kontrollfragen

1. Aus welchen Komponenten setzt sich der Personalaufwand zusammen?
2. Geben Sie einen Überblick über die grundsätzlichen Entlohnungsformen.
3. Nennen Sie die Bestandteile des Sozialaufwands.
4. Wie ermittelt sich der gesamte Personalaufwand aus Sicht des Arbeitgebers?
5. Geben Sie einen Überblick über die Komponenten der gesetzlichen Sozialversicherung.
6. Auf welchen Konten ist Lohn und Gehalt gegenzubuchen?
7. Wie sind dem Arbeitnehmer gewährte Zuschüsse in der Buchführung zu behandeln?

4.8 Erfolgsverbuchung

4.8.1 Offene Handelsgesellschaft

Die Offene Handelsgesellschaft (OHG) ist dadurch gekennzeichnet, dass jeder Gesellschafter unbeschränkt haftet. Gesellschafter haften nicht nur mit dem Gesellschaftsvermögen, sondern auch mit ihrem Privatvermögen in voller Höhe für die Schulden der Gesellschaft. Für die Gläubiger der Gesellschaft ergibt sich somit der Vorteil einer breiten Haftungsbasis. Die gesetzlichen Regelungen zur OHG finden sich in den §§ 105-160 HGB.

Bei der OHG wird für jeden Gesellschafter ein (variables) **Eigenkapitalkonto** geführt. Alle Veränderungen durch Gewinne, Verluste, Privatentnahmen und Einlagen werden direkt oder indirekt (d. h. über ein vorgeschaltetes **Privatkonto**) über diese Eigenkapitalkonten gebucht.

Die Erfolgsbeteiligung ist im Allgemeinen im Gesellschaftsvertrag geregelt. Ansonsten gilt die im § 121 HGB festgelegte **Gewinn- und Verlustverteilung**:

- Gewinn:

  → Die Kapitalanteile sind zunächst mit 4% pro Jahr zu verzinsen (§ 121 Abs. 1 HGB).

  → Der Restgewinn wird dann nach Köpfen aufgeteilt (§ 121 Abs. 3 HGB).

- Verlust:

  → Verluste werden zu gleichen Teilen aufgeteilt (§ 121 Abs. 3 HGB).

Die gesetzliche Regelung des § 121 HGB verlangt eine **zeitanteilige Berücksichtigung** der während der Periode getätigten Entnahmen und Einlagen im Rahmen der Verzinsung der Kapitalanteile. Dabei wird mit Tageszinsen gerechnet, wobei das Jahr mit 360 und der Monat mit 30 Tagen angenommen werden.

$$\text{Zinsen} = \frac{\text{Kapital} \cdot \text{Zinssatz} \cdot \text{Tage}}{100 \cdot 360}$$

Zur Verringerung des Arbeitsaufwandes ist im Gesellschaftsvertrag oft vereinbart, auf eine zeitanteilige Berücksichtigung der Kapitalveränderungen zu verzichten. Im Rahmen der Erfolgsverteilung kann ein **Gewinnverteilungskonto** zwischengeschaltet werden.

Beispiel:

Eine OHG hat zwei Gesellschafter; A mit einem Kapitalanteil von 60.000 € und B mit einem Kapitalanteil von 40.000 € per 01.01.. Gesellschafter A tätigt am 01.07. eine Entnahme in Höhe von 10.000 €, Gesellschafter B tätigt am 01.10. eine Einlage in Höhe von 6.000 €. Der Gewinn des Geschäftsjahres beträgt 20.000 €.

Verbuchung der Entnahme und der Einlage:

| Privat A | an | Kasse | 10.000 |
| Kasse | an | Privat B | 6.000 |

Die Gewinnverteilung bei Nichtverzinsung der Kapitalveränderungen berechnet sich wie folgt:

Gesell-schafter	Anfangs-kapital	Gewinnverteilung			Entnahmen	Einlagen	Endkapital
		4%	Kopfanteil	Σ			
A	60.000	2.400	8.000	10.400	10.000		60.400
B	40.000	1.600	8.000	9.600		6.000	55.600
Σ	100.000	4.000	16.000	20.000	10.000	6.000	116.000

Verbuchung des Gewinns auf das Gewinnverteilungskonto:

| Gewinn- und Verlustkonto | an | Gewinnverteilungs-konto | 20.000 |

Verbuchung der Gewinnanteile der Gesellschafter auf die Privatkonten:

Gewinnverteilungs-konto	20.000			
		an	Privat A	10.400
			Privat B	9.600

Abschluss der Privatkonten über die Kapitalkonten:

| Privat A | an | Eigenkapital A | 400 |
| Privat B | an | Eigenkapital B | 15.600 |

| Eigenkapital A | an | Schlussbilanzkonto | 60.400 |
| Eigenkapital B | an | Schlussbilanzkonto | 55.600 |

S	Gewinn- und Verlustkonto		H
Aufwand	120.000	Ertrag	140.000
Gewinn	20.000		

S	Gewinnverteilungskonto		H
Privat	20.000	Gewinn	20.000

S	Privat A		H
Entnahme	10.000	Gewinn-anteil	10.400
Eigen-kapital A	400		

S	Eigenkapital A		H
SBK	60.400	AB	60.000
		Privat A	400

S	Privat B		H
Eigenka-pital B	15.600	Einlage	6.000
		Gewinn-anteil	9.600

S	Eigenkapital B		H
SBK	55.600	AB	40.000
		Privat B	15.600

S	Schlussbilanzkonto		H
...	...	Eigenkapital A	60.400
...	...	Eigenkapital B	55.600

AB:	Anfangsbestand
SBK:	Schlussbilanzkonto

Berechnung der Zinsen unter Berücksichtigung der Kapitalveränderungen:

Gesellschafter	Wertstellung	S/H	Betrag	Tage	Zinsen		Zinssaldo	
					Soll	Haben	Soll	Haben
A	01.01.	H	60.000	360		2.400		
	01.07.	S	10.000	180	200			2.200
B	01.01.	H	40.000	360		1.600		
	01.10.	H	6.000	90		60		1.660

Es ergibt sich folgende Verteilung des Restgewinns:

	Periodengewinn	20.000	
–	Kapitalverzinsung A	2.200	
–	Kapitalverzinsung B	1.660	
=		16.140	→ Kopfanteil = 8.070

Bei zeitanteiliger Berücksichtigung der Kapitalveränderungen ergibt sich folgende Gewinnverteilung:

Gesell-schafter	Anfangs-kapital	Gewinnverteilung			Entnahmen	Einlagen	Endkapital
		4%	Kopfanteil	Σ			
A	60.000	2.200	8.070	10.270	10.000		60.270
B	40.000	1.660	8.070	9.730		6.000	55.730
Σ	100.000	3.860	16.140	20.000	10.000	6.000	116.000

Die Buchungssätze und das Kontenbild sind analog zu denen bei Nichtverzinsung der Kapitalveränderungen!

4.8.2 Aktiengesellschaft

Die Aktiengesellschaft (AG) hat als Kapitalgesellschaft eine eigene Rechtspersönlichkeit. Daher ist zwischen der Haftung der Gesellschaft und der Haftung der Gesellschafter zu unterscheiden. Als juristische Person haftet die Gesellschaft mit ihrem gesamten Vermögen für ihre Verbindlichkeiten. Die Gläubiger der AG können in das gesamte Vermögen der Gesellschaft, nicht jedoch in das Privatvermögen der Gesellschafter vollstrecken. Die Haftung der Gesellschafter ist somit auf ihre Kapitaleinlage beschränkt. Aktionäre dürfen ihre Kapitalanteile nicht beliebig aufstocken oder reduzieren. Das Recht der Aktiengesellschaft ist im Aktiengesetz (AktG) geregelt. Ihr Grundkapital beträgt nach § 7 AktG mindestens 50.000 €. Erhöhungen des Grundkapitals bedürfen eines Beschlusses der Hauptversammlung mit einer Mehrheit von mindestens drei Viertel des bei der Beschlussfassung vertretenen Grundkapitals (§ 182 Abs. 1 S. 1 AktG).

Für das Verständnis der Ergebnisverteilung bei Aktiengesellschaften ist es wichtig, die Zusammensetzung des Eigenkapitals zu kennen (§ 266 Abs. 3 A HGB):

- **Gezeichnetes Kapital (Grundkapital)**

  Das gezeichnete Kapital entspricht bei der AG dem Grundkapital (§ 152 Abs. 1 S. 1 AktG). Es ist Teil des Haftungskapitals der Gesellschaft gegenüber den Gläubigern für die Verbindlichkeiten (§ 1 Abs. 1 S. 2 AktG). Das gezeichnete Kapital ist mit dem Nennbetrag anzusetzen (§ 272 Abs. 1 HGB).

- **Kapitalrücklage**

  Die Kapitalrücklage (§ 272 Abs. 2 HGB) setzt sich aus Beträgen zusammen, die von außen zugeflossen sind. Es handelt sich um Einlagen, die kein gezeichnetes Kapital darstellen. Insbesondere ist das Agio hervorzuheben, d. h. der Betrag, der bei der Ausgabe von Aktien über den Nennbetrag bzw. den rechnerischen Wert hinaus erzielt wird. Auch Zuzahlungen der Aktionäre gegen Gewährung eines Vorzugs (z. B. Vorabdividende) sind unter der Kapitalrücklage auszuweisen.

- **Gewinnrücklagen**

  Gewinnrücklagen (§ 272 Abs. 3 und 4 HGB) werden im Rahmen der Ergebnisverwendung aus den versteuerten Gewinnen der AG gebildet. Dazu gehören gesetzliche Rücklagen, Rücklagen für Anteile an einem herrschenden oder mehrheitlich beteiligten Unternehmen, satzungsmäßige Rücklagen und andere Gewinnrücklagen (§ 266 Abs. 3 A III HGB). In die gesetzliche Rücklage ist solange jeweils 5% des um einen Verlustvortrag aus dem Vorjahr gekürzten Jahresüberschusses einzustellen, bis die Summe aus gesetzlicher Rücklage und Kapitalrücklage 10% oder einen höheren in der Satzung bestimmten Anteil des Grundkapitals erreicht (§ 150 Abs. 2 AktG).

- **Gewinnvortrag/ Verlustvortrag**

  Ein Gewinn- oder Verlustvortrag resultiert aus dem Ergebnis des vorangegangenen Geschäftsjahres.

  - Ein Gewinnvortrag entsteht, falls nach Gewinnausschüttungen und Einstellungen in die Gewinnrücklagen noch ein Rest-Bilanzgewinn verbleibt.
  - Ein Verlustvortrag entsteht bei einem Bilanzverlust.

- **Jahresüberschuss/ Jahresfehlbetrag**

  Das in der Gewinn- und Verlustrechnung ermittelte Ergebnis des aktuellen Geschäftsjahres stellt entweder einen Jahresüberschuss oder einen Jahresfehlbetrag dar.

Alternativ zu diesem Ausweis ohne Berücksichtigung der Ergebnisverwendung (§ 266 Abs. 3 HGB) ist es auch zulässig, die Bilanz unter Berücksichtigung der teilweisen oder der vollständigen Gewinnverwendung aufzustellen. Wird die Bilanz unter Berücksichtigung der teilweisen Ergebnisverwendung aufgestellt, so tritt die Position „Bilanzgewinn/ Bilanzverlust" an die Stelle der Positionen „Gewinnvortrag/ Verlustvortrag" und „Jahresüberschuss/ Jahresfehlbetrag" (§ 268 Abs. 1 HGB):

Jahresüberschuss/ Jahresfehlbetrag

+/ – Gewinnvortrag/ Verlustvortrag aus dem Vorjahr

+ Entnahmen aus der Kapitalrücklage

+ Entnahmen aus den Gewinnrücklagen

– Einstellungen in die Gewinnrücklagen
_____

= **Bilanzgewinn/ Bilanzverlust**

Wird die Bilanz unter vollständiger Ergebnisverwendung aufgestellt (z. B., weil ein vorhandener Gewinn in voller Höhe den Gewinnrücklagen zugeführt werden musste), so entfällt die Position „Bilanzgewinn/ Bilanzverlust".

Nach der Feststellung des Bilanzgewinns beschließt die Hauptversammlung über dessen Verwendung.

Es muss entschieden werden über

- die Höhe der Ausschüttungen an die Gesellschafter,
- etwaige Zuweisungen in die Gewinnrücklagen und
- inwieweit ein Teil des Bilanzgewinns als Gewinnvortrag in die Rechnungslegung des neuen Geschäftsjahres übernommen werden soll.

Wird die Bilanz unter Berücksichtigung der vollständigen oder teilweisen Ergebnisverwendung aufgestellt, so ist – neben dem Gewinn- und Verlustkonto – ein **Bilanzergebniskonto** einzurichten, auf dem die das Jahresergebnis noch verändernden Vorgänge verbucht werden. Bei teilweiser Ergebnisverwendung stellt der Saldo dieses Kontos den Bilanzgewinn/ Bilanzverlust dar. Der Abschluss erfolgt über das SBK. Bei vollständiger Ergebnisverwendung ist das Konto ausgeglichen und die Position Bilanzgewinn/ Bilanzverlust entfällt.

Für die buchmäßige Abwicklung der Gewinnverwendung im neuen Geschäftsjahr wird ein **Gewinnverwendungskonto** eingerichtet, auf dem der Jahresüberschuss (zuzüglich Gewinnvortrag, abzüglich Verlustvortrag) oder der Bilanzgewinn bis zur Beschlussfassung der Hauptversammlung festgehalten wird.

Beispiel:

Eine AG verfügt über Grundkapital von 250.000 €, eine gesetzliche Rücklage von 8.000 €, andere Rücklagen von 60.000 € und einen Gewinnvortrag von 20.000 €. Im folgenden Geschäftsjahr wurde ein Jahresüberschuss von 150.000 € erwirtschaftet. Es wird beschlossen, 50.000 € in andere Gewinnrücklagen einzustellen. Die gesetzliche Rücklage wird mit 7.500 € dotiert. Die Hauptversammlung beschließt im neuen Geschäftsjahr folgende Verwendung des Bilanzgewinns von 112.500 €:

o   80.000 € Ausschüttung an die Aktionäre,

o   Einstellung von 30.000 € in andere Gewinnrücklagen,

o   2.500 € als Gewinnvortrag für das neue Geschäftsjahr.

Verbuchungen im alten Geschäftsjahr:

Umbuchung des Jahresüberschusses vom Gewinn- und Verlustkonto auf das Bilanzergebniskonto:

Gewinn- und Verlustkonto	an	Bilanzergebniskonto	150.000

Umbuchung des Gewinnvortrags auf das Bilanzergebniskonto:

Gewinnvortrag	an	Bilanzergebniskonto	20.000

Verbuchung der Zuweisung zur gesetzlichen Rücklage:

Bilanzergebniskonto	an	gesetzliche Rücklagen	7.500

Verbuchung der Zuweisung zu anderen Gewinnrücklagen:

Bilanzergebniskonto	an	andere Gewinnrücklagen	50.000

Abschluss der Konten über das Schlussbilanzkonto:

gezeichnetes Kapital	an	Schlussbilanzkonto	250.000
gesetzliche Rücklagen	an	Schlussbilanzkonto	15.500
andere Gewinnrücklagen	an	Schlussbilanzkonto	110.000
Bilanzergebniskonto	an	Schlussbilanzkonto	112.500

S	Gewinn- und Verlustkonto	H		S	gezeichnetes Kapital	H
Aufwand	200.000	Ertrag	350.000	SBK	250.000	AB	250.000
JÜ	150.000					

S	Gewinnvortrag	H		S	gesetzliche Rücklage	H
BEK	20.000	AB	20.000	SBK	15.500	AB	8.000
						BEK	7.500

S	andere Gewinnrücklagen	H		S	Bilanzergebniskonto	H
SBK	110.000	AB	60.000	g. R.	7.500	JÜ	150.000
		BEK	50.000	a. GR.	50.000	Gewinn-vortrag	20.000
				SBK	112.500		

S	Schlussbilanzkonto		H
...	...	gezeichnetes Kapital	250.000
...	...	gesetzliche Rücklagen	15.500
...	...	andere Gewinnrückla-gen	110.000
...	...	Bilanzgewinn	112.500

AB: Anfangsbestand

a. GR.:   andere Gewinnrücklagen

BEK: Bilanzergebniskonto

g. R.:   gesetzliche Rücklage

JÜ: Jahresüberschuss

SBK: Schlussbilanzkonto

Verbuchungen im neuen Geschäftsjahr:

Umbuchung des Bilanzgewinns auf das Gewinnverwendungskonto:

Bilanzgewinn   an   Gewinnverwendung   112.500

Dividende:

Gewinnverwendung   an   sonstige Verbindlich-   80.000
                                      keiten

Zuweisung zu anderen Gewinnrücklagen:

Gewinnverwendung   an   andere Gewinnrückla-   30.000
                                      gen

Gewinnvortrag:

Gewinnverwendung   an   Gewinnvortrag   2.500

S	sonstige Verbindlichkeiten	H
	Gewinn-verw.	80.000

S	Bilanzgewinn	H
Gewinn-verw.	112.500	AB 112.500

S	andere Gewinnrücklagen	H
	Gewinn-verw.	30.000

S	Gewinnverwendungskonto	H
sonstige Verb.	80.000	Bilanz-gewinn 112.500
a. GR.	30.000	
Gewinn-vortrag	2.500	

S	Gewinnvortrag	H
	Gewinn-verw.	2.500

AB: Anfangsbestand

Gewinnverw.:   Gewinnverwendung

sonstige Verb.:   sonstige Verbindlichkeiten

a. GR: andere Gewinnrücklagen

Kontrollfragen

1. Erläutern Sie die Gewinn- und Verlustverteilung bei einer OHG nach § 121 HGB.
2. Wie sind Entnahmen und Einlagen von Gesellschaftern zu berücksichtigen, wenn Sie während der Periode getätigt werden?
3. Aus welchen Elementen setzt sich bei Aktiengesellschaften das Eigenkapital zusammen?
4. Wie unterscheidet sich der Jahresüberschuss von dem Bilanzgewinn?
5. Wie sind Gewinnverwendungen bei einer AG zu verbuchen?

5 Hauptabschlussübersicht

Die Hauptabschlussübersicht dokumentiert einen **außerhalb der eigentlichen Buchführung durchgeführten Probeabschluss**, ohne dass auf den Konten der Buchführung Eintragungen notwendig werden und ohne formalen Kontenabschluss.

Die Hauptabschlussübersicht hat folgende **Funktionen**:

Analysefunktion

Die Hauptabschlussübersicht ermöglicht der Unternehmensführung, die Auswirkungen bilanzpolitischer Maßnahmen zu überprüfen.

Informationsfunktion

Im Gegensatz zum Jahresabschluss enthält die Hauptabschlussübersicht nicht nur die Kontensalden am Ende des Geschäftsjahres, sondern auch Informationen über die Entwicklung dieser Salden.

Korrekturfunktion

Nach erfolgtem Kontenabschluss lassen sich Unstimmigkeiten nur mit großem Aufwand korrigieren. Mit Hilfe der Hauptabschlussübersicht kann die rechnerische Richtigkeit der Buchführung überprüft werden. Zudem lassen sich Buchungsfehler vermeiden, denn die Buchung der Abschlussvorgänge auf den Konten erfolgt erst nach Erstellung einer als fehlerfrei erkannten Hauptabschlussübersicht.

Steuerliche Dokumentationsfunktion

Die Hauptabschlussübersicht dient der Herleitung der Steuerbelastung aus der Handelsbilanz. Zudem muss sie auf Verlangen des Finanzamtes der Einkommensteuererklärung beigefügt werden (§ 60 Abs. 1 EStDV).

Die Hauptabschlussübersicht ist als eine **tabellarische Übersicht** aufgebaut, die die Entwicklung der Konten von der Eröffnung bis zum Abschluss zeigt. Sie besteht üblicherweise aus acht Doppelspalten. Die Konten stehen untereinander und zu jedem Konto gehören mehrere Soll- und Habenspalten:

© Springer Fachmedien Wiesbaden GmbH, ein Teil von Springer Nature 2023
R. Quick, H.-J. Wurl, *Doppelte Buchführung*, https://doi.org/10.1007/978-3-658-42596-8_5

Abbildung 5-1: Hauptabschlussübersicht

Konto	1 Eröffnungs-bilanz		2 Umsatz-bilanz		3 Summen-bilanz		4 Salden-bilanz I		5 Umbuchun-gen		6 Salden-bilanz II		7 Schlussbilanz		8 GVR	
	A	P	S	H	S	H	S	H	S	H	S	H	A	P	Aufwand	Ertrag
	A = P		S = H		S = H		S = H		S = H		S = H		+ Verlust	+ Gewinn	+ Gewinn	+ Verlust
													A = P		Aufwand = Ertrag	

1. **Eröffnungsbilanz**

   Sie zeigt den Stand der Sachkonten zu Beginn der neuen Abrechnungsperiode an.

2. **Umsatzbilanz**

   Die Umsatzbilanz enthält die im Verlauf der Periode angefallenen, unsaldierten Umsätze auf den einzelnen Konten.

3. **Summenbilanz**

   Sie wird durch Addition der Umsatzbilanz und der Eröffnungsbilanz gewonnen.

4. **Saldenbilanz I**

   Die Saldenbilanz I wird aus der Summenbilanz abgeleitet. Für alle Konten ist zunächst die Differenz zwischen Soll- und Habenseite zu ermitteln. Die berechneten Salden werden dann in der Saldenbilanz I auf der Seite eingetragen, die in der Summenbilanz den höheren Betrag aufweist.

5. **Umbuchungen**

   Diese Spalte nimmt Korrekturen und vorbereitende Abschlussbuchungen auf, z. B.:

   o   Abschreibungen,

   o   Rückstellungen,

   o   Rechnungsabgrenzungen,

   o   Verbuchung des Einstandswertes der umgesetzten Waren.

6. **Saldenbilanz II**

   Sie dient der Verrechnung der Umbuchungen mit den Salden der Saldenbilanz I.

7. **Schlussbilanz**

   In dieser Spalte sind die Salden der aktiven und passiven Bestände aus der Saldenbilanz II einzustellen.

   Die Differenz der Aktiv- und Passivspalte ergibt den nach der Vermögensrechnung ermittelten Erfolg, d. h.:

   Aktivseite > Passivseite → Gewinn

   Aktivseite < Passivseite → Verlust

8. Gewinn- und Verlustrechnung

In dieser Spalte sind die Erfolgssalden der Saldenbilanz II einzutragen. Die Differenz der Soll- und Habenspalte ist der nach der Erfolgsrechnung ermittelte Gewinn oder Verlust, d. h.:

Habenseite > Sollseite → Ertrag > Aufwand → Gewinn

Habenseite < Sollseite → Ertrag < Aufwand → Verlust

Beispiel:

A	Eröffnungsbilanz zum 01.01.X1		P
BGA	10.000	Eigenkapital	8.000
Waren	7.500	Schulden	12.100
Forderungen	1.200		
Bank	1.400		
	20.100		20.100

Geschäftsvorfälle:

Im Folgenden bleiben die umsatzsteuerlichen Vorschriften zunächst unberücksichtigt.

1. Warenverkauf per Bank, 3.000 €

2. Privatentnahme vom Bankkonto, 500 €

3. Kauf eines Schreibtisches per Banküberweisung, 1.000 €

4. Wareneinkauf auf Ziel, 1.500 €

5. Zahlung der Miete durch Banküberweisung, 400 €

6. Zinsen werden auf dem Bankkonto gutgeschrieben, 80 €

Vorbereitende Abschlussbuchungen:

Abschreibungen auf BGA	an	BGA	1.000
aktive RAP	an	Mietaufwand	200
Eigenkapital	an	Privat	500
Warenverkaufskonto	an	Wareneinkaufskonto	1.000

Abbildung 5-2: *Beispiel Hauptabschlussübersicht*

Konto	1 Eröffnungsbilanz		2 Umsatzbilanz		3 Summenbilanz		4 Saldenbilanz I		5 Umbuchungen		6 Saldenbilanz II		7 Schlussbilanz		8 GVR	
	A	P	S	H	S	H	S	H	S	H	S	H	A	P	Aufw.	Ertr.
BGA	10.000		1.000		11.000		11.000			1.000	10.000		10.000			
Wareneinkaufskonto	7.500		1.500		9.000		9.000			1.000	8.000		8.000			
Warenverkaufskonto				3.000		3.000		3.000	1.000			2.000				2.000
Forderungen aus Lieferungen und Leistungen	1.200				1.200		1.200				1.200		1.200			
aktive RAP									200		200		200			
Bank	1.400		3.080	1.900	4.480	1.900	2.580				2.580		2580			
Eigenkapital		8.000				8.000		8.000	500			7.500		7.500		
Verbindlichkeiten aus Lieferungen und Leistungen		12.100		1.500		13.600		13.600				13.600		13.600		
Privat			500		500		500			500						
Mietaufwand			400		400		400			200	200				200	
Zinserträge				80		80		80				80				80
Abschreibungen									1.000		1.000				1.000	
	20.100	20.100	6.480	6.480	26.580	26.580	24.680	24.680	2.700	2.700	23.180	23.180	21.980	21.100	1.200	2.080
Gewinn														880	880	
													21.980	21.980	2.080	2.080

Kontrollfragen

1. Welche Funktionen kommen der Hauptabschlussübersicht zu?
2. Wie ist die Hauptabschlussübersicht aufgebaut?
3. Erläutern Sie die Doppelspalte „Umbuchungen" der Hauptabschlussübersicht?
4. Beschreiben Sie die in der Hauptabschlussübersicht vorgenommene doppelte Ermittlung des Erfolges.

6 Folgen einer mangelhaften Buchführung

Bei einer Verletzung der Buchführungspflicht können zunächst Folgen im Innen- und Außenverhältnis ausgemacht werden.[17] Im Innenverhältnis, also der internen Rechnungslegungspflicht, kann eine Verletzung der Buchführungspflicht zu einer Schadensersatzpflicht der verantwortlichen Person führen. Nach § 93 Abs. 1 AktG haben Vorstandsmitglieder bei ihrer Geschäftsführung die Sorgfalt eines ordentlichen und gewissenhaften Geschäftsleiters anzuwenden (analog: § 43 Abs. 1 GmbHG). Eine Verletzung der Buchführungspflicht verstößt gegen diese Sorgfaltspflicht und führt nach § 93 Abs. 2 Satz 1 AktG (bzw. § 43 Abs. 2 GmbHG) zu einer Schadensersatzpflicht gegenüber der Gesellschaft. Dritte können im Sinne von § 823 Abs. 2 BGB aufgrund einer Verletzung der Buchführungspflicht keine Schadensersatzansprüche erheben. Im Außenverhältnis (öffentlich-rechtliche Verpflichtung) entstehen zunächst keine direkten Folgen bei einem Verstoß gegen die Buchführungspflichten. Das HGB beschreibt einzig (für Kapitalgesellschaften) in den §§ 331 ff. HGB Straf- und Bußgeldvorschriften, die bei bestimmten Fehlverhalten gegen Geschäftsführung und Aufsichtsrat verhängt werden können. Die handelsrechtlichen Buchführungsnormen werden dort aber nicht aufgeführt, so dass eine Verletzung von Buchführungspflichten nicht geahndet wird.

Handelsrechtlich ergeben sich für mittelgroße und große Kapitalgesellschaften indirekte Konsequenzen, weil diese einer obligatorischen Jahresabschlussprüfung unterliegen. Ein Verstoß gegen die Buchführungs- oder Aufbewahrungspflichten kann zu einer Einschränkung beziehungsweise bei vollständigem Fehlen oder zahlreicher wesentlicher Fehler sogar zu einer Versagung des Bestätigungsvermerks gemäß § 322 HGB führen. Daraus resultieren weitere Konsequenzen (es besteht zum Beispiel eine erhöhte Wahrscheinlichkeit, dass die Gesellschafter bzw. Hauptversammlung den Jahresabschluss nicht feststellt; des Weiteren drohen wirtschaftliche Konsequenzen, zum Beispiel höhere Fremdkapitalzinsen, weil höhere Kreditrisiken wahrgenommen werden). Falls eine fehlerhafte Buchführung zu schwerwiegenden Verstößen gegen Gliederungs- und Bewertungsvorschriften führt, begründet dies bei Aktiengesellschaften die Nichtigkeit des Jahresabschlusses (§ 256 Abs. 4 und 5 AktG).

---

[17] Die nachfolgenden Ausführungen orientieren sich an *Quick, Reiner/ Wolz, Matthias*: Kommentierungen zu §§ 238 und 239 HGB. In: *Baetge, Jörg/ Kirsch, Hans-Jürgen/ Thiele, Stefan*: Bilanzrecht – Handelsrecht mit Steuerrecht und den Regelungen des IASB – Kommentar. Bonn 89. Erg.-Lfg./ Januar 2020 und 91. Erg.-Lfg./ März 2020.

© Springer Fachmedien Wiesbaden GmbH, ein Teil von Springer Nature 2023
R. Quick, H.-J. Wurl, *Doppelte Buchführung*, https://doi.org/10.1007/978-3-658-42596-8_6

Des Weiteren sind strafrechtliche Konsequenzen möglich. Eine Urkundenunterdrückung i.S.d. § 274 StGB ergibt sich, wenn ein Buchführungspflichtiger die Buchführungsunterlagen vor Ablauf der Aufbewahrungsfrist vernichtet, beschädigt oder diese den Finanzbehörden im Rahmen der steuerlichen Außenprüfung vorenthält. Bei einer Fälschung von Belegen liegt eine Urkundenfälschung i.S.d. § 267 StGB vor. In diesen beiden Fällen drohen Freiheitsstrafen von bis zu fünf Jahren oder Geldstrafen. Besonders schwere Urkundenfälschungen können sogar eine Freiheitsstrafe von bis zu 10 Jahren nach sich ziehen. Eine solche liegt beispielsweise vor, wenn diese einen Vermögensverlust besonders großen Ausmaßes herbeiführt. Falls Handelsbücher trotz gesetzlicher Verpflichtung nicht geführt werden oder so geführt bzw. verändert werden, dass die Übersicht über den Vermögensstand erschwert wird, drohen eine Freiheitsstrafe von bis zu zwei Jahren oder Geldstrafe. Dieselbe Strafe droht beim Beiseiteschaffen von Handelsbüchern oder Buchführungsunterlagen oder der Verheimlichung, Zerstörung oder Beschädigung dieser, wenn dadurch die Übersicht über den Vermögensstand erschwert wird. Gleiches gilt für Bilanzen oder Inventare, die unübersichtlich oder nicht fristgerecht aufgestellt werden (§ 283b StGB).

Falls diese Tatbestände im Rahmen einer Insolvenz auftreten, droht gemäß § 283 Abs. 1 Nr. 5-7 StGB eine Freiheitsstrafe von bis zu fünf Jahren oder eine Geldstrafe. Das gilt allerdings nur, wenn der Buchführungspflichtige seine Zahlungen eingestellt hat, über sein Vermögen das Insolvenzverfahren eröffnet oder der Eröffnungsantrag mangels Masse abgewiesen wurde (§ 283 Abs. 6 StGB).

Bei Gewerbetreibenden, die verpflichtet sind, ihre Bücher nach HGB zu führen, ist gemäß des Maßgeblichkeitsgrundsatzes (§ 5 Abs. 1 EStG) die handelsrechtliche Buchführung Grundlage für die steuerrechtliche Gewinnermittlung. Verstöße gegen handelsrechtliche Buchführungspflichten sind also meistens auch mit Verstößen gegen steuerrechtliche Mitwirkungspflichten der §§ 140 ff. AO verbunden. Falls der Steuerpflichtige keine ausreichenden Angaben gemacht hat und weitere Auskunft bzw. eine eidesstattliche Versicherung ablehnt, wird seine Mitwirkungspflicht nach § 90 Abs. 2 AO verletzt. Dann ist nach § 162 Abs. 2 AO eine Steuerschätzung vorzunehmen. Werden Bücher oder Aufzeichnungen, die der Steuerpflichtige nach den Steuergesetzen zu führen hat, nicht vorgelegt oder die Bücher bzw. Aufzeichnungen nicht nach § 158 AO zugrunde gelegt, gilt dasselbe. Ebenso hat die Finanzverwaltung die Möglichkeit ein Zwangsgeld (§§ 328 Abs. 1, 239 AO) durchzusetzen. Ob eine Steuerstraftat (i.S.d. §§ 369 ff. AO) oder eine Steuerordnungswidrigkeit (i.S.d. §§ 377 AO) vorliegt, muss im Einzelfall geprüft werden.

Teil 2

Aufgaben

1 Geschäftsvorfälle

1.1 Rechenelemente

Geben Sie in den folgenden Aufgaben an, welche Rechenelemente bei den jeweiligen Geschäftsvorfällen vorliegen.

Aufgabe 1.1.1

Eine Maschine im Wert von 100.000 € wird angeschafft und der Kaufpreis sofort in bar bezahlt.

Aufgabe 1.1.2

Der Kassenbestand in Höhe von 65.000 € wird auf das Bankkonto eingezahlt.

Aufgabe 1.1.3

Ein Kunde begleicht eine ausstehende Rechnung per Banküberweisung.

Aufgabe 1.1.4

Die Löhne für den Monat März werden fristgerecht in bar ausgezahlt.

Aufgabe 1.1.5

Dem Unternehmen wird von einer nahestehenden Person ein Grundstück geschenkt.

Aufgabe 1.1.6

Eine Verbindlichkeit in Höhe von 15.000 € wird durch Banküberweisung beglichen.

© Springer Fachmedien Wiesbaden GmbH, ein Teil von Springer Nature 2023
R. Quick, H.-J. Wurl, *Doppelte Buchführung*, https://doi.org/10.1007/978-3-658-42596-8_7

Aufgabe 1.1.7

Das Unternehmen nimmt ein Darlehen mit einem Gegenwert von 250.000 € auf. Der Betrag wird dem Girokonto gutgeschrieben.

Aufgabe 1.1.8

Die fälligen Zinsen werden nicht am Fälligkeitstag bezahlt.

Aufgabe 1.1.9

Das Unternehmen nimmt die jährliche Abschreibung einer Produktionsmaschine vor. Der Abschreibungsbetrag beläuft sich auf 22.500 €.

Aufgabe 1.1.10

Das Unternehmen überweist 20.000 € an die Bank für die Tilgung eines Darlehens.

Aufgabe 1.1.11

Das Unternehmen verkauft an einen wichtigen Kunden 200 kg Holzmehl für 1.200 €. Der Kunde begleicht den Verkaufsbetrag sofort in bar. Das Holzmehl hatte einen Buchwert in Höhe von 1.000 €.

Aufgabe 1.1.12

Das Unternehmen erhält von einem Kunden per Banküberweisung eine Anzahlung in Höhe von 75.000 € für eine bestellte Wolkenmaschine.

Aufgabe 1.1.13

Ein Kunde des Unternehmens überweist fristgerecht die fälligen Zinsen in Höhe von 3.000 € für ein gewährtes Darlehen.

Aufgabe 1.1.14

Das Unternehmen nimmt eine Sondertilgung eines Darlehens vor und überweist 35.000 € an die Bank.

Aufgabe 1.1.15

Das Unternehmen hat eine ihrer Lagerhallen vermietet. Der Mieter begleicht die Miete durch Lieferung neuer Laptops.

Aufgabe 1.1.16

Dem Unternehmen wird die fällige Mietzahlung für einen angemieteten Bürokomplex vom Vermieter gestundet.

1.2   Bilanzveränderungen

Geben Sie in den folgenden Aufgaben an, welcher der vier Typen von Bilanzveränderungen bei den jeweiligen Geschäftsvorfällen vorliegt.

Aufgabe 1.2.1

Das Unternehmen nimmt einen Kredit über 100.000 € auf.

Aufgabe 1.2.2

Ein Kunde begleicht seine Verbindlichkeiten gegenüber dem Unternehmen per Banküberweisung.

Aufgabe 1.2.3

Ein Gesellschafter tätigt aufgrund von Liquiditätsproblemen eine Bareinlage von 55.000 €.

Aufgabe 1.2.4

Da die Liquiditätsprobleme nicht behoben werden können, wird ein bisheriger Gläubiger als neuer Gesellschafter aufgenommen. Seine bestehenden Forderungen decken genau die notwendigen Einlagen und werden mit diesen verrechnet.

Aufgabe 1.2.5

Das Unternehmen kauft Waren auf Ziel für 50.000 €.

Aufgabe 1.2.6

Das Unternehmen sendet Waren, die auf Ziel gekauft wurden, an den Lieferanten zurück, da diese fehlerhaft waren. Der Lieferant hat die Reklamation bereits anerkannt.

Aufgabe 1.2.7

Das Unternehmen sendet Waren, die bereit bezahlt wurden, an den Lieferanten zurück, da diese fehlerhaft waren.

Aufgabe 1.2.8

Das Unternehmen nimmt die jährliche Abschreibung einer Produktionsmaschine vor. Der Abschreibungsbetrag beläuft sich auf 22.500 €.

Aufgabe 1.2.9

Die gegenüber einem Kunden offenen Forderungen werden mit Verbindlichkeiten bei diesem Kunden in gleicher Höhe verrechnet.

Aufgabe 1.2.10

Das in der Kasse befindliche Geld wird auf das Bankkonto einbezahlt.

Aufgabe 1.2.11

Das in der Kasse befindliche Geld wird auf das Bankkonto einbezahlt. Hierdurch wird das überzogene Bankkonto ausgeglichen.

Aufgabe 1.2.12

Eine kurzfristige Verbindlichkeit gegenüber einem Lieferanten wird zur Vermeidung von Liquiditätsproblemen in einen langfristigen Kredit umgewandelt.

Aufgabe 1.2.13

Das Unternehmen hebt Bargeld vom Bankkonto ab und legt dieses in die Kasse.

Aufgabe 1.2.14

Das Unternehmen verkauft eine Maschine auf Ziel.

Aufgabe 1.2.15

Das Unternehmen erwirbt ein Grundstück und vereinbart, dass die Zahlung des Kaufpreises zu einem späteren Zeitpunkt erfolgt.

Aufgabe 1.2.16

Ein Transportfahrzeug erleidet unerwartet einen Motorschaden.

1.3 Bestandsbuchungen

Geben Sie zu den nachfolgenden Geschäftsvorfällen die Buchungssätze an. Vernachlässigen Sie dabei Umsatz- und Vorsteuer.

Aufgabe 1.3.1

Das Unternehmen kauft ein Grundstück für 200.000 €, welches per Banküberweisung bezahlt wird.

Aufgabe 1.3.2

Bargeld im Wert von 2.000 € wird auf das Bankkonto des Unternehmens eingezahlt.

Aufgabe 1.3.3

Ein neues Transportfahrzeug wird für 45.000 € auf Ziel gekauft.

Aufgabe 1.3.4

Einer der Gesellschafter entnimmt 20.000 € aus der Firmenkasse, weil er tags zuvor seinem feierwütigen Stiefsohn 20.000 € in bar für seine Geburtstagsparty geliehen hat.

Aufgabe 1.3.5

Ein Kunde begleicht eine Forderung für erhaltene Waren in Höhe von 10.000 € in bar.

Aufgabe 1.3.6

Das Unternehmen verkauft Waren im Wert von 5.000 € auf Ziel.

Aufgabe 1.3.7

Das Unternehmen schafft einen hochwertigen Tisch zu einem Preis von 4.000 € für das Büro des Geschäftsführers an. Der Betrag wird sofort per Banküberweisung bezahlt.

Aufgabe 1.3.8

Ein Fahrzeug aus dem Fuhrpark wird für 4.800 € verkauft. Der Käufer zahlt den Betrag in bar.

Aufgabe 1.3.9

Das Unternehmen schafft für 17.000 € eine neue Maschine auf Ziel an.

Aufgabe 1.3.10

Ein Gesellschafter tätigt eine Privateinlage in bar in Höhe von 15.000 €.

Aufgabe 1.3.11

Das Unternehmen nimmt einen Kredit in Höhe von 500.000 € auf. Den Betrag erhält es auf das Bankkonto.

Aufgabe 1.3.12

Das Unternehmen hebt 5.000 € vom Bankkonto ab und legt dieses Geld in die Kasse.

Wie sind die nachfolgenden Sachverhalte zu buchen? Bearbeiten Sie die folgenden Vorgänge und Ereignisse jeweils aus der Sicht eines verantwortlichen Buchhalters, indem Sie die erforderlichen Buchungssätze angeben.

Wenn bei einem Geschäftsvorfall umsatzsteuerliche Vorschriften zu berücksichtigen sind, gehen Sie von einem Umsatzsteuersatz von 20% aus. Abschlussbuchungen brauchen, sofern nicht ausdrücklich gefordert, nicht vorgenommen zu werden.

1.4 Bestands- und Erfolgsbuchungen

Die Bilanz eines Dienstleistungsunternehmens weist am 31.12.X1 folgende Bestände auf:

A	Bilanz zum 31.12.X1		P
Gebäude	200.000	Eigenkapital	90.000
BGA	100.000	Verbindlichkeiten gegenüber Kreditinstituten	280.000
Forderungen aus Lieferungen und Leistungen	50.000	Verbindlichkeiten aus Lieferungen und Leistungen	60.000
Bank	70.000		
Kasse	10.000		
	430.000		430.000

Geschäftsvorfälle X2:

1. Ein Kredit bei der Hausbank in Höhe von 40.000 € wird durch Banküberweisung getilgt.

2. Das Gehalt des Mitarbeiters (2.000 €) wird überwiesen.

3. Kauf von Büromöbeln im Wert von 14.000 € auf Ziel.

4. Begleichung von Verbindlichkeiten aus Lieferungen und Leistungen in Höhe von 5.000 € durch Barauszahlung.

5. Ein Kunde erhält eine Rechnung in Höhe von 3.000 € für in Anspruch genommene Dienstleistungen.

6. Ein weiterer Kunde begleicht seine Schulden durch Überweisung von 4.000 €.

Nehmen Sie die Eröffnungsbuchungen vor, buchen Sie die Geschäftsvorfälle auf die entsprechenden Konten, schließen Sie die Konten ab und erstellen Sie die Bilanz zum 31.12.X2. Geben Sie auch die entsprechenden Buchungssätze an. (Die Umsatzsteuer soll hier keine Berücksichtigung finden!)

1.5 Warenverkehr

Geben Sie, sofern innerhalb der Aufgabenteile keine anderen Arbeitsanweisungen gegeben sind, zu den nachfolgenden Geschäftsvorfällen die Buchungssätze an.

Aufgabe 1.5.1

Ein Kunde schickt einen Generator wegen erheblicher Funktionsmängel zurück. Die Rechnung über 34.000 € (zuzüglich Umsatzsteuer) ist noch nicht bezahlt worden.

Aufgabe 1.5.2

Ein Lieferant teilt schriftlich mit, dass er die bestellten Rohstoffe (Verkaufspreis: 12.000 € zuzüglich Umsatzsteuer) wegen Produktionsschwierigkeiten erst 14 Tage später als vereinbart ausliefern kann und er deshalb einen Sonderrabatt in Höhe von 5% gewährt.

Aufgabe 1.5.3

Es werden Waren für 15.000 € (brutto) angeliefert. Unmittelbar nach Vertragsabschluss waren seinerzeit vorab 6.000 € überwiesen worden.

Aufgabe 1.5.4

Die *Carl-Röder-AG* verkauft Messgeräte für insgesamt 20.000 € (netto). Der Kunde erhält einen Rabatt von 10%. Er begleicht diese Forderung unter Abzug von 2% Skonto durch Überweisung.

Aufgabe 1.5.5

Mit einem Kunden wird schriftlich vereinbart, dass in genau 6 Monaten eine Transportanlage geliefert und installiert werden soll. Der Kunde verpflichtet sich, innerhalb von 10 Tagen nach der Abnahme der Anlage 1,2 Mio. € (Kaufpreis) zuzüglich 20% Umsatzsteuer zu überweisen.

Aufgabe 1.5.6

Ein Lieferant stellt in Rechnung:

	60 Packungen Zylinderkopfschrauben	500 €
–	10% Rabatt	50 €
		450 €
+	20% Umsatzsteuer	90 €
=	Zu zahlender Betrag:	540 €

Ein kaufmännischer Auszubildender soll aufgrund dieser Angaben die empfangene Warensendung verbuchen. Er führt folgende Buchung durch:

Wareneinkaufskonto	500	an	Rabatterträge	50
			Umsatzsteuer	50
			Verbindlichkeiten aus Lieferungen und Leistungen	400

Überprüfen und korrigieren Sie – gegebenenfalls – diese Buchung.

Aufgabe 1.5.7

a) Ein Kunde bestellt Waren für 30.000 € (netto) und überweist als Anzahlung 9.000 € (zuzüglich Umsatzsteuer).

b) Drei Monate später wird die bestellte Ware ausgeliefert. Der Kunde überweist wenige Tage nach der Lieferung noch 25.200 €. (Weitere Forderungen gegenüber dem Kunden bestehen nicht.)

Aufgabe 1.5.8

Ein Kunde schickt 10 Digitalschieblehren, die er schon bezahlt hatte, wegen erheblicher Materialfehler zurück. In der Preisliste sind die Digitalschieblehren mit 180 € pro Stück (einschließlich Umsatzsteuer) ausgewiesen worden. Dem Kunden war ein Rabatt von 10% gewährt worden. Der Betrag wird sofort überwiesen.

Aufgabe 1.5.9

Die *FBU-AG* kauft Waren zu einem Preis von 50.000 € (netto) auf Ziel ein. Der Lieferant gewährt einen Treuerabatt von 10%. Für die Anlieferung mit der Bahn werden sofort 1.200 € (brutto) überwiesen.

Aufgabe 1.5.10

Eine Qualitätsprüfung angelieferter Ware ergibt, dass die vereinbarten Toleranzen nicht eingehalten worden sind. Die Ware wird daraufhin sofort an den Lieferanten zurückgeschickt. Der Lieferant erkennt die Reklamation an und überweist wenige Tage später eine Gutschrift über 3.600 €.

Aufgabe 1.5.11

Ein Einkauf von Waren auf Ziel für 5.500 € (netto) wird versehentlich folgendermaßen verbucht:

Wareneinkaufskonto	5.500	an	Verbindlichkeiten aus Lieferungen und Leistungen	4.583,33
			USt	916,67

Korrigieren Sie die Buchung!

Aufgabe 1.5.12

Es werden Waren im Bruttowert von 12.000 € auf Ziel verkauft. Der Kunde begleicht die Rechnung nach wenigen Tagen unter Abzug von 5% Skonto per Überweisung.

Aufgabe 1.5.13

Es werden Waren im Wert von 8.000 € (netto) gekauft. Bei Lieferung wird sofort bar bezahlt, um 4% Skonto verrechnen zu können.

1.6 Warenverkehr auf T-Konten

Aufgabe 1.6.1

Die Apothekenkette *AstraOmega oHG* verwendet für die Buchhaltung getrennte Warenkonten. Gehen Sie für die folgenden Geschäftsvorfälle vom vollen Umsatzsteuersatz (Konvention = 20%) aus. Im Laufe des Geschäftsjahres X1 finden folgende Geschäftsvorfälle statt:

1. *Die AstraOmega oHG* bekommt bestellte Waren im Wert von 14.400 € (brutto) geliefert. Die Rechnung wird sofort per Banküberweisung beglichen.

2. *Die AstraOmega oHG* kauft einen Kühlwagen zur Auslieferung wärmeempfindlicher Arzneien für 120.000 € (brutto). Sie bezahlt die Rechnung zwei Tage später per Banküberweisung unter Abzug von 4% Skonto.

3. Ein Großkunde begleicht ausstehende Rechnungen in Höhe von 24.000 € (brutto) in bar.

4. Der Inhaber der *AstraOmega oHG* entnimmt eine Schachtel Vitamintabletten (Einkaufspreis 12 € (brutto), Verkaufspreis 18 € (brutto)) aus dem Warenbestand zum Eigenverzehr.

5. Ein Stammkunde beschwert sich über eine Packung Medikamente, bei der die Beipackzettel fehlen. Die *AstraOmega oHG* nimmt diese zurück, erlässt den ausstehenden Rechnungsbetrag in Höhe von 200 € (brutto) und erstattet die bereits bezahlten 160 € (brutto) per Banküberweisung.

6. Ein Kunde zahlt eine ausstehende Rechnung in Höhe von 120 € (brutto) unter Abzug von 5% Skonto in bar.

Buchen Sie die obenstehenden Geschäftsvorfälle aus Sicht der *AstraOmega oHG* auf die nachfolgend angegebenen T-Konten (Hinweis: aus Vereinfachungsgründen wurde von Anfangsbeständen abstrahiert). Kennzeichnen Sie dabei die zusammengehörigen Buchungen eindeutig. Buchungssätze sind nicht verlangt. Es sind keine Abschlussbuchungen verlangt.

S	Bank	H	S	Kasse	H

S	Forderungen aus Lieferungen und Leistungen	H	S	Verbindlichkeiten aus Lieferungen und Leistungen	H

S	Wareneinkaufskonto	H	S	Warenverkaufskonto	H

S	USt	H	S	VSt	H

S	Gewährte Boni	H		S	Fuhrpark	H

S	Gewährte Skonti	H		S	Privat	H

Aufgabe 1.6.2

Auf den nachfolgend gegebenen T-Konten ist jeweils die Summe der Soll- und Haben-Buchungen gegeben. Schließen Sie die nachfolgenden Warenkonten nach dem Bruttoabschlussverfahren ab (Warenendbestand laut Inventur: 3.700 €) und schließen Sie das Gewinn- und Verlustkonto ab. Die Buchungen auf das Schlussbilanzkonto werden nicht verlangt.

S	Eigenkapital (EK)	H		S	Gewinn- und Verlustkonto (GVK)	H
	Σ	25.000				

S	Wareneinkaufskonto (WEK)	H		S	Warenverkaufskonto (WVK)	H
Σ	8.700				Σ	7.000

1.7   Wareneinsatz und Materialverbrauch

Geben Sie, sofern innerhalb der Aufgabenteile keine anderen Arbeitsanweisungen gegeben sind, zu den nachfolgenden Geschäftsvorfällen die Buchungssätze an.

Aufgabe 1.7.1

Übertragen Sie die folgenden Angaben auf entsprechende Konten und ermitteln Sie den Gewinn sowohl auf Basis des Netto- wie auch des Bruttoabschlussverfahrens.

Warenanfangsbestand	5.000
Warenverkauf (insgesamt)	30.000
Wareneinkauf (insgesamt)	10.000
Warenendbestand laut Inventur	2.000

Aufgabe 1.7.2

Auf einem Wareneinkaufskonto sind folgende Positionen ausgewiesen:

Anfangsbestand	120.000
Rücksendungen	16.000
Zugänge (kumuliert)	430.000
erhaltene Skonti	2.000
Endbestand (laut Inventur)	87.000

a)   Geben Sie für dieses Konto die Abschlussbuchung nach dem Netto- sowie dem Bruttoabschlussverfahren an.

b)   Wie ist zu buchen, wenn sich aufgrund einer Kontrolle der Mengenangaben auf den Ausgangsrechnungen herausstellt, dass der Endbestand dem Wert nach um 5.000 € zu niedrig ist?

Aufgabe 1.7.3

Auf dem Bestandskonto „Materiallager A" sind folgende Werte (in €) ausgewiesen:

Anfangsbestand	18.600
Zugang 1	56.200
Zugang 2	30.700

a) Kurze Zeit nach der letzten Buchung wird bestelltes Material (A) im Gesamtwert von 50.400 € (brutto) angeliefert. Die Rechnung wird sofort unter Abzug von 5% Skonto bar beglichen.

b) Schließen Sie das Materiallager A-Konto unter Berücksichtigung der letzten Anlieferung ab und geben Sie die Abschlussbuchungen an (Endbestand: 15.000 €).

Aufgabe 1.7.4

Dem Rohstofflager werden Kupferbleche im Gesamtwert von 6.800 € (netto) für die Produktion von Messgeräten entnommen. Eine Qualitätskontrolle ergibt, dass 50% dieser Bleche erhebliche Mängel aufweisen. Sie werden dem Lieferanten, dessen Rechnung bereits beglichen wurde, zurückgeschickt.

1.8 Veränderungen der Bestände an unfertigen und fertigen Erzeugnissen

Aufgabe 1.8.1

In einem Handwerksbetrieb werden zwei Produktarten (A und B) gefertigt. Zu Beginn einer Abrechnungsperiode sind auf den beiden Bestandskonten für fertige Erzeugnisse 32.000 € (A) und 180.000 € (B) ausgewiesen. Am Ende der Abrechnungsperiode wird durch eine Inventur festgestellt, dass noch 40 Einheiten der Produktart A und 20 Einheiten der Produktart B vorhanden sind. Die Endbestände sollen mit 9.000 € je Einheit der Produktart A und mit 4.000 € je Einheit der Produktart B bewertet werden. Geben Sie die entsprechenden Buchungssätze an.

Aufgabe 1.8.2

In der *Müller & Meier OHG* werden unter anderem spezielle Schrauben für die Automobilindustrie hergestellt. Für die Abrechnungsperiode X1 sind für diese Produktart folgende Daten ermittelt worden:

Anfangsbestand (zu Beginn der Abrechnungsperiode)	80 Packungen
Verkauf (während der Abrechnungsperiode)	1.200 Packungen
Verkaufspreis (Rechnungsbetrag)	168 €/Packung
Herstellungskosten (konstant)	80 €/Packung

Die Inventur am Ende der Abrechnungsperiode ergibt, dass der Endbestand dieser Spezialschrauben mit 5.600 € zu bewerten ist.

a) Wie viele Packungen sind während der Abrechnungsperiode produziert worden? (Bitte Nebenrechnungen angeben.)

b) Verbuchen Sie den Umsatz und die Bestandsveränderung.

1.9 Buchungsprobleme im Anlagevermögen

Geben Sie, sofern innerhalb der Aufgabenteile keine anderen Arbeitsanweisungen gegeben sind, zu den nachfolgenden Geschäftsvorfällen die Buchungssätze an.

Aufgabe 1.9.1

a) Am 02.01.X1 wird eine Präzisionswaage angeschafft und gleich in Betrieb genommen. Dem Lieferanten werden ein paar Tage später für diese Waage 28.800 € (einschließlich Umsatzsteuer) überwiesen. Außerdem musste vorher noch eine - nicht umsatzsteuerpflichtige - Transportversicherungsprämie (1.600 €) bar bezahlt werden.

b) Für den buchhalterischen Jahresabschluss zum 31.12.X1 wird festgelegt, dass die Präzisionswaage indirekt abzuschreiben ist. Dabei soll von folgenden Annahmen ausgegangen werden:

Nutzungsdauer	6 Jahre
Wertminderung	linear
geschätzter Restwert (Liquidationserlös)	4.000 €

c)   Am 02.01.X2 wird die Waage für 26.400 € (brutto) bar verkauft.

Aufgabe 1.9.2

Um die Lagerarbeiten effizienter durchführen zu können, wird sich dazu entschlossen am 12.07.X1 einen Hubwagen zu kaufen. Der Hubwagen kostet insgesamt 520 € (netto). Es wird eine Anzahlung i. H. v. 250 € (netto) in bar geleistet. Zwei Wochen später erfolgt die Auslieferung und zeitgleiche Überweisung des Restbetrags.

Aufgabe 1.9.3

Zudem wurden bei einer Lagerbesichtigung am 18.12.X1 erhebliche Mängel an den Hochregalen entdeckt. Die Kosten für die geplante Reparatur werden auf 7.500 € geschätzt. Da im Lager noch eine Großbestellung liegt, die im April X2 ausgeliefert wird, soll das Lager erst nach dieser Lieferung repariert werden.

Aufgabe 1.9.4

Am 02.01.X3 wird eine gebrauchte Schleifmaschine für 16.000 € zuzüglich Umsatzsteuer verkauft. Sie ist am 02.01.X1 in Betrieb genommen worden (Die Anschaffungskosten einschließlich Umsatzsteuer in Höhe von 30.000 € wurden bar bezahlt.) und stand am 31.12.X2 - bei linearer (indirekter) Abschreibung - noch mit 20.000 € in der Bilanz. Der Käufer überweist den Betrag nach wenigen Tagen auf das Bankkonto. Buchen Sie den Sachverhalt für die Jahre X1-X3.

Aufgabe 1.9.5

Die Produktionsmaschinen werden modernisiert. Daher wird am 01.01.X1 eine neue CNC-Maschine für 75.000 € (netto) auf Ziel gekauft. Drei Mitarbeiter führen die Installationen durch. Die Lohnzettel dokumentieren dafür entstandene Kosten von insgesamt 3.000 €. Die Nutzungsdauer der CNC-Maschine beträgt 15 Jahre.

Aufgabe 1.9.6

Zu Beginn des Jahres wird ein Diktiergerät für 168 € (einschließlich Umsatzsteuer) angeschafft und bar bezahlt. Erfahrungsgemäß werden derartige Geräte nach einer fünfjährigen Nutzung ersetzt. Gehen Sie davon aus, dass vom Unternehmer eine frühestmögliche Abschreibung präferiert wird.

Aufgabe 1.9.7

Ein Lieferwagen, der seinerzeit für 20.000 € (ohne Umsatzsteuer) angeschafft worden war, wird – bei einer angenommenen Nutzungsdauer von 5 Jahren – linear indirekt abgeschrieben. Nach 3 Jahren wird dieses Fahrzeug für 9.000 € (netto) bar verkauft. (Verbuchen Sie nur den Verkauf!)

Aufgabe 1.9.8

Es gibt einen Zwischenfall an einer Abfüllanlage, wodurch diese verklebt. Eine Reinigung wird sofort von einem Dienstleister vorgenommen und kostet 600 € (brutto). Die Bezahlung erfolgt in bar. Trotz der schnellen Reinigung ist die Maschine dauerhaft beschädigt und 10.000 € weniger wert.

Aufgabe 1.9.9

Ein Spezialmessgerät für die Qualitätskontrolle hergestellter Bremsscheiben stand zu Beginn des Jahres mit 28.000 € zu Buche. Jährlicher Abschreibungsbetrag (direkt): 12.000 €. Am Ende des Jahres wird die Produktion der Bremsscheiben eingestellt und das Messgerät für 1.800 € (einschließlich Umsatzsteuer) verkauft. Der Käufer zahlt sofort durch Überweisung.

Aufgabe 1.9.10

In der Nähe eines Grundstücks gab es eine große Umweltkatastrophe. Infolgedessen ist der Marktwert des Grundstücks um 100.000 € gesunken. Eine unabhängige Agentur geht davon aus, dass die Wertminderungen der Grundstückspreise in der Region nur von vorübergehender Dauer sind und sich bald wieder erholen werden.

Aufgabe 1.9.11

Am 02.01.X2 wird ein fabrikneuer Lieferwagen für 19.200 € (inklusive Umsatzsteuer) auf Ziel gekauft. Der Händler nimmt dafür einen gebrauchten, betrieblich genutzten PKW, der in der Bilanz zum 31.12.X1 noch mit 4.000 € ausgewiesen ist und jährlich direkt mit 3.000 € abgeschrieben wurde, für 4.680 € (inklusive Umsatzsteuer) in Zahlung. Verbuchen Sie den gesamten Anschaffungsvorgang zum 02.01.X2.

Aufgabe 1.9.12

Das Unternehmen hält mit strategischen Absichten Aktien an einem großen Chemie-Konzern. Aufgrund schlechter Quartalszahlen bricht die Aktie um 20% ein. Das entspricht im Falle des Unternehmens 10.000 €. Der Großteil der Finanzanalysten ist sich aber einig, dass die Aktie in den nächsten zwölf Monaten ein deutliches Kursplus erzielen kann und ein neues Allzeithoch erreichen wird.

Aufgabe 1.9.13

Ein Unternehmen hat in X1 folgende Gegenstände der Betriebs- und Geschäftsausstattung angeschafft und per Banküberweisung bezahlt:

13.02.X1	Schreibtisch	1.020 € (brutto)
20.02.X1	Schreibtischstuhl	936 € (brutto)
03.07.X1	Schreibtischlampe	174 € (brutto)
27.10.X1	Aktenschrank	1.380 € (brutto)
16.12.X1	Aktenvernichter	114 € (brutto)

Wie sind diese Gegenstände zu verbuchen und wie im Laufe der Nutzungsdauer abzuschreiben? Gehen Sie davon aus, dass vom Unternehmer eine frühestmögliche Abschreibung präferiert wird.

1.10 Abschreibungen auf Forderungen

Geben Sie, sofern innerhalb der Aufgabenteile keine anderen Arbeitsanweisungen gegeben sind, zu den nachfolgenden Geschäftsvorfällen die Buchungssätze an.

Aufgabe 1.10.1

a) Ein Kunde wird schriftlich gemahnt, eine Rechnung über 10.560 €, die seit über 4 Wochen fällig ist, zu bezahlen.

b) Der Kunde meldet daraufhin überraschend Konkurs an. Aufgrund umgehend beim Konkursverwalter eingeholter Auskünfte wird die Forderung bis auf 10% des Nominalwertes direkt abgeschrieben.

c) Nach Abschluss der Liquidation überweist der Konkursverwalter im folgenden Geschäftsjahr 1.200 €.

Aufgabe 1.10.2

a) Am 10.06.X1 bestellt ein Kunde eine Spitzendrehbank. Aufgrund der vorangegangenen Verhandlungen erklärt er sich bereit, 3 Monate vor dem in Aussicht gestellten Liefertermin (02.11.X1) 10.000 € als Anzahlung zu überweisen und den Restbetrag des Kaufpreises (20.000 € zuzüglich Umsatzsteuer) einen Monat nach erfolgter Lieferung ohne Abzug von Skonto zu bezahlen. Geben Sie die notwendige Buchung zum 10.06.X1 an.

b) Am 20.06.X1 teilt er mit, er müsse Konkurs anmelden und könne deshalb die bestellte Maschine nicht abnehmen. Geben Sie die Buchung zum 20.06.X1 an.

Aufgabe 1.10.3

Eine Pauschalwertberichtigung auf Forderungen in Höhe von 10.000 €, die zum 31.12.X1 gebildet worden ist, soll am Ende des Geschäftsjahrs X2 angepasst werden. Der gesamte Forderungsbestand am 31.12.X2 beträgt 288.000 €, wobei eine Forderung in Höhe von 15.600 € einzelwertberichtigt wurde. Der Ausfallsatz beträgt erfahrungsgemäß 5%. Geben Sie auch an, wie hoch der zu pauschalwertberichtigende Bestand an Forderungen im Jahre X1 war.

Aufgabe 1.10.4

a) In einer KG beläuft sich der Forderungsbestand am Ende des Geschäftsjahres auf 624.000 €. Im Hinblick auf das allgemeine Kreditrisiko sollen davon 2% erstmals in eine Pauschalwertberichtigung eingestellt werden.

b) Bis auf eine Forderung über 6.000 €, die wegen amtlich festgestellter Zahlungsunfähigkeit des Schuldners letztendlich als definitiv uneinbringlich auszubuchen ist, nachdem an ihrem Eingang gezweifelt wurde, werden alle anderen fälligen Forderungen im nächsten Geschäftsjahr beglichen, so dass sich am Ende des Jahres der Bestand an Forderungen auf 120.000 € beläuft. Buchen Sie die Korrektur der uneinbringlich gewordenen Forderung sowie die Anpassung der Pauschalwertberichtigung.

Aufgabe 1.10.5

Im vergangenen Geschäftsjahr war eine Forderung über 4.800 €, nachdem der Kunde einen Offenbarungseid geleistet hatte, vollständig (direkt) abgeschrieben worden. Wider Erwarten überweist der Schuldner jetzt 2.400 €. Verbuchen Sie die Überweisung.

Aufgabe 1.10.6

a) Ein Kunde, gegen den noch eine Forderung über 19.200 € besteht, meldet Konkurs an. Der Konkursverwalter teilt auf Anfrage mit, dass voraussichtlich nur 10% der Verbindlichkeiten gedeckt werden können. Führen Sie – aufgrund dieser Mitteilung – alle notwendigen Buchungen durch. Gehen Sie dabei von der Annahme aus, dass die Forderung indirekt abgeschrieben werden soll.

b) Im nächsten Geschäftsjahr überweist der Konkursverwalter 960 €. Der Rest der Forderung ist als endgültig uneinbringlich anzusehen.

Aufgabe 1.10.7

a) Sämtliche Mahnungen gegenüber einem Kunden, gegen den noch Forderungen in Höhe von 16.800 € bestehen, bleiben ohne Reaktion und es mehren sich die Hinweise, dass der Kunde seinen Zahlungsverpflichtungen nicht mehr nachkommen kann. Es wird daher mit einem Forderungsausfall in Höhe von 70% gerechnet. Wie kann dieser Sachverhalt gebucht werden?

b) Der Kunde überweist 5.040 €.

1.11 Rückstellungen und Rechnungsabgrenzung

Geben Sie, sofern innerhalb der Aufgabenteile keine anderen Arbeitsanweisungen gegeben sind, zu den nachfolgenden Geschäftsvorfällen die Buchungssätze an.

Aufgabe 1.11.1

Für eine Reparatur der Heizungsanlage war vor dem letzten Bilanzstichtag eine Rückstellung in Höhe von 5.000 € gebildet worden. Jetzt geht die erwartete Rechnung ein. Zu zahlen sind 4.920 € (einschließlich Umsatzsteuer), die nach wenigen Tagen überwiesen werden.

Aufgabe 1.11.2

Am 21.06.X1 schließt die *Meyer Industrietechnik OHG* mit einem Kunden den Vertrag zur Lieferung einer NC-Drehmaschine ab. Die Maschine soll am 21.09.X1 ausgeliefert werden. Vereinbarter Kaufpreis: 280.000 € zuzüglich Umsatzsteuer. Ein kaufmännischer Lehrling wird beauftragt, diesen Sachverhalt buchhalterisch zu bearbeiten. Er veranlasst folgende Buchung:

sonstige Rückstellungen	280.000			
VSt	42.000	an	Umsatzerlöse	312.000

Falls die Buchung Ihrer Ansicht nach falsch ist, geben Sie die notwendige Korrekturbuchung an.

Aufgabe 1.11.3

Ein Kiesgrubenbetreiber fördert neben verkaufsfähigem Kies auch Abraum. Per Landesverordnung sind Kiesgrubenbetreiber zur Abraumbeseitigung verpflichtet. Aufgrund der guten Geschäftslage im aktuellen Geschäftsjahr entscheidet sich das Unternehmen die Abraumbeseitigung erst zwei Jahre später durchzuführen. Hierfür fallen geschätzte Aufwendungen in Höhe von 12.000 € an.

Aufgabe 1.11.4

Die *Huber Montagen GmbH* hat im vergangenen Geschäftsjahr eine Rückstellung für Prozessrisiken in Höhe von 20.000 € gebildet. Nach einem jetzt geschlossenen Vergleich müssen Zahlungen in Höhe von 18.000 € zuzüglich 2.000 € Anwaltskosten geleistet werden. Die 18.000 € werden sofort überwiesen. (Umsatzsteuerrechtliche Vorschriften sollen in dieser Aufgabe unberücksichtigt bleiben). Die Kosten für den Anwalt werden in der darauffolgenden Woche bar bezahlt.

Aufgabe 1.11.5

Nach Ansicht des Steuerberaters der *Meyer Industrietechnik OHG* sind voraussichtlich für das Geschäftsjahr X1 folgende Nachzahlungen zu leisten:

- Gewerbesteuer 5.000 €;

- Einkommensteuer (Gesellschafter A) 8.000 €.

Der Gesellschafter B kann dagegen mit einer Einkommensteuererstattung in Höhe von 6.000 € rechnen.

Wie ist dieser Sachverhalt am Jahresende (Bilanzstichtag: 31.12.X1) zu verbuchen?

Aufgabe 1.11.6

a) Bei den buchhalterischen Abschlussarbeiten in einem Industriebetrieb stellt sich heraus, dass die Rechnung für eine bereits durchgeführte Kfz-Reparatur noch aussteht. Aufgrund eines Kostenvoranschlages der Werkstatt kann unterstellt werden, dass der endgültige Rechnungsbetrag bei 1.200 € (einschließlich Umsatzsteuer) liegen wird.

b) Zu Beginn des nächsten Geschäftsjahres geht die erwartete Rechnung ein. Gefordert werden 1.140 € (einschließlich Umsatzsteuer). Die Rechnung wird sofort durch Banküberweisung beglichen.

Aufgabe 1.11.7

Für Stellenanzeigen in einer Wochenzeitschrift werden 36.000 € (einschließlich Umsatzsteuer) für das Geschäftsjahr X1 durch Banküberweisung bezahlt. Von den vereinbarten zehn Anzeigen erscheinen sieben im nächsten Geschäftsjahr. Geben Sie die Buchungssätze für beide Geschäftsjahre an.

Aufgabe 1.11.8

Am 01.10.X1 wird der *FBU-AG* von ihrem Mieter der Mietzins für die kurzfristige Überlassung ihrer Lagerräume bis zum 31.05.X2 im Voraus überwiesen. Der Mietzins beträgt 32.000 €.

a) Verbuchen Sie den Sachverhalt am 01.10.X1.

b) Verbuchen Sie den Sachverhalt am 31.12.X1.

c) Verbuchen Sie den Sachverhalt für das Geschäftsjahr X2.

Aufgabe 1.11.9

Eine Aktiengesellschaft nimmt am 01.12.X1 ein Darlehen in Höhe von 20.000 € bei ihrer Hausbank auf. Der Kredit wird im nächsten Geschäftsjahr am 01.06.X2 zuzüglich 12% p. a. Zinsen per Überweisung zurückgezahlt. Geben Sie die Buchungssätze für beide Geschäftsjahre an.

Aufgabe 1.11.10

Am Ende des Geschäftsjahres X2 stellt sich heraus, dass die Miete einer angemieteten Lagerhalle für die letzten 8 Monate des Jahres X1 sowie das gesamte Jahr X2 noch nicht bezahlt ist. Dem Vermieter werden sofort 21.600 € überwiesen mit dem Hinweis, direkt die Miete der ersten 4 Monate des Jahres X3 im Voraus zu begleichen.

a) Wie ist dieser Sachverhalt für die Geschäftsjahre X1 bis X3 beim Mieter zu verbuchen?

b) Wie ist dieser Sachverhalt für die Geschäftsjahre X1 bis X3 beim Vermieter zu verbuchen?

1.12 Lohn- und Gehaltszahlungen

Geben Sie, sofern innerhalb der Aufgabenteile keine anderen Arbeitsanweisungen gegeben sind, zu den nachfolgenden Geschäftsvorfällen die Buchungssätze an.

Aufgabe 1.12.1

Verbuchen Sie folgende Gehaltszahlung:

	Bruttogehalt	2.500,00 €
–	Lohnsteuer	313,94 €
–	Kirchensteuer	28,25 €
–	Krankenversicherung (paritätischer Anteil 7,3%)	182,50 €
–	Krankenversicherung (paritätischer Anteil Zusatzbeitrag 0,6%)	15,00 €
–	Pflegeversicherung (Arbeitnehmeranteil mit 1 Kind: 1,7%)	42,50 €
–	Arbeitslosenversicherung (paritätischer Anteil 1,3%)	32,50 €
–	Rentenversicherung (paritätischer Anteil 9,3%)	232,50 €
–	vermögenswirksame Leistung (Überweisung auf ein Spar-konto)	30,00 €
	Auszahlung (bar)	1.622,81 €
+	30% Arbeitgebersparzulage (Überweisung auf ein Sparkonto)	9,00 €

Aufgabe 1.12.2

Ein Sachbearbeiter, Vater von zwei Kindern (jeweils unter 25 Jahren) und Gemeinderatsvorsitzender der örtlichen hessischen Kirche, der Vertriebsabteilung erhält ein Bruttogehalt für Juni in Höhe von 3.100 €. Einbehalten wurden 479,16 € Lohn- und Kirchensteuer sowie der gesetzliche Sozialversicherungsbeitrag (Arbeitnehmeranteil) in Höhe von 626,20 €. Außerdem ist die zweite Rückzahlungsrate (250 €) für ein Arbeitgeberdarlehen, das ihm vor einiger Zeit gewährt worden war, verrechnet worden. Der Arbeitgeberanteil zur Sozialversicherung beträgt 618,45 €. Das Nettoarbeitsentgelt wird per Banküberweisung ausgezahlt.

Aufgabe 1.12.3

Das Juni-Gehalt für Frau Maximiliane Müller, Disponentin in der Einkaufsabteilung, soll angewiesen werden.

Verfügbar sind folgende Daten:

4.000 €   vereinbartes monatliches Arbeitsentgelt,

750 €   Lohnsteuer,

9%   Kirchensteuer (bezogen auf die Lohnsteuer),

21%   Arbeitnehmerbeitrag zur Sozialversicherung (bezogen auf das vereinbarte monatliche Arbeitsentgelt),

20,4%   Arbeitgeberbeitrag zur Sozialversicherung (bezogen auf das vereinbarte monatliche Arbeitsentgelt).

Zu verbuchen ist die Gehaltszahlung an Frau Müller. Das Nettoarbeitsentgelt wird per Banküberweisung ausgezahlt.

Aufgabe 1.12.4

Ein untreuer Buchhalter hat Geld unterschlagen. Ihm wird daraufhin fristlos gekündigt. Von dem Gehalt, das ihm noch zusteht, sind 481,19 € für Lohn- und Kirchensteuer, 574,56 € als Arbeitnehmeranteil zur Sozialversicherung und 581,76 € als Arbeitgeberanteil zur Sozialversicherung abzuführen. Der Restbetrag in Höhe von 1.824,25 € wird jedoch nicht ausgezahlt, sondern gegen die Forderung aus der Unterschlagung verrechnet.

Aufgabe 1.12.5

Einem leitenden Mitarbeiter wird durch die Personalabteilung mitgeteilt, dass er bei seiner vorgesehenen Frühpensionierung zum 01.01. nächsten Jahres mit einer Ausgleichszahlung in Höhe von 120.000 € rechnen kann.

Aufgabe 1.12.6

Bedingt durch eine Störung im Bereichs-Server, sind für die Verbuchung einer Gehaltszahlung eines nicht kirchensteuerpflichtigen Mitarbeiters derzeit nur noch folgende Daten verfügbar:

$\qquad$ 180,00 € Lohnsteuer (10% des vereinbarten Gehalts),

$\qquad$ 19,3% Arbeitnehmeranteil zur Sozialversicherung,

$\qquad$ 20,3% Arbeitgeberanteil zur Sozialversicherung.

Verbuchen Sie diese Gehaltszahlung unter der Annahme, dass weitere Abzüge nicht zu berücksichtigen sind. Das Nettoarbeitsentgelt wird per Banküberweisung ausgezahlt.

1.13 Vermischte Buchungsprobleme

Geben Sie, sofern innerhalb der Aufgabenteile keine anderen Arbeitsanweisungen gegeben sind, zu den nachfolgenden Geschäftsvorfällen die Buchungssätze an.

Aufgabe 1.13.1

Bei Schweißarbeiten gerät eine im laufenden Geschäftsjahr gebaute – noch nicht abgeschriebene – Lagerhalle in Brand. Die dort gelagerten Stahlbleche, die in den Geschäftsbüchern mit 72.000 € stehen, sind für die Produktion nicht mehr verwendbar, werden aber an ein Stahlwerk für 31.200 € (einschließlich Umsatzsteuer) als Schrott verkauft. Das Stahlwerk überweist den Betrag sofort nach Lieferung. Der Schaden für das völlig zerstörte Gebäude (Buchwert 360.000 €) wird zu 90% von einer Versicherungsgesellschaft getragen. Die Zahlung erfolgt nach einem Monat.

Aufgabe 1.13.2

Am 01.11.X1 schließt die *Huber Montagen GmbH* mit der Meyer-Industrietechnik OHG einen Liefervertrag über Werkzeugmaschinen im Gesamtwert von 120.000 € (zuzüglich Umsatzsteuer) ab. Sie sollen am 01.02.X2 geliefert werden. (Bilanzstichtag: 31.12.X1)

Aufgabe 1.13.3

a) Eduard Hausmüller, Gesellschafter der *Hausmüller OHG*, schenkt seiner Tochter einen betrieblich genutzten PKW. (Anschaffungskosten: 20.000 €; insgesamt verbuchte Wertberichtigungen: 17.500 €).

b) Zwei Monate später verkauft seine Tochter den PKW einer Freundin für 2.200 € gegen Barzahlung.

Aufgabe 1.13.4

Auf einem Tagesauszug der Hausbank ist im „Haben" unter anderem der Betrag 860 € ausgewiesen. Es handelt sich dabei um eine Überweisung des Kunden Ernst Müller. Versehentlich wird sie jedoch als eine im Dauerauftrag ausgeführte Mietzahlung an den Vermieter Otto Müller aufgefasst und folgendermaßen verbucht:

    Mietaufwand   an   Bank   680

Berichtigen Sie diese Buchung.

Aufgabe 1.13.5

Bei einem Einbruch in ein Einzelhandelsgeschäft werden 6.580 € Bargeld entwendet. Dabei entsteht ein Sachschaden in Höhe von 4.000 €. Das Geschäft muss einen Tag lang geschlossen bleiben. Die dadurch bedingte Umsatzeinbuße schätzt der Inhaber auf 2.000 €, wobei er die Umsatzsteuer außer Betracht lässt. Der Sachschaden wird zu 90% durch eine Versicherungsgesellschaft gedeckt. Die Versicherung überweist den Betrag wenige Tage später.

Verbuchen Sie diesen Sachverhalt unter der Annahme, dass die Betriebs- und Geschäftsausstattung direkt abgeschrieben wird.

Aufgabe 1.13.6

Der Eigentümer eines Einzelhandelsgeschäftes hat Ärger mit seiner Frau. Er holt sich deshalb nach Geschäftsschluss eine Flasche „Buchführungsgeister" (43% Alkoholgehalt) aus seinem Lager (Einstandspreis 7,50 €; Verkaufspreis 13,75 € einschließlich Umsatzsteuer), um seinen Ärger herunterzuspülen. Pflichtbewusst, aber gedankenverloren bucht er sofort:

> sonstiger betrieblicher Aufwand   an   Privatentnahmen   10,75

Berichtigen Sie diese Buchung.

Aufgabe 1.13.7

Ein LKW wird für 20.000 € zuzüglich Umsatzsteuer angeschafft. Der Händler nimmt einen gebrauchten Lieferwagen, der bis auf 4.000 € direkt abgeschrieben ist, für 5.000 € zuzüglich Umsatzsteuer in Zahlung. Die Restschuld wird später per Banküberweisung unter Abzug von 3% Skonto beglichen.

Aufgabe 1.13.8

Die Inhaberin der Boutique *Darmstädter Modefrühling* entnimmt ihrer Schaufensterauslage ein Kostüm, um sich damit bei festlichen Anlässen zu kleiden. Das Kostüm ist mit 744 € (einschließlich Umsatzsteuer) ausgezeichnet und auf ihrem Wareneinkaufskonto mit 310 € registriert. Pflichtbewusst, aber unkonzentriert bucht sie noch kurz vor Ladenschluss:

> sonstiger betrieblicher Aufwand   an   Warenverkaufskonto   474

Berichtigen Sie diese Buchung.

Aufgabe 1.13.9

Der Inhaber einer Brauerei überlässt seiner Tochter für eine längere Reise während der Semesterferien einen betrieblich genutzten PKW. Die Tochter fährt mit diesem PKW etwa 5.000 Kilometer. Die jährliche Wertminderung des PKWs ist auf 5.600 € festgesetzt. Die entsprechenden Abschreibungen sollen direkt verbucht werden. Während des Geschäftsjahres, in das die Reise fällt, sind mit dem PKW insgesamt 20.000 Kilometer gefahren worden.

Aufgabe 1.13.10

Eine Kfz-Reparatur (Brutto-Rechnungsbetrag: 2.400 €) wird versehentlich wie folgt verbucht:

Aufwand für Instand- haltungen	2.400	an	Verbindlichkeiten aus Lieferungen und Leis- tungen	1.980
			USt	420

Korrigieren Sie diese Buchung.

Aufgabe 1.13.11

Der LKW-Bestand muss aufgrund gut gehender Geschäfte ausgeweitet werden. Zunächst soll nur ein LKW-Anhänger zum Nettopreis von 60.000 € angeschafft werden. Dazu wird ein Kredit in Höhe von 40.000 € bei der Hausbank aufgenommen. Einem Geschäftsfreund, der einen seiner Anhänger verkaufen will und gegen den noch eine Forderung in Höhe von 11.400 € besteht, werden die 40.000 € überwiesen. Der Rest wird unter Verrechnung der Forderung kreditiert und nach wenigen Tagen bar beglichen. Buchen Sie aus der Sicht des Käufers wie auch des Verkäufers.

Aufgabe 1.13.12

Der unter Aufgabe 1.11.11 aufgenommene Kredit wird zurückgezahlt. Neben der Tilgung, die zu 5.000 € bar beglichen wird, sind Zinsen in Höhe von 400 € zu begleichen. Buchen Sie auch aus der Sicht des Kreditnehmers und des Kreditgebers.

Aufgabe 1.13.13

Unternehmer Hans Gutglaube verkauft vier seiner Büroschreibtische (je 400 € netto). Dem Käufer wird ein Zahlungsziel von 10 Tagen eingeräumt, zu dem er 10% Skonto geltend machen kann. Nach zwei Wochen hat der Käufer noch nichts überwiesen und auch zwei Mahnungen bleiben ohne Erfolg. Von einem weiteren Geschäftsfreund erfährt Herr Gutglaube, dass der Schuldner derzeit Zahlungsschwierigkeiten hat und man mit einem Ausfall von 50% rechnen kann. In der folgenden Woche wird jedoch vom Käufer ein Betrag in Höhe von 1.920 € überwiesen.

Aufgabe 1.13.14

Ein Einzelwarenhändler verkauft Waren im Nettowert von 2.000 € und bestellt Nachschub für 1.000 €. Dabei wird immer sofort bar gezahlt, um jeweils 5% Skonto geltend zu machen. Am Tag danach ist eine Umsatzsteuervorauszahlung an das Finanzamt fällig.

Aufgabe 1.13.15

Im Laufe des Tages verkaufte das Einzelhandelsunternehmen *OISAC OHG* an mehrere Kunden Waren im Bruttowert von 6.000 € bar. Am Abend werden der Aushilfe 100 € von den Tageseinnahmen ausgezahlt (Sozialabgaben brauchen nicht berücksichtigt zu werden) und der Rest zur Bank gebracht.

Aufgabe 1.13.16

Am 02.01.X1 wird ein Kredit in Höhe von 30.000 € für drei Jahre aufgenommen. Die Zinsen belaufen sich auf 4% pro Jahr und sind jeweils am 31.12. eines jeden Jahres fällig. Der Kreditnehmer überweist der Bank am 31.12.X1 (= Bilanzstichtag) 3.600 € und tilgt am 31.12.X3 seine Schulden ebenfalls per Überweisung. Buchen Sie auch aus der Sicht des Kreditnehmers und des Kreditgebers.

Aufgabe 1.13.17

Es werden 13.000 € von der Bank abgehoben und dafür von einem Ausstatter ein Stahlschrank für das Büro (2.300 € netto), ein neuer Computer mit Monitor (1.100 € netto) und zwei Rollcontainer (jeweils 200 € netto) gekauft. Der Rest wird genutzt, um für das Wochenende mit der Familie in Paris ein wenig Geld zu haben.

Aufgabe 1.13.18

Die Großunternehmer S. Umlauf, M. Sattler und S. Braun wollen mit ihrer Firma groß im Obsthandel (speziell Bananen) rauskommen. M. Sattler erklärt sich deshalb bereit, seinen alten (Baujahr 1995) aber immer noch flotten 3er BMW Kombi ins Gesellschaftsvermögen einzubringen. Der Wert beläuft sich auf 500 €. Die Geschäfte gehen aufgrund der nun schnellen Auslieferung an die Kunden gut. S. Braun freut sich eines Abends beim Kassenabschluss dermaßen über die Tageseinnahmen, dass er von einem plötzlichen Heißhunger überwältigt wird und gleich eine Kiste von den frisch angelieferten Bananen (Warenwert 100 € netto) verdrückt. S. Umlauf, der gerade mit dem Gabelstapler in der Halle die Regale für den nächsten Tag auffüllt, bemerkt die Aktion und ist von der „Leistung" seines Partners dermaßen beeindruckt, dass er mit dem Stapler glatt durch das geschlossene Hallentor rauscht. Der Schaden beläuft sich auf 900 €.

1.14 Ableitung von Geschäftsvorfällen aus Buchungssätzen

Welche Geschäftsvorfälle liegen den nachfolgenden Buchungssätzen zugrunde?

Aufgabe 1.14.1

Abschreibungen auf Forderungen	1.000			
USt	200	an	Forderungen aus Lieferungen und Leistungen	1.200

Aufgabe 1.14.2

Kasse		an	Forderungen aus Lieferungen und Leistungen	3.000

Aufgabe 1.14.3

Bank	196.000			
aktive RAP	4.000	an	Verbindlichkeiten gegenüber Kreditinstituten	200.000

Aufgabe 1.14.4

sonstiger betrieblicher Aufwand	an	Drohverlustrückstellungen	40.000

Aufgabe 1.14.5

geleistete Anzahlungen	100.000			
VSt	20.000	an	Bank	120.000
Maschinen	300.000			
VSt	40.000	an	Verbindlichkeiten aus Lieferungen und Leistungen	240.000
			geleistete Anzahlungen	100.000

Aufgabe 1.14.6

01.12.X1

Bank	an	Mieterträge	600

31.12.X1

Mieterträge	an	passive RAP	400

Aufgabe 1.14.7

Bank	43.200			
gewährte Skonti	4.000			
USt	800	an	Forderungen aus Lieferungen und Leistungen	48.000

Aufgabe 1.14.8

Bank	228.000	an	Maschinen	152.000
			USt	38.000
			sonstiger betrieblicher Ertrag	38.000

Aufgabe 1.14.9

| zweifelhafte Forderungen | an | Forderungen aus Lieferung und Leistung | 84.000 |
| Abschreibungen auf Forderungen | an | zweifelhafte Forderungen | 49.000 |

Aufgabe 1.14.10

Rückstellungen für ungewissen Verbindlichkeiten	140.000			
VSt	30.000			
sonstiger betrieblicher Aufwand	10.000	an	Bank	180.000

Aufgabe 1.14.11

| Gebäude | an | Privateinlagen | 50.000 |

Aufgabe 1.14.12

| Bank | an | Forderungen aus Lieferungen und Leistungen | 12.000 |

2 Rechnungsabschluss

2.1 Hauptabschlussübersicht

Aufgabe 2.1.1

In der vorläufigen Saldenbilanz der *ABACUS GmbH*, die auf der nächsten Seite in der noch unvollständigen Hauptabschlussübersicht abgebildet ist, sind folgende Angaben nicht berücksichtigt (T€: 1.000 €):

1. Einkauf von Fertigungsmaterial: 50 T€ zuzüglich 20% Umsatzsteuer. Dem Lieferanten wurden am Vortag bereits 20 T€ als Vorkasse überwiesen.

2. Als Abschreibungen auf Anlagen sind versehentlich 168 T€ statt 158 T€ direkt verbucht worden.

3. Ein betrieblicher Mietaufwand in Höhe von 2 T€ bar wurde als Privatentnahme verbucht.

4. Wert des durch Inventur festgestellten Endbestandes für Fertigungsmaterial: 351 T€.

Vervollständigen Sie die Hauptabschlussübersicht der *ABACUS GmbH*.

© Springer Fachmedien Wiesbaden GmbH, ein Teil von Springer Nature 2023
R. Quick, H.-J. Wurl, *Doppelte Buchführung*, https://doi.org/10.1007/978-3-658-42596-8_8

Hauptabschlussübersicht der *ABACUS GmbH*

Konten	Vorläufige Saldenbilanz			Umbuchungen			Bilanz			Gewinn- und Verlustkonto		
	S	(T€)	H	S	(T€)	H	A	(T€)	P	A	(T€)	E
Anlagevermögen	800											
Fertigungsmaterial	500											
Forderungen aus Lieferungen und Leistungen	300											
Bank	150											
Kasse	30											
Eigenkapital		900										
Verbindlichkeiten aus Lieferungen und Leistungen		430										
USt		100										
Umsatzerlöse		620										
Aufwendungen	270											
Jahresüberschuss												
Summe	2.050	2.050										

Aufgabe 2.1.2

In der vorläufigen Saldenbilanz der *Darmstädter Druckmaschinen OHG*, die auf der folgenden Seite in der noch unvollständigen Hauptabschlussübersicht angegeben ist, sind folgende Vorgänge und Sachverhalte nicht berücksichtigt (T€: 1.000 €):

1. Ein Kunde klagt – wegen angeblichen Vertragsbruchs – auf Schadensersatz in Höhe von 70 T€.

2. Neben den in der vorläufigen Saldenbilanz schon berücksichtigten planmäßigen Abschreibungen sind noch Sonderabschreibungen auf das Anlagevermögen in Höhe von 64 T€ (direkt) zu verbuchen.

3. Drei Monate vor Ende des Geschäftsjahres waren Versicherungsprämien in Höhe von 24 T€ für ein halbes Jahr im Voraus bezahlt und als sonstige betriebliche Aufwendungen verbucht worden.

4. Von den Verbindlichkeiten in der vorläufigen Saldenbilanz werden 300 T€ in (haftendes) Eigenkapital umgewandelt.

5. Bei den ausgewiesenen Forderungen soll noch eine Pauschalwertberichtigung in Höhe von 2% – bezogen auf den Gesamtbetrag – (direkt) berücksichtigt werden.

6. Die Umsatzsteuerzahllast wird an das Finanzamt überwiesen.

7. Der Wert des durch Inventur festgestellten Endbestandes an unfertigen und fertigen Erzeugnissen beträgt 1.110 T€.

Geben Sie zunächst die entsprechenden Buchungssätze an und vervollständigen Sie dann die Hauptabschlussübersicht der *Darmstädter Druckmaschinen OHG*.

Hauptabschlussübersicht der *Darmstädter Druckmaschinen OHG*

Konten	Vorläufige Saldenbilanz		Umbuchungen		Bilanz		Gewinn- und Verlustkonto	
	S (T€) H		S (T€) H		A (T€) P		A (T€) E	
Anlagevermögen	2.120							
Rohstoffe	500							
Vorräte (UE/ FE)	1.530							
Forderungen aus Lieferungen und Leistungen	900							
Bank	350							
Kasse	185							
aktive RAP	60							
Eigenkapital		2.880						
Rückstellungen		130						
Verbindlichkeiten aus Lieferungen und Leistungen		1.740						
USt		120						
passive RAP		35						
Umsatzerlöse		1.385						
Bestandsveränderung (UE/ FE)								
Materialaufwand	220							
Personalaufwand	335							
Abschreibungen auf Anlagen	60							
Abschreibungen auf Forderungen								
sonstiger betrieblicher Aufwand	30							
Jahresüberschuss								
Summe	6.290	6.290						

Aufgabe 2.1.3

Ein buchhalterischer Probeabschluss für das Geschäftsjahr X1 ergibt folgende „Saldenbilanz" (T€: 1.000 €):

Konten	Saldenbilanz S (T€)	H
Grundstücke und Gebäude	792	
USt	45	
Privatentnahmen	120	
Umsatzerlöse		285
Forderungen aus Lieferungen und Leistungen	630	
Abschreibungen	85	
BGA	768	
Eigenkapital		1.250
Kasse	23	
sonstiger betrieblicher Aufwand	98	
Bank		566
Vorräte	280	
Verbindlichkeiten aus Lieferungen und Leistungen		740
Summe	2.841	2.841

Ermitteln Sie – auf Basis dieser „Saldenbilanz" – die (richtig gegliederte) Schlussbilanz zum 31.12.X1.

2.2 Gewinn- und Verlustrechnung mit Erfolgsverteilung

Aufgabe 2.2.1

In der Bilanz der *Rationorm-Gerätebau AG* zum 31.12.X1 sind in der Rubrik „Eigenkapital" folgende Positionen ausgewiesen:

gezeichnetes Kapital	3.000.000 €
gesetzliche Rücklage	250.000 €
andere Gewinnrücklagen	110.000 €
Jahresüberschuss	340.000 €

Am 24.03.X2 beschließt die Hauptversammlung, 9% Dividende auszuschütten und 50.000 € in die anderen Gewinnrücklagen einzustellen. Führen Sie alle notwendigen Buchungen durch.

Aufgabe 2.2.2

In einer OHG wird am Ende des Geschäftsjahres ein Gewinn in Höhe von 47.860 € ermittelt. Der Gewinn soll unter den drei Gesellschaftern (A, B und C) nach § 121 HGB verteilt werden. Ergänzen Sie die Gewinnverteilungsübersicht unter der Annahme, dass während des Geschäftsjahres weder Entnahmen noch Einlagen der Gesellschafter zu verbuchen waren, und berechnen Sie für jeden Gesellschafter die erzielte Eigenkapitalrendite.

Gewinnverteilungstabelle

Gesellschafter	Anfangskapital	Gewinnverteilung			Endkapital
		Kapitalverzinsung	Kopfanteil	Gesamtgewinn ($\sum$)	
A	100.000				
B	200.000				
C	400.000				
$\sum$					

Aufgabe 2.2.3

a) In einer Aktiengesellschaft wird für das Geschäftsjahr X2 ein Jahresüberschuss von 595.000 € ermittelt. Wie viel Dividende (in %) kann maximal ausgeschüttet werden, wenn:

- das gezeichnete Kapital 5.000.000 € beträgt,

- in der Vorjahresbilanz (zum 31.12.X1) ein Bilanzverlust von 10.000 € ausgewiesen ist,

- die gesetzliche Rücklage bereits mit einem Betrag in Höhe von 10% des Grundkapitals dotiert ist und

- Vorstand und Aufsichtsrat 160.000 € in die anderen Gewinnrücklagen einstellen wollen?

   (Erläutern Sie kurz Ihre Berechnung.)

b) Verbuchen Sie die in Aufgabenteil a) von Vorstand und Aufsichtsrat beschlossene Verwendung des Jahresüberschusses ohne Berücksichtigung von Dividenden.

c) Einen Monat später beschließt die Hauptversammlung, 6% Dividende auszuschütten und den Restbetrag auf die neue Rechnung vorzutragen. Verbuchen Sie diesen Sachverhalt.

Aufgabe 2.2.4

Leiten Sie für einen Handwerksbetrieb, in dem drei unterschiedliche Produkte hergestellt werden, aus den folgenden Angaben die Gewinn- und Verlustrechnung für das abgelaufene Geschäftsjahr ab (T€: 1.000 €).

	Produkt A	Produkt B	Produkt C
Herstellungskosten	400 €/Stück	340 €/Stück	524 €/Stück
Verkaufspreis (einschließlich 20% Umsatzsteuer)	696 €/Stück	480 €/Stück	684 €/Stück
Produktionsmenge	1480 Stück	1740 Stück	1350 Stück
Absatzmenge	1350 Stück	1640 Stück	1600 Stück

Ergebnisse der Buchführung:

Löhne und Gehälter	1.008 T€
Abschreibungen auf Anlagen	198 T€
Privatentnahmen	25 T€
Steueraufwand	30 T€
sonstiger betrieblicher Aufwand	264 T€
Materialaufwand	687 T€

Im Rahmen der Inventur wird eine Abnahme der Bestände an unfertigen Erzeugnissen ermittelt und mit 25 T€ bewertet.

Aufgabe 2.2.5

Der Jahresabschluss einer OHG für das Geschäftsjahr X1 ergibt einen Jahresüberschuss in Höhe von 65.900 €. Hinsichtlich der Gewinnverteilung ist im Gesellschaftsvertrag vereinbart, dass die Eigenkapitalanteile der beiden Gesellschafter (A und B) zu Beginn eines Geschäftsjahres unter Berücksichtigung von Einlagen und Entnahmen während des Geschäftsjahres mit 6% p. a. zu verzinsen sind und der Restgewinn zwischen A und B im Verhältnis 3 : 1 verteilt werden soll.

a) Füllen Sie zunächst – aufgrund der Angaben in den dargestellten Konten – die Gewinnverteilungstabelle aus und schließen Sie dann diese Konten ab.

Kapitalverzinsungstabelle

Gesell-schaf-ter	Wert-stel-lung	S/H	Betrag	Tage	Zinsen		Zinssaldo	
					Soll	Haben	Soll	Haben
A								
B								

Gewinnverteilungstabelle

Gesell-schafter	Anfangs-kapital	Kapital-verzinsung	Anteil am rest-lichen Gewinn	Gesamter Gewinnanteil
A				
B				
Σ				

S		Eigenkapital A		H		S		Privat A		H
		AB	100.000			01.05.X1	20.000	01.07.X1		50.000

S		Eigenkapital B		H		S		Privat B		H
		AB	200.000			01.09.X1	40.000			

S	Gewinnverteilungskonto	H	S	Schlussbilanzkonto	H

b) Wie wäre ein Verlust des Geschäftsjahres X1 in Höhe von 18.500 € auf die Gesell-schafter zu verteilen, falls im Gesellschaftsvertrag die Verlustverteilung nicht ge-regelt ist?

Aufgabe 2.2.6

Ein Einzelhändler stellt aufgrund seiner Geschäftsunterlagen eine Liste mit folgenden Angaben zusammen (Umsatzsteuersatz: 20%):

1)	Kassenfehlbestand	250 €
2)	Umsatz (ohne Umsatzsteuer)	45.000 €
3)	Warenanfangsbestand	12.600 €
4)	Gewerbesteuererstattung durch das Finanzamt	1.200 €
5)	Spende an eine karitative Organisation	600 €
6)	Lieferantenbonus: 12% bezogen auf Rechnungen über insgesamt 36.000 € (bar)	
7)	Warenrücksendung an einen Lieferanten (Rechnungsbetrag)	600 €
8)	Kreditaufnahme bei der Sparkasse Biedenkopf (Laufzeit 3 Jahre)	25.000 €
9)	Porto (umsatzsteuerfrei)	900 €
10)	Mietzahlung für das Ladenlokal	6.000 €
11)	Bankzinsen und Kontoführungsgebühren (umsatzsteuerfrei)	1.100 €
12)	Privatentnahmen (bar)	20.500 €
13)	Wareneinkauf (Summe der Rechnungsbeträge)	45.600 €
14)	Warenendbestand (durch Inventur festgestellt)	14.000 €

Leiten Sie aus diesen Angaben zunächst den Warenbruttoerfolg und dann die Gewinn- und Verlustrechnung ab. (Schließen Sie die angegebenen Konten ab und kennzeichnen Sie alle Werteintragungen durch eine Ziffer entsprechend der tabellarischen Zusammenstellung oder durch einen charakterisierenden Begriff.)

2.3 Bilanzierung

Aufgabe 2.3.1

Der Großhändler *Alois Müller* hat für seinen Betrieb zum 31.12.X1 folgende Bilanz ermittelt:

Aktiva (T€)	Bilanz zum 31.12.X1		Passiva (T€)
Anlagevermögen	340	Eigenkapital	520
Waren	280	Verbindlichkeiten aus Liefe-rungen und Leistungen	280
Forderungen aus Lieferungen und Leistungen	115		
Bank	57		
Kasse	8		
	800		800

Im Geschäftsjahr X2 führt er die unten angegebenen Konten. Bei den Eintragungen handelt es sich teilweise um kumulierte Werte (in T€). Alle Positionen der Bilanz vom 31.12.X1 sind bereits auf die Konten vorgetragen worden.

(Bitte keine neuen Konten einrichten!)

S	Anlagevermögen	H	S	Warenverkaufskonto	H
340					900

S	Privat	H	S	Wareneinkaufskonto	H
28				530	15
				100	

S	Eigenkapital	H	S	Aufwendungen	H
		520	410		

S	Forderungen aus Lieferungen und Leistungen	H	S	Verbindlichkeiten aus Lieferungen und Leistungen	H
892		710	515		765

S	Bank	H	S	Kasse	H
380		290	432		427

Aufgrund einer körperlichen Inventur am 31.12.X2 bewertet er das vorhandene Anlagevermögen mit 305 T€ (Wertminderung, also kein Abgang!) und den Warenendbestand mit 220 T€.

Schließen Sie die angegebenen Konten ab, ermitteln Sie durch das Gewinn- und Verlustkonto den Erfolg für das Geschäftsjahr X2 und erstellen Sie unter Beachtung der Gliederungsvorschriften die Bilanz zum 31.12.X2.

Zusatzfrage:

Könnte der im Geschäftsjahr X2 entstandene Erfolg auch ohne Gewinn- und Verlustrechnung ermittelt werden?

Aufgabe 2.3.2

Ein selbständiger Malermeister hat für seinen Handwerksbetrieb folgende Konten eingerichtet:

S	BGA	H	S	Umsatzerlöse	H
255					675

S	Privatentnahmen	H	S	Rohstoffe	H
21			461		

S	Eigenkapital	H	S	Aufwendungen	H
		390	308		

S	Forderungen aus Lieferungen und Leistungen	H	S	Verbindlichkeiten aus Lieferungen und Leistungen	H
137					189

S	Bank	H	S	Kasse	H
		71	4		

S	unfertige und fertige Erzeugnisse	H
139		

Rechnungsabschluss

Die auf den Konten angegebenen Werte (in T€) entsprechen dem Stand am Ende eines Geschäftsjahres. Schließen Sie die Konten ab, ermitteln Sie durch das Gewinn- und Verlustkonto den Jahreserfolg und erstellen Sie das Schlussbilanzkonto unter folgenden Annahmen (T€: 1.000 €):

a) Wert der Betriebs- und Geschäftsausstattung am Jahresende: 205 T€.

b) Die Rechnung eines Lieferanten in Höhe von 2 T€ für geliefertes Material ist irrtümlich als Mietaufwand eingebucht worden.

c) Materialendbestand: 210 T€.

d) Endbestand an unfertigen und fertigen Erzeugnissen: 149 T€.

e) Ein Kunde hat 21 T€ und nicht nur - wie versehentlich gebucht – 12 T€ überwiesen.

(Bitte keine neuen Konten einrichten! Die Mehrwertsteuer soll hier unberücksichtigt bleiben!)

Aufgabe 2.3.3

Wie wirken sich die folgenden Geschäftsvorfälle – jeder für sich betrachtet – auf die angegebene (stark vereinfachte) Bilanz aus? (Entwickeln Sie zunächst den entsprechenden Buchungssatz und ergänzen Sie dann die angegebenen Bilanzschemata.)

T€: 1.000 €

A	Bilanz (T€)		P
Anlagevermögen	600	Eigenkapital	550
Umlaufvermögen	400	Fremdkapital	450
	1.000		1.000

a) Eine maschinelle Anlage wird für 80 T€ gekauft und zur Hälfte aus dem verfügbaren Bankguthaben bezahlt. (Die umsatzsteuerlichen Vorschriften sind in diesem Fall zu vernachlässigen.)

b) Ein Gesellschafter überlässt der Gesellschaft ein Grundstück im Wert von 20 T€ und zahlt außerdem 10 T€ ein (Bank). (Die Gesellschaft verfügt über ein Bankguthaben.)

c) Personalaufwendungen in Höhe von 30 T€ werden durch Kreditaufnahme finanziert.

Aufgabe 2.3.4

Während des Karnevals hat ein närrischer Buchhalter folgende „Bilanz" zusammengestellt:

Soll		Bilanz einer Aktiengesellschaft	Haben
Kasse	...	Wertberichtigungen auf Anlagen	...
Anlagevermögen	...	geleistete Anzahlungen	...
Jahresfehlbetrag	...	Grundkapital	...
Forderungen aus Lieferungen und Leistungen	...	Verbindlichkeiten aus Lieferungen und Leistungen	...
Roh-, Hilfs- und Betriebsstoffe	...	Materialaufwand	...
		Rückstellungen	...
		Guthaben bei Kreditinstituten	...
	...		...

a) Welche der aufgeführten Positionen dürfen in der Bilanz einer Kapitalgesellschaft grundsätzlich nicht ausgewiesen werden?

b) Welche Bilanzpositionen sind auf der falschen Bilanzseite eingetragen?

c) Abgesehen von der Nichtbeachtung der Gliederungsvorschriften, welche **formalen** Mängel hat die „Bilanz"?

d) Welche für Aktiengesellschaften charakteristischen Eigenkapitalpositionen fehlen in der „Bilanz"?

Aufgabe 2.3.5

Die *IMB GmbH* ist ein Start-up-Unternehmen, das mit Unterhaltungs-Elektronik handelt. Zum 01.01. des neuen Geschäftsjahres weist das Eröffnungsbilanzkonto der *IMB GmbH* unter anderem folgende Konten aus (Hinweis: nicht aufgeführte Konten haben einen Bestand von 0):

S		EBK	H
Eigenkapital	100.000	Maschinen	240.000
Rückstellungen für unterlassene Instandhaltungen	10.000	BGA	10.000
		Waren	50.000
Verbindlichkeiten gegenüber Kreditinstituten	410.000	geleistete Anzahlungen	20.000
Verbindlichkeiten aus Lieferungen und Leistungen	45.000	Forderungen aus Lieferungen und Leistungen	90.000
		Bank	130.000
		Kasse	25.000
	565.000		565.000

Folgende Geschäftsvorfälle finden im aktuellen Geschäftsjahr statt:

1. Anfang Januar kauft die *IMB GmbH* eine Maschine zum Listenpreis von 50.000 € netto, wobei der Lieferant einen Rabatt von 10% gewährt (Hinweis: Abschreibungen sollen pauschal für alle Maschinen in Teilaufgabe 17. berücksichtigt werden). Im Vorjahr wurde bereits eine Anzahlung in Höhe von 24.000 € brutto geleistet, der noch offene Betrag wird per Banküberweisung bezahlt.

2. Zur Finanzierung der Investition wird ebenfalls Anfang Januar ein Darlehen zu folgenden Konditionen aufgenommen und von der Bank direkt dem betrieblichen Bankkonto gutgeschrieben:

   o Darlehensbetrag (= Rückzahlungsbetrag) 50.000 €
   o Auszahlungsbetrag 45.000 €
   o Laufzeit des Darlehens 10 Jahre
   o Tilgung 5.000 € p. a.
   o Nominalzins 5% p. a.

   Bemessungsgrundlage für die Zinsen ist die zu Jahresbeginn bestehende Restschuld. Die Zins- und Tilgungszahlungen erfolgen jeweils am Jahresende durch

Banküberweisung, aus Vereinfachungszwecken soll die Buchung allerdings schon hier vorgenommen werden. Ein Disagio wird als aktiver Rechnungsabgrenzungsposten behandelt.

3. Die *IMB GmbH* kauft Waren im Wert von 70.000 € netto auf Ziel.

4. Bei einer Inventur fällt auf, dass ältere Waren im Wert von 10.000 € durch einen Wasserschaden defekt sind und nicht mehr verkauft werden können. Diese werden nach der direkten Methode abgeschrieben.

5. Die Waren aus Teilaufgabe 3. werden 7 Tage später unter Ausnutzung von 5% Skonto per Banküberweisung bezahlt.

6. Die *IMB GmbH* holt im Februar eine Maschinenreparatur nach, die aufgrund des boomenden Weihnachtsgeschäfts ins neue Geschäftsjahr verschoben wurde. Für die Leistung werden 14.400 € (brutto) in Rechnung gestellt, die per Banküberweisung beglichen werden. Im alten Geschäftsjahr wurde hierfür eine Rückstellung in Höhe von 10.000 € gebildet.

7. Die *IMB GmbH* bezieht eine weitere Warenlieferung. Der Listenpreis der Artikel beträgt insgesamt 20.000 € netto. Die *IMB GmbH* erhält jedoch 10% Mengenrabatt. Anstatt einer Bezahlung verzichtet die *IMB GmbH* auf Forderungen aus Lieferungen und Leistungen in gleicher Höhe, welche sie noch gegen den Lieferanten hat.

8. An einen Großkunden werden Waren im Wert von 240.000 € brutto auf Ziel verkauft. Dieser zahlt zwei Wochen später bar und erhält hierfür einen Bonus in Höhe von 2%.

9. Aus Warenverkäufen des Vorjahres bestehen noch Forderungen aus Lieferungen und Leistungen in Höhe von 60.000 € brutto, allerdings ist der Schuldner in finanzielle Schwierigkeiten geraten. Es wird deshalb erwartet, dass nur 50% der Kaufpreisforderung beglichen werden. Abschreibungen auf Forderungen werden indirekt verbucht.

10. Nach zähen Verhandlungen und einem nachträglichen Nachlass von 15% erklärt sich der Schuldner aus Teilaufgabe 9. bereit, die Verbindlichkeiten sofort gegen Banküberweisung zu begleichen.

11. Die *IMB GmbH* kauft 20 neue Telefone im Wert von 2.000 € (netto). Die Bezahlung erfolgt sofort per Banküberweisung. Aufgrund von Erfahrungswerten geht sie davon aus, dass die Telefone 10 Jahre lang genutzt werden. Um den Gewinn zu drücken, macht die *IMB GmbH* jedoch vom Wahlrecht zur Sofortabschreibung geringwertiger Wirtschaftsgüter Gebrauch und verwendet die direkte Methode.

12. Die *IMB GmbH* führt die vorhandene Umsatzsteuer-Zahllast per Banküberweisung an das Finanzamt ab.

13. Die *IMB GmbH* schließt Anfang Dezember einen Kaufvertrag über 100 Lautsprecher (Buchwert je 50 €) ab. Liefertermin soll der 05.01. des Folgejahres sein, die Bezahlung erfolgt daran anschließend. Da sich der Kunde auf keinen Preis festlegen lassen will, wird vereinbart, dass der Marktpreis am Tag der Lieferung gelten soll.

14. Niemand hatte damit gerechnet, doch gegen Jahresende geben tatsächlich die Preise auf dem Markt nach. Am BST liegt der Anschaffungsreis für einen Lautsprecher bei 45 € netto. Die *IMB GmbH* rechnet jedoch damit, die Lautsprecher am 05.01. zu 40 € netto an den Kunden verkaufen zu müssen.

15. Gesellschafter A erhöht seinen Gesellschaftsanteil und bringt 10.000 € per Bank in das Gesellschaftsvermögen ein. Gegen Ende des Geschäftsjahres entnimmt er aus dem Warenlager einen Laptop, welcher mit 1.000 € bilanziert ist, für private Zwecke.

16. Die *IMB GmbH* überweist Ende Dezember die Miete für ihre Verwaltungsräume in Höhe von 15.000 €. Die Mietzahlung deckt einen Zeitraum von 2 Monaten vor sowie 4 Monaten nach dem BST ab.

17. Die jährlichen Abschreibungen auf die Maschinen betragen 24.000 € und werden indirekt verbucht.

Die *IMB GmbH* verwendet getrennte Warenkonten und wendet das Nettoabschluss-Verfahren an. Die Inventur am Bilanzstichtag ergab einen Warenbestand von 20.000 €. Für jeden Gesellschafter wird unterjährig nur ein Privatkonto, für Einlagen und Entnahmen, geführt.

Buchen Sie nun auf den unten angegebenen T-Konten. Buchungssätze sind nicht verlangt!

Eröffnen Sie alle Konten, buchen Sie die oben genannten Geschäftsvorfälle, schließen Sie die Konten ab und erstellen Sie das Schlussbilanzkonto.

S	Maschinen	H

S	BGA	H

S	Wareneinkaufskonto	H

S	geleistete Anzahlungen	H

S	Forderungen aus Lieferungen und Leistungen	H

S	zweifelhafte Forderungen	H

S	VSt	H		S	Bank	H

S	Kasse	H		S	aktive RAP	H

S	Eigenkapital	H		S	Rückstellungen für unterlassene Instandhaltungen	H

S	Drohverlustrückstellungen	H		S	Verbindlichkeiten gegenüber Kreditinstituten	H

Verbindlichkeiten aus Lieferungen
S   und Leistungen   H   S   USt   H

S   Warenverkaufskonto   H   S   Privat A   H

S   erhaltene Skonti   H   S   gewährte Boni   H

S   Abschreibungen auf Vorräte   H   S Abschreibungen auf Forderungen H

S Abschreibungen auf GWG (BGA) H   S   Abschreibungen auf Anlagen   H

S	Zinsaufwand	H

S	Mietaufwand	H

S	sonstiger betrieblicher Aufwand	H

S	sonstiger betrieblicher Ertrag	H

S	Wertberichtigungen auf Forderungen	H

S	Wertberichtigungen auf Anlagen	H

S	Gewinn- und Verlustkonto	H

S   Schlussbilanzkonto   H

3   Multiple Choice-Fragen

Bitte beachten Sie, dass die Anzahl der richtigen Antworten 0, 1, 2, 3 oder 4 betragen kann!

1. Beim Barkauf einer Maschine liegt vor: richtig   falsch

    ▓ Auszahlung.   ☐   ☐

    ▓ Ausgabe.   ☐   ☐

    ▓ Aufwand.   ☐   ☐

    ▓ Kosten.   ☐   ☐

2. Das Gewinn- und Verlustkonto: richtig   falsch

    ▓ muss für Kapitalgesellschafen nach den Vorschriften   ☐   ☐
       des § 275 HGB gegliedert sein.

    ▓ stellt ein Unterkonto des Kontos „Eigenkapital" dar.   ☐   ☐

    ▓ erfasst Aufwendungen im Soll.   ☐   ☐

    ▓ ist in das System der doppelten Buchführung inte-   ☐   ☐
       griert.

3. Wird ein Vermögensgegenstand des Anlagevermögens über
    Buchwert verkauft, so entsteht: richtig   falsch

    ▓ ein aktiver Rechnungsabgrenzungsposten.   ☐   ☐

    ▓ ein sonstiger betrieblicher Aufwand.   ☐   ☐

    ▓ eine sonstige Forderung.   ☐   ☐

    ▓ ein sonstiger betrieblicher Ertrag.   ☐   ☐

© Springer Fachmedien Wiesbaden GmbH, ein Teil von Springer Nature 2023   198
R. Quick, H.-J. Wurl, *Doppelte Buchführung*, https://doi.org/10.1007/978-3-658-42596-8_9

4. Eine Passivierungspflicht besteht für: richtig   falsch

    ▨ Pensionsrückstellungen.   ☐   ☐

    ▨ Rückstellungen für drohende Verluste aus schweben-   ☐   ☐
       den Geschäften.

    ▨ Rückstellungen für Gewährleistungen ohne rechtliche   ☐   ☐
       Verpflichtung.

    ▨ Rückstellungen für im Geschäftsjahr unterlassene Ab-   ☐   ☐
       raumbeseitigung, die im folgenden Geschäftsjahr
       nachgeholt wird.

5. In der doppelten Buchführung: richtig   falsch

    ▨ berührt jede Buchung mindestens zwei Konten.   ☐   ☐

    ▨ lässt sich der Gewinn doppelt und in unterschiedlicher   ☐   ☐
       Höhe ermitteln.

    ▨ werden Geschäftsvorfälle doppelt, d. h. in zeitlicher   ☐   ☐
       Reihenfolge und nach sachlichen Kriterien geordnet
       erfasst.

    ▨ beschränkt man sich auf die Erfassung von Zahlungs-   ☐   ☐
       vorgängen.

6. Für die Bilanz gilt: richtig   falsch

    ▨ Die Aufstellung erfolgt in Staffelform.   ☐   ☐

    ▨ Schulden stehen auf der Aktivseite.   ☐   ☐

    ▨ Die Aktivseite ist nach sinkender Liquidität gegliedert.   ☐   ☐

    ▨ Sie enthält Mengen- und Wertangaben.   ☐   ☐

7. Ein Disagio kann: richtig   falsch

   ▦ sofort als Aufwand verrechnet werden.   ☐   ☐

   ▦ als passiver Rechnungsabgrenzungsposten passiviert   ☐   ☐
     und über die Laufzeit verteilt werden.

   ▦ unter den sonstigen Verbindlichkeiten verbucht wer-   ☐   ☐
     den.

   ▦ als Rückstellung aktiviert werden.   ☐   ☐

8. Im Folgenden handelt es sich um Doppelspalten der Haupt-
   abschlussübersicht: richtig   falsch

   ▦ Saldenbilanz I.   ☐   ☐

   ▦ Umsatzbilanz.   ☐   ☐

   ▦ Saldenbilanz II.   ☐   ☐

   ▦ Vorsteuerbuchungen.   ☐   ☐

9. Nach den Vorschriften des HGB: richtig   falsch

   ▦ dürfen Bücher in englischer Sprache geführt werden.   ☐   ☐

   ▦ sind Handelsbücher sechs Jahre aufzubewahren.   ☐   ☐

   ▦ muss sich auch ein Laie in den Büchern zurechtfinden   ☐   ☐
     können.

   ▦ sind alle Geschäftsvorfälle lückenlos zu erfassen.   ☐   ☐

10. Im Folgenden handelt es sich um zulässige Formen der Buch-
    führung: richtig   falsch

   ▦ Übertragungsbuchführung.   ☐   ☐

   ▦ IT-Buchführung.   ☐   ☐

   ▦ Offene-Posten-Buchführung.   ☐   ☐

   ▦ Durchschreibebuchführung.   ☐   ☐

11. Privateinlagen: richtig   falsch

   - sind auf einem Ertragskonto zu erfassen.   ☐   ☐

   - verringern den Gewinn.   ☐   ☐

   - erhöhen das Eigenkapital.   ☐   ☐

   - müssen erfolgswirksam verbucht werden.   ☐   ☐

12. Kundenskonti: richtig   falsch

   - stehen letztlich im Haben des Kontos „Warenverkauf".   ☐   ☐

   - sind auf dem Konto „erhaltene Skonti" zu verbuchen.   ☐   ☐

   - erfordern keine Korrektur der Umsatzsteuer.   ☐   ☐

   - mindern nachträglich die Anschaffungskosten.   ☐   ☐

13. In die Anschaffungskosten fließen ein: richtig   falsch

   - Anschaffungsnebenkosten.   ☐   ☐

   - Anschaffungspreis.   ☐   ☐

   - Anschaffungspreisminderungen.   ☐   ☐

   - nachträgliche Anschaffungskosten.   ☐   ☐

14. Im Anlagevermögen besteht ein Abschreibungswahlrecht: richtig   falsch

   - bei dauerhafter Wertminderung.   ☐   ☐

   - bei vorübergehender Wertminderung, sofern es sich   ☐   ☐
     um Finanzanlagen handelt.

   - bei vorübergehender Wertminderung, sofern es sich   ☐   ☐
     um keine Finanzanlagen handelt.

   - bei vorübergehender Wertminderung, sofern es sich   ☐   ☐
     um Sachanlagen handelt.

15. Ist bei einer Forderung der Zahlungseingang als gefährdet einzustufen:

	richtig	falsch
muss eine Pauschalwertberichtigung gebildet werden.	☐	☐
ist eine Korrektur der Umsatzsteuer erforderlich.	☐	☐
erfolgt eine Umbuchung auf das Konto „zweifelhafte Forderungen".	☐	☐
ist eine vollständige Abschreibung unumgänglich.	☐	☐

16. Bei einer Unterdotierung von Rückstellungen:

	richtig	falsch
ist ein passiver Rechnungsabgrenzungsposten zu verbuchen.	☐	☐
fällt ein sonstiger betrieblicher Aufwand an.	☐	☐
muss eine Abschreibung rückgängig gemacht werden.	☐	☐
ist eine sonstige Verbindlichkeit zu bilden.	☐	☐

17. Bestandteile des Lohn- und Gehaltsaufwands sind:

	richtig	falsch
Akkordlöhne.	☐	☐
Prämien.	☐	☐
Arbeitgeberanteil zur Sozialversicherung.	☐	☐
freiwillig bezahlte Urlaubsgelder.	☐	☐

18. Sind am Geschäftsjahresende (31.12.) die Löhne für den Dezember noch nicht bezahlt, so ist zu bilanzieren:

	richtig	falsch
ein aktiver Rechnungsabgrenzungsposten.	☐	☐
eine sonstige Verbindlichkeit.	☐	☐
ein passiver Rechnungsabgrenzungsposten.	☐	☐
eine sonstige Forderung.	☐	☐

19. § 121 HGB sieht für die Gewinnverteilung einer OHG vor: richtig falsch

- eine 3%ige Verzinsung der Kapitalanteile. ☐ ☐
- eine 4%ige Verzinsung der Kapitalanteile. ☐ ☐
- Aufteilung des Restgewinns nach Köpfen. ☐ ☐
- Aufteilung des Restgewinns nach Betriebszugehörig-keit. ☐ ☐

20. Eine zehnjährige Aufbewahrungsfrist gilt für: richtig falsch

- Handelsbriefe. ☐ ☐
- Handelsbücher. ☐ ☐
- Inventare. ☐ ☐
- Jahresabschlüsse. ☐ ☐

21. Zulässige Inventursysteme sind: richtig falsch

- Stichtagsinventur. ☐ ☐
- permanente Inventur. ☐ ☐
- zeitnahe Inventur. ☐ ☐
- vor- oder nachverlegte Inventur. ☐ ☐

22. Beim Einkauf von Waren auf Ziel liegt vor: richtig falsch

- Aktivtausch. ☐ ☐
- Passivtausch. ☐ ☐
- Aktiv-Passiv-Mehrung. ☐ ☐
- Aktiv-Passiv-Minderung. ☐ ☐

23. Beim Bruttoabschlussverfahren: richtig   falsch

   ▨ wird der Wareneinsatz im Soll des Kontos „Warenver-   ☐   ☐
   kauf" gebucht.

   ▨ stellt der Saldo des Kontos „Warenverkauf" den Roh-   ☐   ☐
   gewinn dar.

   ▨ wird die Aussagefähigkeit des Gewinn- und Verlust-   ☐   ☐
   kontos erhöht.

   ▨ weist das Gewinn- und Verlustkonto den Wareneinsatz   ☐   ☐
   und den Verkaufswert unsaldiert auf.

24. Aufwandskonten: richtig   falsch

   ▨ erfassen Aufwendungen im Haben.   ☐   ☐

   ▨ schließen grundsätzlich mit einem Habensaldo ab.   ☐   ☐

   ▨ werden unmittelbar über das Konto „Eigenkapital"   ☐   ☐
   abgeschlossen.

   ▨ sind jeweils mit den entsprechenden Ertragskonten zu   ☐   ☐
   saldieren.

25. Eine buchmäßige Inventur ist zulässig: richtig   falsch

   ▨ bei nur nominell erfassbaren Vermögensgegenständen.   ☐   ☐

   ▨ unter bestimmten Voraussetzungen bei beweglichen   ☐   ☐
   Vermögensgegenständen des Anlagevermögens.

   ▨ nur bei Vorräten.   ☐   ☐

   ▨ im Zeitraum von drei Monaten vor bis zwei Monate   ☐   ☐
   nach dem Bilanzstichtag.

26. Für die Verbuchung auf Bestandskonten gelten folgende Regeln: richtig   falsch

    ▓ Die Summe der Sollbuchungen entspricht der Summe der Habenbuchungen.   ☐   ☐

    ▓ Bei Passivkonten werden Zugänge im Soll gebucht.   ☐   ☐

    ▓ Bei Aktivkonten werden Abgänge im Haben gebucht.   ☐   ☐

    ▓ Die Verbuchung berührt mindestens zwei Konten.   ☐   ☐

27. Für die Umsatzsteuer gilt: richtig   falsch

    ▓ Der Grunderwerb ist steuerbefreit.   ☐   ☐

    ▓ Für Bücher besteht ein ermäßigter Steuersatz.   ☐   ☐

    ▓ Vorsteuer mindert die Umsatzsteuerzahllast.   ☐   ☐

    ▓ Der Eigenverbrauch ist umsatzsteuerpflichtig.   ☐   ☐

28. Verfahren der planmäßigen Abschreibung sind die: richtig   falsch

    ▓ lineare Abschreibung.   ☐   ☐

    ▓ geometrisch-degressive Abschreibung.   ☐   ☐

    ▓ gewinnabhängige Abschreibung.   ☐   ☐

    ▓ Leistungsabschreibung.   ☐   ☐

29. Für antizipative Rechnungsabgrenzungsposten gilt: richtig   falsch

    ▓ liegen vor, falls die Zahlungswirksamkeit vor der Erfolgswirksamkeit liegt.   ☐   ☐

    ▓ führen zu sonstigen Forderungen oder zu sonstigen Verbindlichkeiten.   ☐   ☐

    ▓ stehen in der Bilanz unter der Position „Rechnungsabgrenzungsposten".   ☐   ☐

    ▓ beinhalten auch ein Disagio.   ☐   ☐

30. Für die Hauptabschlussübersicht gilt: richtig   falsch

    ▨ Sie besteht aus acht Doppelspalten.   ☐   ☐

    ▨ Der Gewinn/ Verlust wird zweifach ermittelt.   ☐   ☐

    ▨ Vorbereitende Abschlussbuchungen werden in der   ☐   ☐
      Doppelspalte „Umbuchungen" erfasst.

    ▨ Sie enthält den Bestand der Sachkonten zu Beginn der   ☐   ☐
      Abrechnungsperiode.

31. Die Festbewertung setzt voraus, dass: richtig   falsch

    ▨ ein regelmäßiger Ersatz der Vermögensgegenstände   ☐   ☐
      vorliegt.

    ▨ eine Inventur nach spätestens zehn Jahren durchge-   ☐   ☐
      führt wird.

    ▨ Fertigerzeugnisse vorliegen.   ☐   ☐

    ▨ der Gesamtwert von nachrangiger Bedeutung ist.   ☐   ☐

32. Im Soll des Kontos „Warenverkauf" können stehen: richtig   falsch

    ▨ Verkaufswert.   ☐   ☐

    ▨ erhaltene Skonti.   ☐   ☐

    ▨ Wareneinsatz.   ☐   ☐

    ▨ gewährte Boni.   ☐   ☐

33. Ein Wertberichtigungskonto: richtig   falsch

    ▨ nimmt die Gegenbuchung bei Abschreibungen auf.   ☐   ☐

    ▨ entsteht bei der direkten Abschreibung.   ☐   ☐

    ▨ ist bei Kapitalgesellschaften nicht zulässig.   ☐   ☐

    ▨ stellt ein Aufwandskonto dar.   ☐   ☐

34. Bis zum Bilanzstichtag unterlassene Instandhaltungen führen
    zu:

	richtig	falsch
sonstigen Verbindlichkeiten.	☐	☐
aktiven Rechnungsabgrenzungsposten.	☐	☐
Rückstellungen.	☐	☐
Instandhaltungsaufwand.	☐	☐

35. Abschreibungen verbucht man:

	richtig	falsch
im Soll eines Aufwandskontos.	☐	☐
im Haben eines Bestandskontos.	☐	☐
im Haben eines Ertragskontos.	☐	☐
im Haben eines Aufwandskontos.	☐	☐

36. Das Inventar:

	richtig	falsch
enthält Mengen- und Wertangaben.	☐	☐
ermittelt das Reinvermögen.	☐	☐
ordnet Schulden nach der Fälligkeit.	☐	☐
wird in Staffelform erstellt.	☐	☐

37. Eine Bilanzverkürzung liegt vor bei:

	richtig	falsch
Barkauf von Waren.	☐	☐
Aufnahme eines Darlehens.	☐	☐
Tilgung einer Lieferantenverbindlichkeit durch Banküberweisung.	☐	☐
Abhebung vom Girokonto.	☐	☐

38. Ein buchführungspflichtiges Unternehmen muss folgende
    Bücher unabdingbar führen:

	richtig	falsch
Kontokorrentbücher.	☐	☐
Grundbücher.	☐	☐
Hauptbuch.	☐	☐
Anlagenbücher.	☐	☐

39. Das Anlagevermögen:

	richtig	falsch
dient nur kurzfristig dem Geschäftsbetrieb.	☐	☐
steht auf der Passivseite der Bilanz.	☐	☐
umfasst unter anderem Vorräte und Forderungen.	☐	☐
unterliegt lediglich außerordentlichen Abschreibungen.	☐	☐

Teil 3

Lösungen und Erläuterun-

gen zu den Aufgaben

1 Geschäftsvorfälle

1.1 Rechenelemente

Aufgabe 1.1.1

Auszahlung: Verringerung des Zahlungsmittelbestandes (Bargeld + Sichtguthaben)

Ausgabe: Verringerung des Geldvermögens (Zahlungsmittelbestand + Forderungen – Verbindlichkeiten)

Aufgabe 1.1.2

Kein Rechenelement wird hierdurch angesprochen.

Aufgabe 1.1.3

Einzahlung: Erhöhung des Zahlungsmittelbestandes (Bargeld + Sichtguthaben)

Aufgabe 1.1.4

Auszahlung: Verringerung des Zahlungsmittelbestandes (Bargeld + Sichtguthaben)

Ausgabe: Verringerung des Geldvermögens (Zahlungsmittelbestand + Forderungen – Verbindlichkeiten)

Aufwand: Verringerung des Reinvermögens (Geldvermögen + Sachvermögen), erfolgswirksame, periodisierte Ausgabe

Aufgabe 1.1.5

Ertrag: Erhöhung des Reinvermögens (Geldvermögen + Sachvermögen), erfolgswirksame, periodisierte Einnahme

© Springer Fachmedien Wiesbaden GmbH, ein Teil von Springer Nature 2023
R. Quick, H.-J. Wurl, *Doppelte Buchführung*, https://doi.org/10.1007/978-3-658-42596-8_10

1

Aufgabe 1.1.6

Auszahlung: Verringerung des Zahlungsmittelbestandes (Bargeld + Sichtguthaben)

Aufgabe 1.1.7

Einzahlung: Erhöhung des Zahlungsmittelbestandes (Bargeld + Sichtguthaben)

Aufgabe 1.1.8

Ausgabe: Verringerung des Geldvermögens (Zahlungsmittelbestand + Forderungen – Verbindlichkeiten)

Aufwand: Verringerung des Reinvermögens (Geldvermögen + Sachvermögen), erfolgswirksame, periodisierte Ausgabe

Aufgabe 1.1.9

Aufwand: Verringerung des Reinvermögens (Geldvermögen + Sachvermögen), erfolgswirksame, periodisierte Ausgabe

Aufgabe 1.1.10

Auszahlung: Verringerung des Zahlungsmittelbestandes (Bargeld + Sichtguthaben)

Aufgabe 1.1.11

Einzahlung: Erhöhung des Zahlungsmittelbestandes (Bargeld + Sichtguthaben) i. H. v. 1.200 €

Einnahme: Erhöhung des Geldvermögens (Zahlungsmittelbestand + Forderungen – Verbindlichkeiten) i. H. v. 1.200 €

Ertrag: Erhöhung des Reinvermögens (Geldvermögen + Sachvermögen), erfolgswirksame, periodisierte Einnahme i. H. v. 200 €

Aufgabe 1.1.12

Einzahlung: Erhöhung des Zahlungsmittelbestandes (Bargeld + Sichtguthaben)

Aufgabe 1.1.13

Einzahlung: Erhöhung des Zahlungsmittelbestandes (Bargeld + Sichtguthaben)

Einnahme: Erhöhung des Geldvermögens (Zahlungsmittelbestand + Forderungen – Verbindlichkeiten)

Ertrag: Erhöhung des Reinvermögens (Geldvermögen + Sachvermögen), erfolgswirksame, periodisierte Einnahme

Aufgabe 1.1.14

Auszahlung: Verringerung des Zahlungsmittelbestandes (Bargeld + Sichtguthaben)

Aufgabe 1.1.15

Ertrag: Erhöhung des Reinvermögens (Geldvermögen + Sachvermögen), erfolgswirksame, periodisierte Einnahme

Aufgabe 1.1.16

Ausgabe: Verringerung des Geldvermögens (Zahlungsmittelbestand + Forderungen – Verbindlichkeiten)

Aufwand: Verringerung des Reinvermögens (Geldvermögen + Sachvermögen), erfolgswirksame, periodisierte Ausgabe

1.2 Bilanzveränderungen

Aufgabe 1.2.1

Aktiv-Passiv-Mehrung: Erhöhung eines Aktivpostens (Bank) und gleichzeitige Erhöhung eines Passivpostens (Verbindlichkeiten gegenüber Kreditinstituten)

Aufgabe 1.2.2

Aktivtausch: Erhöhung eines Aktivpostens (Bank) und gleichzeitige Verringerung eines anderen Aktivpostens (Forderungen aus Lieferungen und Leistungen)

Aufgabe 1.2.3

Aktiv-Passiv-Mehrung: Erhöhung eines Aktivpostens (Bank) und gleichzeitige Erhöhung eines Passivpostens (Eigenkapital)

Aufgabe 1.2.4

Passivtausch: Erhöhung eines Passivpostens (Eigenkapital) und gleichzeitige Verringerung eines anderen Passivpostens (Verbindlichkeiten aus Lieferungen und Leistungen)

Aufgabe 1.2.5

Aktiv-Passiv-Mehrung: Erhöhung eines Aktivpostens (Waren bzw. WEK) und gleichzeitige Erhöhung eines Passivpostens (Verbindlichkeiten aus Lieferungen und Leistungen)

Aufgabe 1.2.6

Aktiv-Passiv-Minderung: Verringerung eines Aktivpostens (Waren bzw. WEK) und gleichzeitige Verringerung eines Passivpostens (Verbindlichkeiten aus Lieferungen und Leistungen)

Aufgabe 1.2.7

Aktivtausch: Erhöhung eines Aktivpostens (Forderungen aus Lieferungen und Leistungen) und gleichzeitige Verringerung eines anderen Aktivpostens (Waren bzw. WEK)

Aufgabe 1.2.8

Aktiv-Passiv-Minderung: Verringerung eines Aktivpostens (Maschinen) und gleichzeitige Verringerung eines Passivpostens (Eigenkapital)

Aufgabe 1.2.9

Aktiv-Passiv-Minderung: Verringerung eines Aktivpostens (Forderungen aus Lieferungen und Leistungen) und gleichzeitige Verringerung eines Passivpostens (Verbindlichkeiten aus Lieferungen und Leistungen)

Aufgabe 1.2.10

Aktivtausch: Erhöhung eines Aktivpostens (Bank) und gleichzeitige Verringerung eines anderen Aktivpostens (Kasse)

Aufgabe 1.2.11

Aktiv-Passiv-Minderung: Verringerung eines Aktivpostens (Kasse) und gleichzeitige Verringerung eines Passivpostens (Verbindlichkeiten gegenüber Kreditinstituten)

Aufgabe 1.2.12

Passivtausch: Erhöhung eines Passivpostens (langfristige Verbindlichkeiten) und gleichzeitige Verringerung eines anderen Passivpostens (Verbindlichkeiten aus Lieferungen und Leistungen)

Aufgabe 1.2.13

Aktivtausch: Erhöhung eines Aktivpostens (Kasse) und gleichzeitige Verringerung eines anderen Aktivpostens (Bank)

Aufgabe 1.2.14

Aktivtausch: Erhöhung eines Aktivpostens (Forderungen aus Lieferungen und Leistungen) und gleichzeitige Verringerung eines anderen Aktivpostens (Maschinen)

Aufgabe 1.2.15

Aktiv-Passiv-Mehrung: Erhöhung eines Aktivpostens (Grundstücke) und gleichzeitige Erhöhung eines Passivpostens (Verbindlichkeiten aus Lieferungen und Leistungen)

Aufgabe 1.2.16

Aktiv-Passiv-Minderung: Verringerung eines Aktivpostens (Fuhrpark) und gleichzeitige Verringerung eines Passivpostens (Eigenkapital)

1.3   Bestandsbuchungen

Lösung Aufgabe 1.3.1

Grundstücke	an	Bank	200.000

Lösung Aufgabe 1.3.2

Bank	an	Kasse	2.000

Lösung Aufgabe 1.3.3

Fuhrpark	an	Verbindlichkeiten aus Lieferungen und Leistungen	45.000

Lösung Aufgabe 1.3.4

Privatentnahmen	an	Kasse	20.000

Lösung Aufgabe 1.3.5

Kasse	an	Forderungen aus Lieferungen und Leistungen	10.000

Lösung Aufgabe 1.3.6

Forderungen aus Lieferungen und Leistungen	an	Waren	5.000

Lösung Aufgabe 1.3.7

BGA	an	Bank	4.000

Lösung Aufgabe 1.3.8

Kasse	an	Fuhrpark	4.800

Lösung Aufgabe 1.3.9

| Maschinen | an | Verbindlichkeiten aus Lieferungen und Leistungen | 17.000 |

Lösung Aufgabe 1.3.10

| Kasse | an | Privateinlagen | 15.000 |

Lösung Aufgabe 1.3.11

| Bank | an | Verbindlichkeiten gegenüber Kreditinstituten | 500.000 |

Lösung Aufgabe 1.3.12

| Kasse | an | Bank | 5.000 |

1.4   Bestands- und Erfolgsbuchungen

Eröffnungs-Buchungssätze:

Gebäude	an	EBK	200.000
BGA	an	EBK	100.000
Forderungen aus Lieferungen und Leistungen	an	EBK	50.000
Bank	an	EBK	70.000
Kasse	an	EBK	10.000
EBK	an	Eigenkapital	90.000
EBK	an	Verbindlichkeiten gegenüber Kreditinstituten	280.000
EBK	an	Verbindlichkeiten aus Lieferungen und Leistungen	60.000

S	Eröffnungsbilanzkonto		H
Eigenkapital	90.000	Gebäude	200.000
Verbindlichkeiten gegenüber Kreditinstituten	280.000	BGA	100.000
Verbindlichkeiten aus Lieferungen und Leistungen	60.000	Forderungen aus Lieferungen und Leistungen	50.000
		Bank	70.000
		Kasse	10.000
	430.000		430.000

Buchungssätze der Geschäftsvorfälle in X2:

(1)	Verbindlichkeiten gegenüber Kreditinstituten	an	Bank	40.000
(2)	Gehaltsaufwand	an	Bank	2.000
(3)	BGA	an	Verbindlichkeiten aus Lieferungen und Leistungen	14.000
(4)	Verbindlichkeiten aus Lieferungen und Leistungen	an	Kasse	5.000
(5)	Forderungen aus Lieferungen und Leistungen	an	Dienstleistungserträge	3.000
(6)	Bank	an	Forderungen aus Lieferungen und Leistungen	4.000

Buchung der Geschäftsvorfälle auf den Bestandskonten:

S	Gebäude	H		S	BGA	H	
AB	200.000	Saldo	200.000	AB	100.000		
				(3)	14.000	Saldo	114.000

S	Forderungen aus Lieferungen und Leistungen	H		S	Bank	H	
AB	50.000	(6)	4.000	AB	70.000	(1)	40.000
(5)	3.000	Saldo	49.000	(6)	4.000	(2)	2.000
						Saldo	32.000

S	Kasse	H		S	Eigenkapital	H	
	10.000	(4)	5.000				90.000
		Saldo	5.000	Saldo	91.000	(9)	1.000

Geschäftsvorfälle

S	Verbindlichkeiten gegenüber Kreditinstituten		H
(1)	40.000	AB	280.000
Saldo	240.000		

S	Verbindlichkeiten aus Lieferungen und Leistungen		H
(4)	5.000	AB	60.000
Saldo	69.000	(3)	14.000

S	Gehaltsaufwand		H
(2)	2.000	Saldo	2.000

S	Dienstleistungserträge		H
Saldo	3.000	(5)	3.000

Abschlussbuchungen der Erfolgskonten:

(7)	Gewinn- und Verlustkonto	an	Gehaltsaufwand	2.000
(8)	Dienstleistungserträge	an	Gewinn- und Verlust-konto	3.000

S	Gewinn- und Verlustkonto		H
(7)	2.000	(8)	3.000
Saldo	1.000		

Abschlussbuchung des Gewinn- und Verlustkontos:

(9)	Gewinn- und Verlustkonto	an	Eigenkapital	1.000

Abschlussbuchungen der Bestandskonten:

Schlussbilanzkonto	an	Gebäude	200.000
Schlussbilanzkonto	an	BGA	114.000
Schlussbilanzkonto	an	Forderungen aus Lieferungen und Leistungen	49.000
Schlussbilanzkonto	an	Bank	32.000
Schlussbilanzkonto	an	Kasse	5.000
Eigenkapital	an	Schlussbilanzkonto	91.000
Verbindlichkeiten gegenüber Kreditinstituten	an	Schlussbilanzkonto	240.000
Verbindlichkeiten aus Lieferungen und Leistungen	an	Schlussbilanzkonto	69.000

S	Schlussbilanzkonto		H
Gebäude	200.000	Eigenkapital	91.000
BGA	114.000	Verbindlichkeiten gegenüber Kreditinstituten	240.000
Forderungen aus Lieferungen und Leistungen	49.000	Verbindlichkeiten aus Lieferungen und Leistungen	69.000
Bank	32.000		
Kasse	5.000		
	400.000		400.000

Bilanz des Unternehmens zum 31.12.X2:

A		Bilanz zum 31.12.X2	P
Gebäude	200.000	Eigenkapital	91.000
BGA	114.000	Verbindlichkeiten gegenüber Kreditinstituten	240.000
Forderungen aus Lieferungen und Leistungen	49.000	Verbindlichkeiten aus Lieferungen und Leistungen	69.000
Bank	32.000		
Kasse	5.000		
	400.000		400.000

1.5 Warenverkehr

Lösung Aufgabe 1.5.1

Warenverkaufskonto	34.000			
USt	6.800	an	Forderungen aus Lieferungen und Leistungen	40.800

Lösung Aufgabe 1.5.2

Keine Buchung!

Die beschriebene Mitteilung darf noch nicht verbucht werden, da es sich weiterhin um ein schwebendes Geschäft handelt, bei dem noch keine der beiden Seiten geleistet hat. Erst die Lieferung der bestellten Rohstoffe ist ein buchungspflichtiger Vorgang. Abgesehen von notwendigen Korrekturen und erforderlichen Erfolgsabgrenzungen sowie den periodischen Auswertungsanalysen sind Güterbewegungen das Auslösekriterium für buchhalterische Aufzeichnungen.

Lösung Aufgabe 1.5.3

Wareneinkaufskonto	12.500			
VSt	1.500	an	geleistete Anzahlungen	5.000
			Verbindlichkeiten aus Lieferungen und Leistungen	9.000

Da bei Anzahlungen bereits die entsprechende Umsatzsteuerbelastung zu berücksichtigen ist, musste die vorzeitig geleistete Zahlung über 6.000 € deshalb folgendermaßen verbucht werden:

geleistete Anzahlungen	5.000			
VSt	1.000	an	Bank	6.000

Lösung Aufgabe 1.5.4

Forderungen aus Lieferungen und Leistungen	21.600			
		an	Warenverkaufskonto	18.000
			USt	3.600

Bank	21.168			
gewährte Skonti	360			
USt	72	an	Forderungen aus Lieferungen und Leistungen	21.600

Lösung Aufgabe 1.5.5

Keine Buchung!

Der Bestellvorgang darf noch nicht verbucht werden. (Vergleichen Sie dazu auch den Lösungshinweis zur Aufgabe 1.2.1)

Lösung Aufgabe 1.5.6

Wegen der besseren Nachvollziehbarkeit sollten Falschbuchungen grundsätzlich storniert werden.

Verbindlichkeiten aus Lieferungen und Leistungen	400			
Rabatterträge	50			
USt	50	an	Wareneinkaufskonto	500

Wareneinkaufskonto	450			
VSt	90	an	Verbindlichkeiten aus Lieferungen und Leistungen	540

Lösung Aufgabe 1.5.7

a)

Bank	10.800	an	erhaltene Anzahlungen	9.000
			USt	1.800

b)

Forderungen aus Lieferungen und Leistungen	25.200			
erhaltene Anzahlungen	9.000	an	Warenverkaufskonto	30.000
			USt	4.200

Bank	25.200	an	Forderungen aus Lieferungen und Leistungen	25.200

Lösung Aufgabe 1.5.8

Warenverkaufskonto	1.350			
USt	270	an	Bank	1.620

Lösung Aufgabe 1.5.9

Transportaufwand	1.000			
VSt	200	an	Bank	1.200

Wareneinkaufskonto	46.000			
VSt	9.000	an	Verbindlichkeiten aus Lieferungen und Leistungen	54.000
			Transportaufwand	1.000

Bezugskosten (Bezugsaufwendungen) gehören gemäß § 255 Abs. 1 HGB zu den Anschaffungsnebenkosten.

Lösung Aufgabe 1.5.10

sonstige Forderungen	3.600	an	Wareneinkaufskonto	3.000
			VSt	600

Bank	3.600	an	sonstige Forderungen	3.600

Lösung Aufgabe 1.5.11

Verbindlichkeiten aus Lieferungen und Leistungen	4.583,33			
USt	916,67	an	Wareneinkaufskonto	5.500

Wareneinkaufskonto	5.500			
VSt	1.100	an	Verbindlichkeiten aus Lieferungen und Leistungen	6.600

Lösung Aufgabe 1.5.12

Forderungen aus Lieferungen und Leistungen	12.000			
		an	Warenverkaufskonto	10.000
			USt	2.000

Bank	11.400			
gewährte Skonti	500			
USt	100	an	Forderungen aus Lieferungen und Leistungen	12.000

Lösung Aufgabe 1.5.13

Wareneinkaufskonto	8.000			
VSt	1.536	an	Kasse	9.216
			erhaltene Skonti	320

1.6 Warenverkehr auf T-Konten

Lösung Aufgabe 1.6.1

S	Bank	H
	(1)	14.400
	(2.2)	115.200
	(5)	160

S	Kasse	H
(3)	24.000	
(6)	114	

S	Forderungen aus Lieferungen und Leistungen	H
	(3)	24.000
	(5)	200
	(6)	120

S	Verbindlichkeiten aus Lieferungen und Leistungen		H
(2.2)	120.000	(2.1)	120.000

S	Wareneinkaufskonto	H
(1)	12.000	(4) 10

S	Warenverkaufskonto	H
(5)	300	

S	USt	H
(5)	60	(4) 2
(6)	1	

S	VSt	H
(1)	2.400	(2.2) 800
(2.1)	20.000	

S	Gewährte Boni	H

S	Fuhrpark	H
(2.1)	100.000	(2.2) 4.000

S	Gewährte Skonti	H	S	Privat	H
(6)	5		(4)	12	

Buchungssätze:

(1)

Wareineinkaufskonto	12.000			
VSt	2.400	an	Bank	14.400

(2.1)

Fuhrpark	100.000			
VSt	20.000	an	Verbindlichkeiten aus Lieferungen und Leistungen	120.000

(2.2)

Verbindlichkeiten aus Lieferungen und Leistungen	120.000	an	Bank	115.200
			Fuhrpark	4.000
			VSt	800

(3)

Kasse		an	Forderungen aus Lieferungen und Leistungen	24.000

(4)

| Privat | 12 | an | Wareneinkaufskonto | 10 |
| | | | USt | 2 |

(5)

Warenverkaufskonto	300			
USt	60	an	Forderungen aus Lieferungen und Leistungen	200
			Bank	160

(6)

Kasse	114			
Gewährte Skonti	5			
USt	1	an	Forderungen aus Lieferungen und Leistungen	120

Lösung Aufgabe 1.6.2

S	Eigenkapital (EK)		H	S	Gewinn- und Verlustkonto (GVK)	H
	Σ	25.000	WEK	5.000	WVK	7.000
	GVK	2.000	EK	2.000		

S	Wareneinkaufskonto (WEK)		H	S	Warenverkaufskonto (WVK)	H
Σ	8.700	GVK	5.000	GVK	7.000	Σ	7.000
		EB	3.700				

1

1.7 Wareneinsatz und Materialverbrauch

Lösung Aufgabe 1.7.1

Nettoabschlussverfahren:

S	Wareneinkaufskonto		H		S	Warenverkaufskonto		H
AB	5.000	WE	13.000		WEK	13.000		30.000
	10.000	EB	2.000		Saldo	17.000		

S		Gewinn- und Verlustkonto		H
Gewinn/ Saldo	17.000	WVK		17.000

Bruttoabschlussverfahren:

S	Wareneinkaufskonto		H		S	Warenverkaufskonto		H
AB	5.000	WE	13.000		Saldo	30.000		30.000
	10.000	EB	2.000					

S		Gewinn und Verlustkonto		H
WEK		13.000	WVK	30.000
Gewinn/ Saldo		17.000		

AB	Anfangsbestand
EB	Endbestand
WE	Wareneinsatz
WEK	Wareneinkaufskonto
WVK	Warenverkaufskonto

Lösung Aufgabe 1.7.2

a)

Nettoabschlussverfahren:

Warenverkaufskonto	an	Wareneinkaufskonto	445.000

Bruttoabschlussverfahren:

Gewinn- und Verlustkonto	an	Wareneinkaufskonto	445.000

b)

Nettoabschlussverfahren:

Warenverkaufskonto	an	Wareneinkaufskonto	440.000

Bruttoabschlussverfahren:

Gewinn- und Verlustkonto	an	Wareneinkaufskonto	440.000

Lösung Aufgabe 1.7.3

a)

Materiallager A	42.000			
VSt	7.980	an	Kasse	47.880
			erhaltene Skonti	2.100

b)

erhaltene Skonti	an	Materiallager A	2.100

Gewinn- und Verlustkonto (Materialaufwand)	an	Materiallager A	130.400

Schlussbilanzkonto	an	Materiallager A	15.000

Lösung Aufgabe 1.7.4

sonstige Forderungen	4.080	an	Materiallager	3.400
			VSt	680

Gewinn- und Verlustkonto (Materialaufwand)		an	Materiallager	3.400

1.8 Veränderungen der Bestände an unfertigen und fertigen Erzeugnissen

Lösung Aufgabe 1.8.1

Schlussbilanzkonto	an Fertigerzeugnisse A	360.000
Schlussbilanzkonto	an Fertigerzeugnisse B	80.000
Fertigerzeugnisse A	an Bestandsveränderungen A	328.000
Bestandsveränderungen B	an Fertigerzeugnisse B	100.000
Bestandsveränderungen A	an Gewinn- und Verlustkonto	328.000
Gewinn- und Verlustkonto	an Bestandsveränderungen B	100.000

Lösung Aufgabe 1.8.2

Endbestand: 5.600 € / 80 €/Packung = 70 Packungen

Anfangsbestand – Endbestand = 10 Packungen (Bestandsverminderung)

Produktion: Absatz (Verkauf) – Bestandsverminderung = 1.190 Packungen

Forderungen aus Lieferungen und Leistungen	201.600	an	Umsatzerlöse	168.000
			USt	33.600
Bestandsveränderungen		an	Fertigerzeugnisse	800

1.9   Buchungsprobleme im Anlagevermögen

Lösung Aufgabe 1.9.1

a)

Transportaufwand		an	Kasse	1.600
BGA	25.600			
VSt	4.800	an	Verbindlichkeiten aus Lieferungen und Leistungen	28.800
			Transportaufwand	1.600
Verbindlichkeiten aus Lieferungen und Leistungen	28.800	an	Bank	28.800

b)

Abschreibungen auf BGA	an	Wertberichtigungen auf BGA	3.600

Der jährliche Abschreibungsbetrag berechnet sich bei der linearen Abschreibung als:

$$A_t = \frac{\text{Anschaffungskosten} - \text{Liquidationserlös (Restwert)}}{\text{Nutzungsdauer}} \ (\text{€/Jahr})$$

	24.000	Anschaffungspreis (netto)
+	1.600	Anschaffungsnebenkosten
−	4.000	Liquidationserlös
=	21.600	Abschreibungssumme
/	6	Nutzungsdauer
=	3.600	jährlicher Abschreibungsbetrag

c)

Kasse	26.400			
Wertberichtigungen auf BGA	3.600	an	BGA	25.600
			USt	4.400

Lösung Aufgabe 1.9.2

Geleistete Anzahlungen	250			
VSt	50	an	Kasse	300
Maschinen	520			
VSt	54	an	Geleistete Anzahlungen	250
			Bank	324

Lösung Aufgabe 1.9.3

Es erfolgt keine Buchung. Grund: Es handelt sich um eine unterlassene Instandhaltung. Eine Pflicht zur Rückstellung besteht nur dann, wenn die unterlassene Instandhaltung im folgenden Geschäftsjahr innerhalb von 3 Monaten nachgeholt wird. Hier wird die Instandhaltung nicht innerhalb der ersten 3 Monate des neuen Geschäftsjahres nachgeholt, sodass keine Rückstellung gebildet werden darf.

Lösung Aufgabe 1.9.4

X1

BGA	25.000			
VSt	5.000	an	Kasse	30.000
Abschreibungen auf BGA		an	Wertberichtigungen auf BGA	2.500

X2

Abschreibungen auf BGA		an	Wertberichtigungen auf BGA	2.500

X3

Forderungen aus Lieferungen und Leistungen	19.200			
Wertberichtigungen auf BGA	5.000			
sonstiger betrieblicher Aufwand	4.000	an	BGA	25.000
			USt	3.200
Bank		an	Forderungen aus Lieferungen und Leistungen	19.200

Lösung Aufgabe 1.9.5

Maschinen	78.000			
VSt	15.000	an	Lohnaufwand	3.000
			Verbindlichkeiten aus Lieferungen und Leistungen	90.000

Lösung Aufgabe 1.9.6

Es handelt sich um abnutzbare, bewegliche Wirtschaftsgüter des Anlagevermögens, die zu einer selbständigen Nutzung fähig sind und deren Anschaffungs- oder Herstellungskosten 800 € (netto) nicht übersteigen. Sie können im Jahr der Anschaffung oder Herstellung in voller Höhe abgeschrieben werden (§ 6 Abs. 2 EStG).

BGA	140			
VSt	28	an	Kasse	168
Abschreibungen auf GWG (BGA)		an	BGA	140

Lösung Aufgabe 1.9.7

Wertberichtigungen auf BGA	12.000			
Kasse	10.800	an	Fuhrpark	20.000
			USt	1.800
			sonstiger betrieblicher Ertrag	1.000

Lösung Aufgabe 1.9.8

sonst. b. Aufwand	500			
VSt	100	an	Kasse	600
außerplanmäßige Abschreibungen auf Anlagen	10.000	an	Maschinen	10.000

Lösung Aufgabe 1.9.9

Abschreibungen auf BGA		an	BGA	12.000

sonstiger betrieblicher Aufwand	14.500			
Bank	1.800	an	BGA	16.000
			USt	300

Lösung Aufgabe 1.9.10

Keine Buchung. Hier liegt eine vorübergehende Wertminderung im Anlagevermögen vor, dafür besteht ein Abschreibungsverbot.

Lösung Aufgabe 1.9.11

Fuhrpark	16.000			
VSt	3.200			
sonstiger betrieblicher Aufwand	100	an	Fuhrpark	4.000
			Umsatzsteuer	780
			Verbindlichkeiten aus Lieferungen und Leistungen	14.520

Lösung Aufgabe 1.9.12

Im vorliegenden Geschäftsvorfall liegt eine vorübergehende Wertminderung von Finanzanlagen vor. Dafür besteht ein Abschreibungswahlrecht. Entweder wird eine Abschreibung vorgenommen oder es erfolgt keine Buchung.

1. Alternative: Keine Buchung.
2. Alternative:

außerplanmäßige Abschreibungen auf Finanzanlagevermögen		an	Finanzanlagen	10.000

Lösung Aufgabe 1.9.13

Schreibtischlampe und Aktenvernichter:

Es handelt sich um abnutzbare, bewegliche Wirtschaftsgüter des Anlagevermögens, die zu einer selbständigen Nutzung fähig sind und deren Anschaffungs- oder Herstellungskosten 800 € (netto) nicht übersteigen. Sie können im Jahr der Anschaffung oder Herstellung in voller Höhe abgeschrieben werden (§ 6 Abs. 2 EStG).

BGA	145			
VSt	29	an	Bank	174

BGA	95			
VSt	19	an	Bank	114

Abschreibungen auf GWG (BGA)	an	BGA	240

Schreibtisch und Schreibtischstuhl:

Übersteigen die Anschaffungs- oder Herstellungskosten 250 € (netto), nicht jedoch 1.000 € (netto), können diese Wirtschaftsgüter nach § 6 Abs. 2a EStG in einem Jahres-Sammelposten zusammengefasst werden. Dabei sind jeweils jährlich diejenigen Wirtschaftsgüter zu bündeln, die beweglich und abnutzbar sowie selbständig nutzbar sind. Für die Anschaffungen eines jeden Jahres ist jeweils ein separater Sammelposten zu bilden. Der Sammelposten ist pauschal mit 20% p. a. abzuschreiben, was einer Nutzungsdauer von fünf Jahren entspricht.

GWG (Sammelposten)	1.630			
VSt	326	an	Bank	1.956

Die Auflösung des in X1 gebildeten Sammelpostens verläuft wie folgt:

Gesamtbetrag des Sammelpostens	1.630 € (netto)
1. Auflösung (20%) in X1	326 €
2. Auflösung (20%) in X2	326 €
3. Auflösung (20%) in X3	326 €
4. Auflösung (20%) in X4	326 €
5. Auflösung (20%) in X5	326 €
Ausweis am 31.12.X5	0 €

Die Gegenstände der Betriebs- und Geschäftsausstattung, deren Anschaffungsbetrag (netto) 1.000 € übersteigen (Aktenschrank), gelten nicht als geringwertige Wirtschaftsgüter und sind über die Nutzungsdauer planmäßig abzuschreiben.

BGA	1.150			
VSt	230	an	Bank	1.380

1.10 Abschreibungen auf Forderungen

Lösung Aufgabe 1.10.1

a)   Keine Buchung!

b)

zweifelhafte Forderungen	an	Forderungen aus Lieferungen und Leistungen	10.560
Abschreibungen auf Forderungen	an	zweifelhafte Forderungen	7.920

c)

USt	1.560			
Bank	1.200	an	zweifelhafte Forderungen	2.640
			sonstiger betrieblicher Ertrag	120

Lösung Aufgabe 1.10.2

a)   Keine Buchung!

Da die vereinbarten Gütertransaktionen noch ausstehen (schwebendes Geschäft), darf der beschriebene Sachverhalt noch nicht verbucht werden.

b)   Keine Buchung!

Eine Forderung aus Lieferungen und Leistungen ist noch nicht entstanden. Folglich kommen Korrekturbuchungen nicht in Betracht.

Lösung Aufgabe 1.10.3

Abschreibungen auf Forderungen	an	Pauschalwertberichtigung auf Forderungen	1.350

Anmerkung:

Bei der Bildung bzw. Anpassung der Pauschalwertberichtigung sind nur die Forderungen zu berücksichtigen, die nicht einzelwertberichtigt wurden.

Im Jahr X1 waren Forderungen in Höhe von 240.000 € (10.000 / 0,05 · 1,2) pauschalwert zu berichtigen.

Lösung Aufgabe 1.10.4

a)

Abschreibungen auf Forderungen	an	Pauschalwertberichtigung auf Forderungen	10.400

b)

zweifelhafte Forderungen		an	Forderungen aus Lieferungen und Leistungen	6.000

Abschreibungen auf Forderungen	5.000			
USt	1.000	an	zweifelhafte Forderungen	6.000

Pauschalwertberichtigung auf Forderungen	an	sonstiger betrieblicher Ertrag	8.400

Lösung Aufgabe 1.10.5

Bank	2.400	an	sonstiger betrieblicher Ertrag	2.000
			USt	400

Lösung Aufgabe 1.10.6

a)

zweifelhafte Forderungen	an	Forderungen aus Lieferungen und Leistungen	19.200
Abschreibungen auf Forderungen	an	Wertberichtigungen auf Forderungen	14.400

b)

Wertberichtigungen auf Forderungen	14.400			
USt	3.040			
Bank	960			
sonstiger betrieblicher Aufwand	800	an	zweifelhafte Forderungen	19.200

Lösung Aufgabe 1.10.7

a)

zweifelhafte Forderungen		an	Forderungen aus Lieferungen und Leistungen	16.800

indirekte Abschreibung:

Abschreibungen auf Forderungen		an	Wertberichtigungen auf Forderungen	9.800

direkte Abschreibung:

Abschreibungen auf Forderungen		an	zweifelhafte Forderungen	9.800

b)

bei indirekter Abschreibung:

Wertberichtigungen auf Forderungen	9.800			
Bank	5.040			
USt	1.960	an	zweifelhafte Forderungen	16.800

bei direkter Abschreibung:

Bank	5.040			
USt	1.960	an	zweifelhafte Forderungen	7.000

1.11 Rückstellungen und Rechnungsabgrenzung

Lösung Aufgabe 1.11.1

Rückstellungen für unterlassene Instandhaltungen	5.000			
VSt	820	an	Verbindlichkeiten aus Lieferungen und Leistungen	4.920
			sonstiger betrieblicher Ertrag	900
Verbindlichkeiten aus Lieferungen und Leistungen		an	Bank	4.920

Lösung Aufgabe 1.11.2

Umsatzerlöse	312.000	an	sonstige Rückstellungen	280.000
			VSt	42.000

Anmerkung:

Der Vertragsabschluss an sich darf noch nicht verbucht werden. Erst wenn etwas geliefert wird oder sonstige Leistungen erbracht werden, entsteht eine Buchungspflicht. Die Lieferung der Maschine steht jedoch noch aus. Insofern muss nur die – im Übrigen inhaltlich völlig falsche – Buchung des Lehrlings storniert werden.

Lösung Aufgabe 1.11.3

sonstiger betrieblicher Aufwand	an	Rückstellungen für ungewisse Verbindlichkeiten	12.000

Anmerkung:

Normalerweise handelt es sich bei unterlassener Abraumbeseitigung um eine Aufwandsrückstellung und damit um eine Innenverpflichtung, die nur dann zu erfassen ist, wenn die Abraumbeseitigung im kommenden Geschäftsjahr nachgeholt wird. Da aber hier Unternehmen aufgrund einer Verordnung zur Abraumbeseitigung verpflichtet sind, besteht eine Außenverpflichtung im Sinne einer öffentlich-rechtlichen Verpflichtung, sodass zwingend eine Rückstellung für ungewisse Verbindlichkeiten zu bilden ist.

Lösung Aufgabe 1.11.4

Rückstellungen für ungewisse Verbindlichkeiten	20.000	an	Bank	18.000
			Verbindlichkeiten aus Lieferungen und Leistungen	2.000
Verbindlichkeiten aus Lieferungen und Leistungen		an	Kasse	2.000

Lösung Aufgabe 1.11.5

Gewerbesteueraufwand	an	Rückstellungen für ungewisse Verbindlichkeiten	5.000

Anmerkung:

Die Einkommensteuer der Gesellschafter betrifft nicht die OHG und darf infolgedessen auch nicht in der Geschäftsbuchführung der OHG berücksichtigt werden.

Lösung Aufgabe 1.11.6

a)

| Instandhaltungsaufwand | | an | Rückstellungen für ungewisse Verbindlichkeiten | 1.000 |

b)

Rückstellungen für ungewisse Verbindlichkeiten	1.000			
VSt	190	an	Bank	1.140
			sonstiger betrieblicher Ertrag	50

Lösung Aufgabe 1.11.7

X1:

sonstiger betrieblicher Aufwand	30.000			
VSt	6.000	an	Bank	36.000
aktive RAP		an	sonstiger betrieblicher Aufwand	21.000

X2:

| sonstiger betrieblicher Aufwand | | an | aktive RAP | 21.000 |

Anmerkung:

Die Vorsteuer entspricht einer Forderung gegenüber dem Finanzamt. Abzugrenzen sind deshalb nur die sonstigen betrieblichen Aufwendungen. Vergleichen Sie dazu auch § 13 Abs. 1 UStG.

Lösung Aufgabe 1.11.8

a)

Bank	an	Mieterträge	32.000

Anmerkung:

Nach § 4 Ziffer 12 UStG unterliegen Mieteinnahmen nicht der Umsatzsteuer.

b)

Mieterträge	an	passive RAP	20.000

c)

passive RAP	an	Mieterträge	20.000

Lösung Aufgabe 1.11.9

X1:

Bank	an	Verbindlichkeiten gegenüber Kreditinstituten	20.000
Zinsaufwand	an	sonstige Verbindlichkeiten	200

X2:

Verbindlichkeiten gegenüber Kreditinstituten	20.000			
Zinsaufwand	1.000			
sonstige Verbindlichkeiten	200	an	Bank	21.200

Anmerkung:

Die Gewährung und Vermittlung von Krediten unterliegt nach § 4 Nr. 8 UStG nicht der Umsatzsteuer.

Lösung Aufgabe 1.11.10

a)

X1:

Mietaufwand		an	sonstige Verbindlich-keiten	7.200

X2:

Mietaufwand	14.400			
sonstige Verbindlich-keiten	7.200	an	Bank	21.600
aktive RAP		an	Mietaufwand	3.600

X3:

Mietaufwand		an	aktive RAP	3.600

b)

X1:

sonstige Forderungen		an	Mieterträge	7.200

X2:

Bank	21.600	an	Mieterträge	14.400
			sonstige Forderungen	7.200
Mieterträge		an	passive RAP	3.600

X3:

passive RAP		an	Mieterträge	3.600

1

1.12 Lohn- und Gehaltszahlungen

Lösung Aufgabe 1.12.1

Lohn- und Gehalts-aufwand	2.500,00			
Sozialaufwand	514,00	an	Kasse	1.622,81
			noch abzuführende Abgaben	505,00
			noch abzuführende Leistungen	847,19
			Bank	39,00

Lösung Aufgabe 1.12.2

Lohn- und Gehalts-aufwand	3.100,00			
Sozialaufwand	618,45	an	noch abzuführende Abgaben	618,45
			noch abzuführende Leistungen	1.105,36
			Bank	1.744,64
			sonstige Forderungen	250,00

Lösung Aufgabe 1.12.3

Lohn- und Gehalts-aufwand	4.000,00			
Sozialaufwand	816,00	an	noch abzuführende Abgaben	816,00
			noch abzuführende Leistungen	1.657,50
			Bank	2.342,50

Lösung Aufgabe 1.12.4

Lohn- und Gehalts-aufwand	2.880,00			
Sozialaufwand	581,76	an	sonstige Forderungen	1.824,25
			noch abzuführende Abgaben	581,76
			noch abzuführende Leistungen	1.055,75

Lösung Aufgabe 1.12.5

Keine Buchung!

Lösung Aufgabe 1.12.6

Lohn- und Gehalts-aufwand	1.800,00			
Sozialaufwand	365,40	an	Bank	1.272,60
			noch abzuführende Abgaben	365,40
			noch abzuführende Leistungen	527,40
noch abzuführende Abgaben	365,40			
noch abzuführende Leistungen	527,40	an	Bank	892,80

1.13 Vermischte Buchungsprobleme

Lösung Aufgabe 1.13.1

Abschreibungen auf Vorräte		an	Vorräte	72.000

Bank	31.200	an	Umsatzerlöse	26.000
			USt	5.200

außerplanmäßige Abschreibungen auf Gebäude		an	Gebäude	360.000

sonstige Forderungen		an	sonstiger betrieblicher Ertrag	324.000

Bank		an	sonstige Forderungen	324.000

Lösung Aufgabe 1.13.2

Keine Buchung!

Lösung Aufgabe 1.13.3

a)

Wertberichtigungen auf Anlagen	17.500			
Privatentnahmen	3.000	an	Fuhrpark	20.000
			USt	500

Anmerkung:

Bei einer Privatentnahme liegt umsatzsteuerrechtlich eine unentgeltliche Lieferung gem. § 3 Abs. 1b Nr. 1 UStG vor, die gem. § 1 Abs. 1 Nr. 1 UStG steuerbar ist.

b)

Keine Buchung!

Anmerkung:

Der Verkauf des PKWs ist kein betrieblicher Vorgang und darf deshalb auch nicht in den Geschäftsbüchern der OHG ausgewiesen werden.

Lösung Aufgabe 1.13.4

Bank	an	Mietaufwand	680
Bank	an	Forderungen aus Lieferungen und Leistungen	860

Lösung Aufgabe 1.13.5

sonstiger betrieblicher Aufwand	an	Kasse	6.580
außerplanmäßige Abschreibungen auf BGA	an	BGA	4.000
sonstige Forderungen	an	sonstiger betrieblicher Ertrag	3.600
Bank	an	sonstige Forderungen	3.600

Anmerkung:

Die geschätzte Umsatzeinbuße darf nicht gebucht werden, da sie weder einen bereits verbuchten Sachverhalt betrifft noch irgendwelche effektiv angefallenen Güterbewegungen beinhaltet. Es handelt sich hierbei lediglich um entgangene Erlöse und nicht um einen aufwandswirksamen Verlust.

Lösung Aufgabe 1.13.6

Privatentnahmen		an	sonstiger betrieblicher Aufwand	10,75
Privatentnahmen	9,00	an	Wareneinkaufskonto	7,50
			USt	1,50

Anmerkung:

Bemessungsgrundlage für die Umsatzbesteuerung des Eigenverbrauchs ist der Einstandspreis.

Lösung Aufgabe 1.13.7

Fuhrpark	20.000			
VSt	4.000	an	Verbindlichkeiten aus Lieferungen und Leistungen	18.000
			Fuhrpark	4.000
			sonstiger betrieblicher Ertrag	1.000
			USt	1.000
Verbindlichkeiten aus Lieferungen und Leistungen	18.000			
		an	Bank	17.460
			Fuhrpark	450
			VSt	90

Anmerkung:

Anschaffungspreisminderungen sind von den Anschaffungskosten abzusetzen. Der Skontobetrag wurde deshalb nicht unmittelbar erfolgswirksam ausgewiesen, sondern auf dem Bestandskonto für den Fuhrpark gegengebucht.

Lösung Aufgabe 1.13.8

Warenverkaufskonto		an	sonstiger betrieblicher Aufwand	474

Privatentnahmen	372	an	Wareneinkaufskonto	310
			USt	62

Lösung Aufgabe 1.13.9

Abschreibungen auf BGA		an	BGA	5.600

Privatentnahmen	1.680	an	sonstiger betrieblicher Ertrag	1.400
			USt	280

Anmerkung:

Auch die unternehmensfremde Nutzung des PKWs stellt eine unentgeltliche Lieferung gem. § 3 Abs. 1b Nr. 1 UStG dar und unterliegt nach § 1 Abs. 1 Nr. 1 UStG der Umsatzsteuer.

Lösung Aufgabe 1.13.10

Verbindlichkeiten aus Lieferungen und Leistungen	1.980			
USt	420	an	Aufwand für Instandhaltungen	2.400

Aufwand für Instandhaltungen	2.000			
VSt	400	an	Verbindlichkeiten aus Lieferungen und Leistungen	2.400

Lösung Aufgabe 1.13.11

Käufer:

Bank		an	Verbindlichkeiten gegenüber Kreditinstituten	40.000

Fuhrpark	60.000			
VSt	12.000	an	Bank	40.000
			Verbindlichkeiten aus Lieferungen und Leistungen	20.600
			Forderungen aus Lieferungen und Leistungen	11.400

Verbindlichkeiten aus Lieferungen und Leistungen	an	Kasse	20.600

Verkäufer:

Bank	40.000			
Forderungen aus Lieferungen und Leistungen	20.600			
Verbindlichkeiten aus Lieferungen und Leistungen	11.400	an	Fuhrpark	60.000
			USt	12.000

Kasse		an	Forderungen aus Lieferungen und Leistungen	20.600

Lösung Aufgabe 1.13.12

Kreditnehmer:

Verbindlichkeiten gegenüber Kreditinstituten	40.000			
Zinsaufwand	400	an	Bank	35.400
			Kasse	5.000

Kreditgeber:

Bank	35.400			
Kasse	5.000	an	Forderungen aus Lieferungen und Leistungen	40.000
			Zinserträge	400

Lösung Aufgabe 1.13.13

Forderungen aus Lieferungen und Leistungen	1.920			
		an	BGA	1.600
			USt	320
zweifelhafte Forderungen		an	Forderungen aus Lieferungen und Leistungen	1.920

direkte Abschreibung:

Abschreibungen auf Forderungen		an	zweifelhafte Forderungen	800

indirekte Abschreibung:

Abschreibungen auf Forderungen		an	Wertberichtungen auf Forderungen	800

bei direkter Abschreibung:

Bank	1.920	an	zweifelhafte Forde-rungen	1.120
			sonstiger betrieblicher Ertrag	800

bei indirekter Abschreibung:

Bank	1.920			
Wertberichtungen auf Forderungen	800	an	zweifelhafte Forde-rungen	1.920
			sonstiger betrieblicher Ertrag	800

Lösung Aufgabe 1.13.14

Kasse	2.280			
gewährte Skonti	100	an	Warenverkaufskonto	2.000
			USt	380

Wareneinkaufskonto	1.000			
VSt	190	an	Kasse	1.140
			erhaltene Skonti	50

USt		an	VSt	190

USt		an	Bank	190

Lösung Aufgabe 1.13.15

Der Warenverkauf kann hier vereinfachend wie folgt gebucht werden:

Kasse	6.000	an	Warenverkaufskonto	5.000
			USt	1.000
Bank	5.900			
Lohnaufwand	100	an	Kasse	6.000

Lösung Aufgabe 1.13.16

Kreditnehmer:

X1:

Bank	an	Verbindlichkeiten gegenüber Kreditinstituten	30.000
Zinsaufwand	an	Bank	3.600
aktive RAP	an	Zinsaufwand	2.400

X2:

Zinsaufwand	an	aktive RAP	1.200

X3:

Zinsaufwand	an	aktive RAP	1.200
Verbindlichkeiten gegenüber Kreditinstituten	an	Bank	30.000

Kreditgeber:

X1:

Forderungen aus Lieferungen und Leistungen	an	Bank	30.000
Bank	an	Zinserträge	3.600
Zinserträge	an	passive RAP	2.400

X2:

passive RAP	an	Zinserträge	1.200

X3:

passive RAP	an	Zinserträge	1.200
Bank	an	Forderungen aus Lieferungen und Leistungen	30.000

Lösung Aufgabe 1.13.17

Kasse		an	Bank	13.000
BGA	3.800			
VSt	760	an	Kasse	4.560
Privatentnahmen		an	Kasse	8.440

Lösung Aufgabe 1.13.18

Fuhrpark		an	Privateinlagen	500
Privatentnahmen	107	an	Wareneinkaufskonto	100
			USt	7
Abschreibungen auf Gebäude		an	Gebäude	900

Anmerkung:

Für Lebensmittel gilt der Umsatzsteuersatz von 7%!

1.14 Ableitung von Geschäftsvorfällen aus Buchungssätzen

Lösung Aufgabe 1.14.1

Forderungen im Wert von 1.200 € werden uneinbringlich und in voller Höhe abgeschrieben.

Lösung Aufgabe 1.14.2

Ein Kunde begleicht eine Rechnung in Höhe von 3.000 € (brutto) in bar.

Lösung Aufgabe 1.14.3

Aufnahme eines Darlehens mit einem Auszahlungsbetrag von 196.000 € und einem Rückzahlungsbetrag in Höhe von 200.000 €. Das Disagio in Höhe von 4.000 € wurde aktiviert.

Lösung Aufgabe 1.14.4

Bildung einer Drohverlustrückstellung in Höhe von 40.000 €.

Lösung Aufgabe 1.14.5

Es wurde eine Anzahlung in Höhe von 100.000 € (netto) für den späteren Erwerb einer Maschine geleistet. Bei Lieferung der Maschine im Wert von 300.000 € (netto) wurde die geleistete Anzahlung verrechnet und der Rest des Kaufpreises kreditiert.

Lösung Aufgabe 1.14.6

Dem bilanzierenden Unternehmen wurde Miete in Höhe von 600 € überwiesen. Der Mietertrag enthält Mieteinnahmen von 400 €, die im Voraus bezahlt wurden und das nächste Geschäftsjahr betreffen.

Lösung Aufgabe 1.14.7

Ein Kunde begleicht Forderungen in Höhe von 40.000 € (netto) unter Gewährung eines Skontos von 10% per Banküberweisung.

Lösung Aufgabe 1.14.8

Verkauf einer Maschine mit einem Buchwert von 152.000 € für 190.000 € (netto).

Lösung Aufgabe 1.14.9

Eine Forderung in Höhe von 84.000 € wird zweifelhaft. Aufgrund eines vermuteten Ausfalls von 70% wird sie zu 49.000 € abgeschrieben.

Lösung Aufgabe 1.14.10

Begleichung einer Rechnung in Höhe von 150.000 € (netto) per Banküberweisung. Für diesen Geschäftsvorfall wurde bereits eine unterdotierte Rückstellung von 140.000 € gebildet, die die Ausgaben nicht komplett deckt.

Lösung Aufgabe 1.14.11

Einbringung eines privaten Gebäudes im Wert von 50.000 € in das Betriebsvermögen.

Lösung Aufgabe 1.14.12

Forderungen aus Lieferungen und Leistungen in Höhe von 12.000 € gehen per Banküberweisung ein.

2 Rechnungsabschluss

2.1 Hauptabschlussübersicht

Lösung Aufgabe 2.1.1

Hauptabschlussübersicht der *ABACUS GmbH*

Konten	Vorläufige Saldenbilanz			Umbuchungen			Bilanz			Gewinn- und Verlustkonto		
	S	(T€)	H	S	(T€)	H	A	(T€)	P	A	(T€)	E
Anlagevermögen	800			(2) 168		(2) 158	810					
Fertigungsmaterial	500			(1) 50		(4) 199	351					
Forderungen aus Lieferungen und Leistungen	300						300					
Bank	150					(1) 20	130					
Kasse	30						30					
Eigenkapital			900			(3) 2			902			
Verbindlichkeiten aus Lieferungen und Leistungen			430	(1) 20		(1) 60			470			
USt			100	(1) 10					90			
Umsatzerlöse			620									620
Aufwendungen	270			(2) 158 (3) 2 (4) 199		(2) 168					461	
Jahresüberschuss									159	159		
Summen	2.050		2.050	607		607	1.621		1.621	620		620

© Springer Fachmedien Wiesbaden GmbH, ein Teil von Springer Nature 2023
R. Quick, H.-J. Wurl, *Doppelte Buchführung*, https://doi.org/10.1007/978-3-658-42596-8_11

Lösung Aufgabe 2.1.2

(1)	sonstiger betrieblicher Aufwand	an	Rückstellungen für ungewisse Verbindlichkeiten	70.000
(2)	außerplanmäßige Abschreibungen auf Anlagen	an	Anlagevermögen	64.000
(3)	aktive RAP	an	sonstiger betrieblicher Aufwand	12.000
(4)	Verbindlichkeiten aus Lieferungen und Leistungen	an	Eigenkapital	300.000
(5)	Abschreibungen auf Forderungen	an	Forderungen aus Lieferungen und Leistungen	15.000
(6)	USt	an	Bank	120.000
(7)	Bestandsveränderungen	an	Vorräte	420.000

Hauptabschlussübersicht der *Darmstädter Druckmaschinen OHG*

Konten	Vorläufige Saldenbilanz		Umbuchungen		Bilanz		Gewinn- und Verlustkonto	
	S (T€)	H	S (T€)	H	A (T€)	P	A (T€)	E
Anlagevermögen	2.120			(2) 64	2.056			
Rohstoffe	500				500			
Vorräte (UE/ FE)	1.530			(7) 420	1.110			
Forderungen aus Lieferungen und Leistungen	900			(5) 15	885			
Bank	350			(6) 120	230			
Kasse	185				185			
aktive RAP	60		(3) 12		72			
Eigenkapital		2.880		(4) 300		3.180		
Rückstellungen		130		(1) 70		200		
Verbindlichkeiten aus Lieferungen und Leistungen		1.740	(4) 300			1.440		
USt		120	(6) 120					
passive RAP		35				35		
Umsatzerlöse		1.385						1.385
Bestandsveränderung (UE/ FE)			(7) 420				420	
Materialaufwand	220						220	
Personalaufwand	335						335	
Abschreibungen auf Anlagen	60		(2) 64				124	
Abschreibungen auf Forderungen			(5) 15				15	
sonstiger betrieblicher Aufwand	30		(1) 70	(3) 12			88	
Jahresüberschuss						183	183	
Summe	6.290	6.290	1.001	1.001	5.038	5.038	1.385	1.385

Lösung Aufgabe 2.1.3

Aktiva		Bilanz zum 31.12.X1 (T€)		Passiva
Grundstücke und Gebäude	792	Eigenkapital		1.232
BGA	768	sonstige Verbindlichkeiten (Bank)		566
Vorräte	280			
Forderungen aus Lieferungen und Leistungen	630	Verbindlichkeiten aus Lieferungen und Leistungen		740
sonstige Forderungen (gegenüber Finanzamt)	45			
Kasse	23			
	2.538			2.538

Nebenrechnungen:

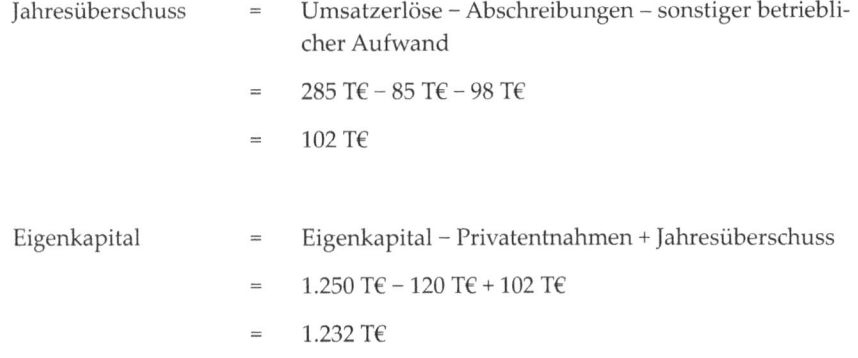

Jahresüberschuss	=	Umsatzerlöse – Abschreibungen – sonstiger betrieblicher Aufwand
	=	285 T€ – 85 T€ – 98 T€
	=	102 T€

Eigenkapital	=	Eigenkapital – Privatentnahmen + Jahresüberschuss
	=	1.250 T€ – 120 T€ + 102 T€
	=	1.232 T€

2.2 Gewinn- und Verlustrechnung mit Erfolgsverteilung

Lösung Aufgabe 2.2.1

Jahresüberschuss	340.000	an	gesetzliche Rücklage	17.000
			andere Gewinnrücklagen	50.000
			sonstige Verbindlichkeiten (Dividende)	270.000
			Gewinnvortrag	3.000

Anmerkung:

Da die ausgewiesene gesetzliche Rücklage noch nicht dem zehnten Teil des gezeichneten Kapitals entspricht, ist nach § 150 Abs. 2 AktG zunächst der zwanzigste Teil des Jahresüberschusses der gesetzlichen Rücklage zuzuführen.

Lösung Aufgabe 2.2.2

Gewinnverteilungsübersicht (in €)

Gesellschafter	Anfangskapital	Gewinnverteilung			Endkapital
		Kapitalverzinsung	Kopfanteil	Gesamtgewinn ($\sum$)	
A	100.000	4.000	6.620	10.620	110.620
B	200.000	8.000	6.620	14.620	214.620
C	400.000	16.000	6.620	22.620	422.620
$\sum$	700.000	28.000	19.860	47.860	747.860

$$\text{Eigenkapitalrendite} = \frac{\text{Endkapital} - \text{Anfangskapital}}{\text{Anfangskapital}} \cdot 100\%$$

Eigenkapitalrendite: A: 10,62%

B: 7,31%

C: 5,66%

Anmerkung:

Nach § 121 HGB sind aus dem erzielten Jahresgewinn zunächst die Kapitalanteile der Gesellschafter mit 4% zu verzinsen. Der verbleibende Gewinn ist dann nach Köpfen zu verteilen.

Diese Regelung ist nicht verbindlich. Sie gilt nur dann, wenn im Gesellschaftsvertrag hinsichtlich der Erfolgsverteilung nichts anderes vereinbart worden ist.

Lösung Aufgabe 2.2.3

a)

	Jahresüberschuss	595.000 €
–	Verlustvortrag	10.000 €
–	Einstellung in andere Gewinnrücklagen	160.000 €
	Bilanzgewinn	425.000 €

Der ermittelte Bilanzgewinn steht für die Ausschüttung an die Aktionäre zur Verfügung. Der Vorstand kann folglich der Hauptversammlung die Zahlung einer Dividende in Höhe von 8,5% (bezogen auf das gezeichnete Kapital) vorschlagen.

b)

Jahresüberschuss	595.000	an	Bilanzgewinn	425.000
			andere Gewinnrückla-gen	160.000
			Verlustvortrag	10.000

c)

Bilanzgewinn	425.000	an	sonstige Verbindlich-keiten	300.000
			Gewinnvortrag	125.000

Lösung Aufgabe 2.2.4

S (T€)		Gewinn- und Verlustkonto	H (T€)
Bestandsverminderung		Umsatzerlöse „A"	783
unfertige Erzeugnisse	25	Umsatzerlöse „B"	656
Produkt C	131	Umsatzerlöse „C"	912
Materialaufwand	687		
Personalaufwand	1.008	Bestandserhöhungen	
Abschreibungen auf Anlagen	198	Produkt A	52
sonstiger betrieblicher Auf-wand	264	Produkt B	34
Steueraufwand	30		
Jahresüberschuss	94		
	2.437		2.437

Anmerkungen:

■ Berechnung der Bestandsveränderungen

Die ausgewiesenen Veränderungen der Bestände an fertigen Erzeugnissen (in €) ergeben sich aus der Differenz zwischen Produktion (Stück) und Absatz (Stück) multipliziert mit den entsprechenden Herstellungskosten (€/Stück).

■ Berechnung der Verkaufserlöse

Die in den Verkaufspreisen enthaltene Umsatzsteuer muss an das Finanzamt abgeführt werden. Sie darf deshalb in der Erfolgsrechnung nicht (als Ertragskomponente) berücksichtigt werden. Die Umsatzerlöse ergeben sich also aus der Multiplikation der abgesetzten Menge mit den entsprechenden Verkaufspreisen (ohne Umsatzsteuer).

Lösung Aufgabe 2.2.5

a)

Kapitalverzinsungstabelle

Gesell-schaf-ter	Wert-stel-lung	S/H	Betrag	Tage	Zinsen		Zinssaldo	
					Soll	Haben	Soll	Haben
A	01.01.	H	100.000	360		6.000		
	01.05.	S	20.000	240	800			6.700
	01.07.	H	50.000	180		1.500		
B	01.01.	H	200.000	360		12.000		
	01.09.	S	40.000	120	800			11.200

Gewinnverteilungstabelle

Gesell-schafter	Anfangs-kapital	Kapital-verzinsung	Anteil am rest-lichen Gewinn	Gesamter Gewinnanteil
A	100.000	6.700	36.000	42.700
B	200.000	11.200	12.000	23.200
Σ	300.000	17.900	48.000	65.900

S	Eigenkapital A		H		S	Privat A		H
SBK	172.700	AB	100.000		01.05.X1	20.000	01.07.X1	50.000
		Privat A	30.000		EK A	30.000		
		Gewinn	42.700					
	172.700		172.700			50.000		50.000

S	Eigenkapital B		H		S	Privat B		H
Privat B	40.000	AB	200.000		01.09.X1	40.000	EK B	40.000
SBK	183.200	Gewinn	23.200					
	223.200		223.200			40.000		40.000

S	Gewinnverteilungskonto		H		S	Schlussbilanzkonto		H
EK A	42.700	JÜ	65.900		...	...	EK A	172.700
EK B	23.200				...	...	EK B	183.200
	65.900		65.900					

AB   Anfangsbestand

EK   Eigenkapital

JÜ   Jahresüberschuss

b)

	Verlustanteil	Eigenkapital am 31.12.X1
A	9.250	120.750
B	9.250	150.750

Anmerkung:

Sofern der Gesellschaftsvertrag die Verlustverteilung der OHG nicht regelt, kommt § 121 HGB zur Anwendung. Danach ist der Verlust „unter die Gesellschafter nach Köpfen" zu verteilen. Der jeweilige Kapitalanteil bleibt dabei also unberücksichtigt.

Lösung Aufgabe 2.2.6

S	Wareneinkaufskonto		H		S	Gewinn- und Verlustkonto		H
AB (3)	12.600	(6)	3.600		WE	32.500	Erlöse (2)	45.000
(13)	38.000	(7)	500		(1)	250	(4)	1.200
		EB (14)	14.000		(5)	600		
		WE	32.500		(9)	900		
	50.600		50.600		(10)	6.000		
					(11)	1.100		
					Gewinn	4.850		
						46.200		46.200

S	Warenverkaufskonto		H
GVK	45.000	(2)	45.000
	45.000		45.000

Warenbruttoerfolg = 45.000 – 32.500 = 12.500

2.3 Bilanzierung

Lösung Aufgabe 2.3.1

S	Anlagevermögen		H
	340	Abschrei-bungen	35
		EB	305
	340		340

S	Warenverkaufskonto		H
GVK	900		900
	900		900

S	Privat		H
	28	EK	28
	28		28

S	Wareneinkaufskonto		H
	530		15
	100	WE	395
		EB	220
	630		630

S	Eigenkapital		H
Privat	28		520
EB	552	Gewinn	60
	580		580

S	Aufwendungen		H
	410		
Abschrei-bungen	35	GVK	445
	445		445

S	Forderungen aus Lieferungen und Leistungen		H	S	Verbindlichkeiten aus Lieferungen und Leistungen		H
	892		710			515	765
		EB	182	EB		250	
	892		892			765	765

S	Bank		H	S	Kasse		H
	380		290			432	427
		EB	90		EB		5
	380		380			432	432

S	Gewinn- und Verlustkonto (X2)		H
Wareneinkaufskonto	395	Warenverkaufskonto	900
Aufwendungen	445		
Eigenkapital (Gewinn)	60		
	900		900

S	Schlussbilanzkonto (X2)		H
Anlagevermögen	305	Eigenkapital	552
Waren	220	Verbindlichkeiten aus Lieferungen und Leistungen	250
Forderungen aus Lieferungen und Leistungen	182		
Bank	90		
Kasse	5		
	802		802

Aktiva (T€)		Bilanz zum 31.12.X2	Passiva (T€)	
Anlagevermögen	305	Eigenkapital		552
Waren	220	Verbindlichkeiten aus Lieferungen und Leistungen		250
Forderungen aus Lieferungen und Leistungen	182			
Bank	90			
Kasse	5			
	802			802

EB   Endbestand

GVK   Gewinn- und Verlustkonto

Zusatzfrage

Der Erfolg könnte auch durch einen Reinvermögensvergleich nach folgendem Berechnungsschema bestimmt werden:

$$\quad\quad (\text{Vermögen} - \text{Verbindlichkeiten}) \text{ am } 31.12.\text{X2}$$

$$- \quad (\text{Vermögen} - \text{Verbindlichkeiten}) \text{ am } 31.12.\text{X1}$$

$$+ \quad \text{Privatentnahmen (X2)}$$

$$= \quad \text{Erfolg (Gewinn) im Geschäftsjahr X2}$$

Lösung Aufgabe 2.3.2

S	BGA	H	S	Umsatzerlöse	H
	255	a) 50	GVK	675	675
		EB 205		675	675
	255	255			

S	Privatentnahmen		H
	21	Eigenka-pital	21
	21		21

S	Rohstoffe		H
	461	c)	253
b)	2	EB	210
	463		463

S	Eigenkapital		H
Privatent-nahmen	21		390
		Gewinn	76
EB	445		
	466		466

S	Aufwendungen		H
	308	b)	2
a)	50	GVK	609
c)	253		
	611		611

S	Forderungen aus Lieferungen und Leistungen		H
	137	e)	9
		EB	128
	137		137

S	Verbindlichkeiten aus Lieferungen und Leistungen		H
EB	189		189
	189		189

S	Bank		H
e)	9		71
EB	62		
	71		71

S	Kasse		H
	4	EB	4
	4		4

S	unfertige und fertige Erzeugnisse		H
	139	EB	149
d)	10		
	149		149

S	Gewinn- und Verlustkonto		H
Aufwendungen	609	Umsatzerlöse	675
Gewinn	76	d) Bestandserhöhung	10
	685		685

S	Schlussbilanzkonto		H
BGA	205	Eigenkapital	445
unfertige und fertige Erzeugnisse	149	Verbindlichkeiten aus Lieferungen und Leistungen	189
Forderungen aus Lieferungen und Leistungen	128	Bank	62
Rohstoffe	210		
Kasse	4		
	696		696

Lösung Aufgabe 2.3.3

a) Bilanzverlängerung

Maschinen	80.000	an	Bank	40.000
			Verbindlichkeiten aus Lieferungen und Leistungen	40.000

A	Bilanz (T€)		P
Anlagevermögen	680	Eigenkapital	550
Umlaufvermögen	360	Fremdkapital	490
	1.040		1.040

b) Bilanzverlängerung

	Grundstücke und Gebäude	20.000			
	Bank	10.000	an	Eigenkapital	30.000

A	Bilanz (T€)		P
Anlagevermögen	620	Eigenkapital	580
Umlaufvermögen	410	Fremdkapital	450
	1.030		1.030

c) Passivtausch

	Eigenkapital		an	Verbindlichkeiten gegenüber Kreditinsti- tuten	30.000

A	Bilanz (T€)		P
Anlagevermögen	600	Eigenkapital	520
Umlaufvermögen	400	Fremdkapital	480
	1.000		1.000

Lösung Aufgabe 2.3.4

a) Wertberichtigungen auf Anlagen und Materialaufwendungen dürfen nicht ausgewiesen werden.

b) Der Jahresfehlbetrag ist als Negativposten in der Rubrik „Eigenkapital" auf der Passivseite der Bilanz auszuweisen.

   Geleistete Anzahlungen und Guthaben bei Kreditinstituten sind Aktiva.

c) Die beiden Bilanzseiten müssen durch die Begriffe „Aktiva" und „Passiva" gekennzeichnet werden.

   Die Angabe des Bilanzstichtages fehlt.

   Das „Grundkapital" ist als „gezeichnetes Kapital" auszuweisen.

d) Im Allgemeinen gehören zum Eigenkapital einer Aktiengesellschaft auch eine Kapitalrücklage sowie Gewinnrücklagen. Außerdem ist - unter Umständen - ein Gewinn- oder ein Verlustvortrag auszuweisen.

Lösung Aufgabe 2.3.5

S	Maschinen		H	S	BGA		H
AB	240.000	WBK	24.000	AB	10.000	(11.2)	2.000
(1)	45.000	EB	261.000	(11.1)	2.000	EB	10.000

S	Wareneinkaufskonto		H	S	geleistete Anzahlungen		H
AB	50.000	(4)	10.000	AB	20.000	(1)	20.000
(3)	70.000	(14.1)	500			EB	0
(7)	18.000	(15.2)	1.000				
		erhaltene Skonti	3.500				
		WE	103.000				
		EB	20.000				

S	Forderungen aus Lieferungen und Leistungen		H	S	zweifelhafte Forderungen		H
AB	90.000	(7)	21.600	AB	0	(10)	60.000
(8.1)	240.000	(8.2)	240.000	(9.1)	60.000	EB	0
		(9.1)	60.000				
		EB	8.400				

S	VSt		H
AB	0	(5)	700
(1)	5.000	(12.1)	24.700
(3)	14.000	EB	0
(6)	2.400		
(7)	3.600		
(11.1)	400		

S	Bank		H
AB	130.000	(1)	30.000
(2.1)	45.000	(2.2)	7.500
(10)	51.000	(5)	79.800
(15.1)	10.000	(6)	14.400
		(11.1)	2.400
		(12.2)	13.000
		(16.1)	15.000
		EB	73.900

S	Kasse		H
AB	25.000	EB	260.200
(8.2)	235.200		

S	aktive RAP		H
AB	0	(2.2)	500
(2.1)	5.000	EB	14.500
(16.2)	10.000		

S	Eigenkapital		H
EB	147.300	AB	100.000
		Gewinn	38.500
		Privat A	8.800

S	Rückstellungen für unterlassene Instandhaltungen		H
(6)	10.000	AB	10.000
EB	0		

S	Drohverlustrückstellungen		H
EB	500	AB	0
		(14.2)	500

S	Verbindlichkeiten gegenüber Kreditinstituten		H
(2.2)	5.000	AB	410.000
EB	455.000	(2.1)	50.000

S	Verbindlichkeiten aus Lieferungen und Leistungen	H		S	USt	H
(5)	84.000	AB	45.000	(8.2)	800	AB	0
EB	45.000	(3)	84.000	(10)	1.500	(8.1)	40.000
				(12.1)	24.700	(15.2)	200
				(12.2)	13.000		
				EB	200		

S	Warenverkaufskonto	H		S	Privat A	H
gewährte Boni	4.000	(8.1)	200.000	(15.2)	1.200	AB	0
WE	103.000			EK	8.800	(15.1)	10.000
GVK	93.000						

S	erhaltene Skonti	H		S	gewährte Boni	H
WEK	3.500	(5)	3.500	(8.2)	4.000	WVK	4.000

S	Abschreibungen auf Vorräte	H		S	Abschreibungen auf Forderungen	H
(4)	10.000	GVK	10.500	(9.2)	25.000	GVK	25.000
(14.1)	500						

S	Abschreibungen auf GWG (BGA)	H		S	Abschreibungen auf Anlagen	H
(11.2)	2.000	GVK	2.000	(17)	24.000	GVK	24.000

S	Zinsaufwand		H	S	Mietaufwand		H
(2.2)	3.000	GVK	3.000	(16.1)	15.000	(16.2)	10.000
						GVK	5.000

S	sonstiger betrieblicher Aufwand		H	S	sonstiger betrieblicher Ertrag		H
(6)	2.000	GVK	2.500	GVK	17.500	(10)	17.500
(14.2)	500						

	Wertberichtigungen auf				Wertberichtigungen auf		
S	Forderungen		H	S	Anlagen		H
(10)	25.000	AB	0	Maschinen	24.000	AB	0
EB	0	(9.2)	25.000			(17)	24.000
				EB	0		

S	Gewinn- und Verlustkonto		H
Abschreibungen auf Vorräte	10.500	WVK	93.000
Abschreibungen auf Forderungen	25.000	sonstiger betrieblicher Ertrag	17.500
Abschreibungen auf GWG (BGA)	2.000		
Abschreibungen auf Anlagen	24.000		
Zinsaufwand	3.000		
Mietaufwand	5.000		
sonstiger betrieblicher Aufwand	2.500		
Gewinn	38.500		

S		Schlussbilanzkonto	H
Maschinen	261.000	Eigenkapital	147.300
BGA	10.000	Drohverlustrückstellungen	500
Waren	20.000	Verbindlichkeiten gegenüber Kreditinstituten	455.000
Forderungen aus Lieferungen und Leistungen	8.400	Verbindlichkeiten aus Lieferungen und Leistungen	45.000
Bank	73.900	sonstige Verbindlichkeiten (gegenüber Finanzamt)	200
Kasse	260.200		
aktive RAP	14.500		
	648.000		648.000

BGA	Betriebs- und Geschäftsausstattung
GVK	Gewinn- und Verlustkonto
RAP	Rechnungsabgrenzungsposten
WBK	Wertberichtigungskonto
WE	Wareneinsatz
WEK	Wareneinkaufskonto
WVK	Warenverkaufskonto

3 Multiple Choice-Fragen

1. Beim Barkauf einer Maschine liegt vor:

	richtig	falsch
Auszahlung.	☑	☐
Ausgabe.	☑	☐
Aufwand.	☐	☑
Kosten.	☐	☑

2. Das Gewinn- und Verlustkonto:

	richtig	falsch
muss für Kapitalgesellschafen nach den Vorschriften des § 275 HGB gegliedert sein.	☐	☑
stellt ein Unterkonto des Kontos „Eigenkapital" dar.	☑	☐
erfasst Aufwendungen im Soll.	☑	☐
ist in das System der doppelten Buchführung integriert.	☑	☐

3. Wird ein Vermögensgegenstand des Anlagevermögens über Buchwert verkauft, so entsteht:

	richtig	falsch
ein aktiver Rechnungsabgrenzungsposten.	☐	☑
ein sonstiger betrieblicher Aufwand.	☐	☑
eine sonstige Forderung.	☐	☑
ein sonstiger betrieblicher Ertrag.	☑	☐

© Springer Fachmedien Wiesbaden GmbH, ein Teil von Springer Nature 2023
R. Quick, H.-J. Wurl, *Doppelte Buchführung*, https://doi.org/10.1007/978-3-658-42596-8_12

4. Eine Passivierungspflicht besteht für: richtig   falsch

- Pensionsrückstellungen. ☑ ☐

- Rückstellungen für drohende Verluste aus schwebenden Geschäften. ☑ ☐

- Rückstellungen für Gewährleistungen ohne rechtliche
Verpflichtung. ☑ ☐

- Rückstellungen für im Geschäftsjahr unterlassene Abraumbeseitigung, die im folgenden Geschäftsjahr
nachgeholt wird. ☑ ☐

5. In der doppelten Buchführung: richtig   falsch

- berührt jede Buchung mindestens zwei Konten. ☑ ☐

- lässt sich der Gewinn doppelt und in unterschiedlicher
Höhe ermitteln. ☐ ☑

- werden Geschäftsvorfälle doppelt, d. h. in zeitlicher
Reihenfolge und nach sachlichen Kriterien geordnet
erfasst. ☑ ☐

- beschränkt man sich auf die Erfassung von Zahlungsvorgängen. ☐ ☑

6. Für die Bilanz gilt: richtig   falsch

- Die Aufstellung erfolgt in Staffelform. ☐ ☑

- Schulden stehen auf der Aktivseite. ☐ ☑

- Die Aktivseite ist nach sinkender Liquidität gegliedert. ☐ ☑

- Sie enthält Mengen- und Wertangaben. ☐ ☑

7. Ein Disagio kann:

                                               richtig   falsch

	richtig	falsch
sofort als Aufwand verrechnet werden.	☑	☐
als passiver Rechnungsabgrenzungsposten passiviert und über die Laufzeit verteilt werden.	☐	☑
unter den sonstigen Verbindlichkeiten verbucht werden.	☐	☑
als Rückstellung aktiviert werden.	☐	☑

8. Im Folgenden handelt es sich um Doppelspalten der Hauptabschlussübersicht:

	richtig	falsch
Saldenbilanz I.	☑	☐
Umsatzbilanz.	☑	☐
Saldenbilanz II.	☑	☐
Vorsteuerbuchungen.	☐	☑

9. Nach den Vorschriften des HGB:

	richtig	falsch
dürfen Bücher in englischer Sprache geführt werden.	☑	☐
sind Handelsbücher sechs Jahre aufzubewahren.	☐	☑
muss sich auch ein Laie in den Büchern zurechtfinden können.	☐	☑
sind alle Geschäftsvorfälle lückenlos zu erfassen.	☑	☐

10. Im Folgenden handelt es sich um zulässige Formen der Buchführung:

	richtig	falsch
Übertragungsbuchführung.	☑	☐
IT-Buchführung.	☑	☐
Offene-Posten-Buchführung.	☑	☐
Durchschreibebuchführung.	☑	☐

11. Privateinlagen: richtig   falsch

    ▨ sind auf einem Ertragskonto zu erfassen.   ☐   ☑

    ▨ verringern den Gewinn.   ☐   ☑

    ▨ erhöhen das Eigenkapital.   ☑   ☐

    ▨ müssen erfolgswirksam verbucht werden.   ☐   ☑

12. Kundenskonti: richtig   falsch

    ▨ stehen letztlich im Haben des Kontos „Warenverkauf".   ☐   ☑

    ▨ sind auf dem Konto „erhaltene Skonti" zu verbuchen.   ☐   ☑

    ▨ erfordern keine Korrektur der Umsatzsteuer.   ☐   ☑

    ▨ mindern nachträglich die Anschaffungskosten.   ☐   ☑

13. In die Anschaffungskosten fließen ein: richtig   falsch

    ▨ Anschaffungsnebenkosten.   ☑   ☐

    ▨ Anschaffungspreis.   ☑   ☐

    ▨ Anschaffungspreisminderungen.   ☑   ☐

    ▨ nachträgliche Anschaffungskosten.   ☑   ☐

14. Im Anlagevermögen besteht ein Abschreibungswahlrecht: richtig   falsch

    ▨ bei dauerhafter Wertminderung.   ☐   ☑

    ▨ bei vorübergehender Wertminderung, sofern es sich um Finanzanlagen handelt.   ☑   ☐

    ▨ bei vorübergehender Wertminderung, sofern es sich um keine Finanzanlagen handelt.   ☐   ☑

    ▨ bei vorübergehender Wertminderung, sofern es sich um Sachanlagen handelt.   ☐   ☑

15. Ist bei einer Forderung der Zahlungseingang als gefährdet einzustufen: **richtig** **falsch**

 - muss eine Pauschalwertberichtigung gebildet werden. ☐ ☑
 - ist eine Korrektur der Umsatzsteuer erforderlich. ☐ ☑
 - erfolgt eine Umbuchung auf das Konto „zweifelhafte Forderungen". ☑ ☐
 - ist eine vollständige Abschreibung unumgänglich. ☐ ☑

16. Bei einer Unterdotierung von Rückstellungen: **richtig** **falsch**

 - ist ein passiver Rechnungsabgrenzungsposten zu verbuchen. ☐ ☑
 - fällt ein sonstiger betrieblicher Aufwand an. ☑ ☐
 - muss eine Abschreibung rückgängig gemacht werden. ☐ ☑
 - ist eine sonstige Verbindlichkeit zu bilden. ☐ ☑

17. Bestandteile des Lohn- und Gehaltsaufwands sind: **richtig** **falsch**

 - Akkordlöhne. ☑ ☐
 - Prämien. ☑ ☐
 - Arbeitgeberanteil zur Sozialversicherung. ☑ ☐
 - freiwillig bezahlte Urlaubsgelder. ☑ ☐

18. Sind am Geschäftsjahresende (31.12.) die Löhne für den Dezember noch nicht bezahlt, so ist zu bilanzieren: **richtig** **falsch**

 - ein aktiver Rechnungsabgrenzungsposten. ☐ ☑
 - eine sonstige Verbindlichkeit. ☑ ☐
 - ein passiver Rechnungsabgrenzungsposten. ☐ ☑
 - eine sonstige Forderung. ☐ ☑

19. § 121 HGB sieht für die Gewinnverteilung einer OHG vor: richtig   falsch

- eine 3%ige Verzinsung der Kapitalanteile.   ☐   ☑
- eine 4%ige Verzinsung der Kapitalanteile.   ☑   ☐
- Aufteilung des Restgewinns nach Köpfen.   ☑   ☐
- Aufteilung des Restgewinns nach Betriebszugehörigkeit.   ☐   ☑

20. Eine zehnjährige Aufbewahrungsfrist gilt für: richtig   falsch

- Handelsbriefe.   ☐   ☑
- Handelsbücher.   ☑   ☐
- Inventare.   ☑   ☐
- Jahresabschlüsse.   ☑   ☐

21. Zulässige Inventursysteme sind: richtig   falsch

- Stichtagsinventur.   ☑   ☐
- permanente Inventur.   ☑   ☐
- zeitnahe Inventur.   ☑   ☐
- vor- oder nachverlegte Inventur.   ☑   ☐

22. Beim Einkauf von Waren auf Ziel liegt vor: richtig   falsch

- Aktivtausch.   ☐   ☑
- Passivtausch.   ☐   ☑
- Aktiv-Passiv-Mehrung.   ☑   ☐
- Aktiv-Passiv-Minderung.   ☐   ☑

23. Beim Bruttoabschlussverfahren: richtig   falsch

   ▨ wird der Wareneinsatz im Soll des Kontos „Warenverkauf" gebucht. ☐ ☑

   ▨ stellt der Saldo des Kontos „Warenverkauf" den Rohgewinn dar. ☐ ☑

   ▨ wird die Aussagefähigkeit des Gewinn- und Verlustkontos erhöht. ☑ ☐

   ▨ weist das Gewinn- und Verlustkonto den Wareneinsatz und den Verkaufswert unsaldiert auf. ☑ ☐

24. Aufwandskonten: richtig   falsch

   ▨ erfassen Aufwendungen im Haben. ☐ ☑

   ▨ schließen grundsätzlich mit einem Habensaldo ab. ☐ ☑

   ▨ werden unmittelbar über das Konto „Eigenkapital" abgeschlossen. ☐ ☑

   ▨ sind jeweils mit den entsprechenden Ertragskonten zu saldieren. ☐ ☑

25. Eine buchmäßige Inventur ist zulässig: richtig   falsch

   ▨ bei nur nominell erfassbaren Vermögensgegenständen. ☑ ☐

   ▨ unter bestimmten Voraussetzungen bei beweglichen Vermögensgegenständen des Anlagevermögens. ☑ ☐

   ▨ nur bei Vorräten. ☐ ☑

   ▨ im Zeitraum von drei Monaten vor bis zwei Monate nach dem Bilanzstichtag. ☐ ☑

26. Für die Verbuchung auf Bestandskonten gelten folgende Regeln:

	richtig	falsch
Die Summe der Sollbuchungen entspricht der Summe der Habenbuchungen.	☑	☐
Bei Passivkonten werden Zugänge im Soll gebucht.	☐	☑
Bei Aktivkonten werden Abgänge im Haben gebucht.	☑	☐
Die Verbuchung berührt mindestens zwei Konten.	☑	☐

27. Für die Umsatzsteuer gilt:

	richtig	falsch
Der Grunderwerb ist steuerbefreit.	☑	☐
Für Bücher besteht ein ermäßigter Steuersatz.	☑	☐
Vorsteuer mindert die Umsatzsteuerzahllast.	☑	☐
Der Eigenverbrauch ist umsatzsteuerpflichtig.	☑	☐

28. Verfahren der planmäßigen Abschreibung sind die:

	richtig	falsch
lineare Abschreibung.	☑	☐
geometrisch-degressive Abschreibung.	☑	☐
gewinnabhängige Abschreibung.	☐	☑
Leistungsabschreibung.	☑	☐

29. Für antizipative Rechnungsabgrenzungsposten gilt:

	richtig	falsch
liegen vor, falls die Zahlungswirksamkeit vor der Erfolgswirksamkeit liegt.	☐	☑
führen zu sonstigen Forderungen oder zu sonstigen Verbindlichkeiten.	☑	☐
stehen in der Bilanz unter der Position „Rechnungsabgrenzungsposten".	☐	☑
beinhalten auch ein Disagio.	☐	☑

30. Für die Hauptabschlussübersicht gilt: richtig falsch

▓ Sie besteht aus acht Doppelspalten. ☑ ☐

▓ Der Gewinn/ Verlust wird zweifach ermittelt. ☑ ☐

▓ Vorbereitende Abschlussbuchungen werden in der Doppelspalte „Umbuchungen" erfasst. ☑ ☐

▓ Sie enthält den Bestand der Sachkonten zu Beginn der Abrechnungsperiode. ☑ ☐

31. Die Festbewertung setzt voraus, dass: richtig falsch

▓ ein regelmäßiger Ersatz der Vermögensgegenstände vorliegt. ☑ ☐

▓ eine Inventur nach spätestens zehn Jahren durchgeführt wird. ☐ ☑

▓ Fertigerzeugnisse vorliegen. ☐ ☑

▓ der Gesamtwert von nachrangiger Bedeutung ist. ☑ ☐

32. Im Soll des Kontos „Warenverkauf" können stehen: richtig falsch

▓ Verkaufswert. ☐ ☑

▓ erhaltene Skonti. ☐ ☑

▓ Wareneinsatz. ☑ ☐

▓ gewährte Boni. ☑ ☐

33. Ein Wertberichtigungskonto: richtig falsch

▓ nimmt die Gegenbuchung bei Abschreibungen auf. ☑ ☐

▓ entsteht bei der direkten Abschreibung. ☐ ☑

▓ ist bei Kapitalgesellschaften nicht zulässig. ☐ ☑

▓ stellt ein Aufwandskonto dar. ☐ ☑

34. Bis zum Bilanzstichtag unterlassene Instandhaltungen führen zu:

	richtig	falsch
sonstigen Verbindlichkeiten.	☐	☑
aktiven Rechnungsabgrenzungsposten.	☐	☑
Rückstellungen.	☑	☐
Instandhaltungsaufwand.	☑	☐

35. Abschreibungen verbucht man:

	richtig	falsch
im Soll eines Aufwandskontos.	☑	☐
im Haben eines Bestandskontos.	☑	☐
im Haben eines Ertragskontos.	☐	☑
im Haben eines Aufwandskontos.	☐	☑

36. Das Inventar:

	richtig	falsch
enthält Mengen- und Wertangaben.	☑	☐
ermittelt das Reinvermögen.	☑	☐
ordnet Schulden nach der Fälligkeit.	☑	☐
wird in Staffelform erstellt.	☑	☐

37. Eine Bilanzverkürzung liegt vor bei:

	richtig	falsch
Barkauf von Waren.	☐	☑
Aufnahme eines Darlehens.	☐	☑
Tilgung einer Lieferantenverbindlichkeit durch Banküberweisung.	☑	☐
Abhebung vom Girokonto.	☐	☑

38. Ein buchführungspflichtiges Unternehmen muss folgende
    Bücher unabdingbar führen: richtig   falsch

    ▨ Kontokorrentbücher.   ☐   ☑

    ▨ Grundbücher.   ☑   ☐

    ▨ Hauptbuch.   ☑   ☐

    ▨ Anlagenbücher.   ☐   ☑

39. Das Anlagevermögen: richtig   falsch

    ▨ dient nur kurzfristig dem Geschäftsbetrieb.   ☐   ☑

    ▨ steht auf der Passivseite der Bilanz.   ☐   ☑

    ▨ umfasst unter anderem Vorräte und Forderungen.   ☐   ☑

    ▨ unterliegt lediglich außerordentlichen Abschreibun-   ☐   ☑
      gen.

Teil 4

Übungsklausuren

1 Klausuraufgaben

Die angegebene Zahl der erreichbaren Punkte entspricht der vorgesehenen Bearbeitungszeit in Minuten. Klausur 1 und 2 haben eine Bearbeitungsdauer von jeweils 45 Minuten (45 Punkte), die übrigen Klausuren von 90 Minuten (90 Punkte). Es gilt ein einheitlicher (nicht gespaltener) Umsatzsteuersatz von 20%.

1.1 Klausur 1

Aufgabe 1 (10 Minuten)

1. Ordnen Sie die folgenden Bilanzpositionen in Anlehnung an das Bilanzgliederungsschema nach § 266 HGB der unten stehenden Bilanz zu. Achten Sie dabei auf eine korrekte Untergliederung – sofern übergeordnete Bilanzpositionen vorhanden sind – und die richtige Reihenfolge.

   - Anlagevermögen
   - Bank
   - Eigenkapital
   - Rückstellungen
   - Sachanlagen
   - Umlaufvermögen
   - Verbindlichkeiten
   - Vorräte

Aktiva	Bilanz zum 31.12.	Passiva

2. Wie unterscheidet sich das Gewinn- und Verlustkonto von der Gewinn- und Verlustrechnung?

3. Was versteht man unter einem geringwertigen Wirtschaftsgut (GWG) und welche Möglichkeiten bestehen in Bezug auf die buchhalterische Behandlung?

4. Nennen Sie die fünf Komponenten der gesetzlichen Sozialversicherung.

© Springer Fachmedien Wiesbaden GmbH, ein Teil von Springer Nature 2023
R. Quick, H.-J. Wurl, *Doppelte Buchführung*, https://doi.org/10.1007/978-3-658-42596-8_13

Aufgabe 2   **(20 Minuten)**

Bilden Sie zu den folgenden Geschäftsvorfällen die entsprechenden Buchungssätze aus Sicht der *RoLing GmbH*. Sie ist ein Hersteller von CDs. Sofern Sie der Auffassung sind, dass keine Buchung erforderlich ist, begründen Sie Ihre Antwort. Bestehen Wahlrechte bei der Verbuchung, sind alle Alternative darzustellen. Abschreibungen erfolgen stets direkt. Bilanzstichtag ist der 31.12.

1. Die *RoLing GmbH* erwirbt für das Büro des Geschäftsführers einen hochwertigen Tisch im Wert von 2.400 € (brutto). Der Betrag wird sofort in bar beglichen.

2. Die *RoLing GmbH* besitzt ein unbebautes Grundstück in Darmstadt (Buchwert 400.000 €). Da dieses nicht mehr benötigt wird, entschließt sich die Unternehmensleitung zum Verkauf. Der Käufer zahlt 600.000 € per Banküberweisung.

3. Die *RoLing GmbH* kauft am 01.07. eine Maschine zur Herstellung ihrer hochwertigen CDs zu einem Preis i. H. v. 18.000 € (brutto) ein. Die Lieferung erfolgt sofort. 50% des Betrags werden sofort unter Abzug von 5% Skonto überwiesen. Der Rest wird kreditiert.

4. Am Ende des Geschäftsjahres werden Darlehenszinsen i. H. v. 1.000 € fällig, welche die *RoLing GmbH* per Überweisung bezahlt.

5. Die *RoLing GmbH* vermietet seit mehreren Jahren eine ungenutzte Lagerhalle an die USBEH AG. Die Monatsmiete beträgt 1.200 €. Die USBEH AG zahlt die Miete für den Zeitraum vom 01.06.X1 bis 31.05.X2 am 01.06.X1 per Banküberweisung. Bitte geben Sie nur die Buchungen für das aktuelle Geschäftsjahr X1 an!

6. Ein Kunde der *RoLing GmbH* hat nach zweifacher Mahnung ausstehende Rechnungen i. H. v. 60.000 € (brutto) noch immer nicht beglichen. In der Lokalzeitung wird von finanziellen Schwierigkeiten des besagten Kunden berichtet. In der Buchhaltung erwartet man einen Ausfallsatz von 30%.

7. Der besagte Kunde aus Aufgabe 6) hat inzwischen Insolvenz angemeldet. Die *RoLing GmbH* erhält vom Insolvenzverwalter eine Banküberweisung in Höhe von 18.000 €. Mit weiteren Zahlungen ist nicht zu rechnen.

8. Die *RoLing GmbH* bestellt Ende des Jahres einen neuen Lieferwagen für 20.000 € (netto) und zahlt sofort 7.200 € in bar an. Die Lieferung erfolgt erst im nächsten Geschäftsjahr.

9. Ein LKW der *RoLing GmbH* wird kurz vor dem Bilanzstichtag durch einen Sturm vollständig zerstört. Das Fahrzeug steht noch mit 8.000 € in den Büchern.

10. Als Ersatz für den zerstörten LKW hat die *RoLing GmbH* ein Ersatzfahrzeug gemietet. Anfang Dezember zahlt die *RoLing GmbH* die Miete für Dezember und die ersten zwei Monate des folgenden Geschäftsjahres in Höhe von insgesamt 12.000 € per Banküberweisung. Bitte geben Sie nur die Buchungen für das aktuelle Geschäftsjahr an!

11. Die *RoLing GmbH* verkauft einem Kunden zerkratzte CD-Rohlinge. Als der Kunde versucht die CD-Rohlinge mit Computern zu bespielen, nehmen die Computer Schaden durch die zerkratzten CD-Rohlinge. Der Kunde verklagt die *RoLing GmbH* kurzerhand auf Schadensersatz. Der Rechtsanwalt des Unternehmens prognostiziert in diesem Zusammenhang für das kommende Geschäftsjahr Schadensersatz- und Rechtskosten i. H. v. insgesamt 42.000 €.

12. Die *RoLing GmbH* stellt im November des aktuellen Geschäftsjahres einen Defekt an einer Produktionsmaschine fest. Sie plant im Mai des kommenden Geschäftsjahres die Instandhaltung der Maschine vorzunehmen. Die Kosten dafür belaufen sich auf voraussichtlich 19.000 €.

13. Die *RoLing GmbH* hat noch ein offenes Darlehen in Höhe von 1.500 € bei der Bank Comspäter. Vertragsgemäß zahlt die *RoLing GmbH* 500 € in bar und 1.000 € per Echtzeitüberweisung in der Zentrale der Comspäter zurück.

Aufgabe 3 (15 Minuten)

Teilaufgabe 1 (10,5 Minuten)

Der Weinhandel *Guter Tropfen KG* verwendet für die Buchhaltung getrennte Warenkonten. Im Laufe des Geschäftsjahres finden folgende Geschäftsvorfälle statt:

1. Die *Guter Tropfen KG* kauft bei ihrem Lieferanten Pete's 10 Flaschen „Drunken Lady" für je 24 € (brutto) auf Rechnung.

2. Ein Stammkunde kauft zwei Weinflaschen der Promi-Sonderedition mit Parry Hotter und Harris Pilton für zusammen 960 € (brutto), hat aber nur 600 € Bargeld dabei, mit dem er zunächst bezahlt. Zwei Wochen später stellt er empört fest, dass die Verkäuferin bereits eine der Flaschen leergetrunken hatte, wodurch der Wert gemindert wurde. Aus Kulanz erlässt ihm die *Guter Tropfen KG* bei seiner zweiten Barzahlung 120 €.

3. Bei einer Rechnungsprüfung ermittelt die *Guter Tropfen KG*, dass ihr Lieferant Pete's ihr zum Jahresende Bonuszahlungen i. H. v. 840 € (brutto) schuldet. Diese sollen allerdings erst im kommenden Jahr ausbezahlt werden.

4. Die *Guter Tropfen KG* bestellt in der mobilen App von Pete's Waren im Wert von 960 € (brutto). Diese müssen beim Warenlager vor Ort abgeholt werden. Die *Guter Tropfen KG* bezahlt die Rechnung nach 7 Wochen per Banküberweisung, obwohl die Waren noch nicht abgeholt wurden.

Buchen Sie die obenstehenden Geschäftsvorfälle aus Sicht der *Guter Tropfen KG* auf die nachfolgend angegebenen T-Konten (Hinweis: aus Vereinfachungsgründen wurde von Anfangsbeständen abstrahiert). Kennzeichnen Sie dabei die zusammengehörigen Buchungen eindeutig. Buchungssätze sind nicht verlangt. Es sind keine Abschlussbuchungen verlangt. Hinweis: Nicht alle T-Konten werden benötigt. Nicht alle notwendigen T-Konten sind vorgegeben.

Teilaufgabe 1

S	aktive RAP	H

S	Bank	H

| | Forderungen aus Lieferungen | |
S	und Leistungen	H

S	Kasse	H

S	passive RAP	H

S	USt	H

S	sonstige Verbindlichkeiten	H

S	VSt	H

S	Wareneinkaufskonto	H

S	Warenverkaufskonto	H

S   H S   H
_____|_____ _____|_____
                   | |
                   | |
                   | |

S   H S   H
_____|_____ _____|_____
                   | |
                   | |
                   | |

S   H S   H
_____|_____ _____|_____
                   | |
                   | |
                   | |

Teilaufgabe 2 (4,5 Minuten)

Auf den nachfolgend gegebenen T-Konten ist jeweils die Summe der Soll- und Haben-Buchungen gegeben. Schließen Sie die nachfolgenden Warenkonten nach dem Netto-abschlussverfahren ab (Warenendbestand laut Inventur: 2.700 €). Sofern eine Umsatz-steuerzahllast entsteht, wird diese per Banküberweisung an das Finanzamt gezahlt.

Der Abschluss des Gewinn- und Verlust-Kontos sowie die Buchungen auf das Schlussbilanzkonto werden nicht verlangt.

S	Bank	H	S	Gewinn- und Verlustkonto (GVK)	H
AB	6.000				

S	USt	H	S	VSt	H
Σ	450	Σ 2.700	Σ	1.260	Σ 360

S	Wareneinkaufskonto (WEK)	H	S	Warenverkaufskonto (WVK)	H
Σ	7.200				Σ 10.500

1.2   Klausur 2

Aufgabe 1   (8 Minuten)

1. Wie lauten die allgemeinen Anforderungen an die Buchführung gemäß § 238 Abs. 1 HGB?

2. Welche Inventursysteme werden unterschieden?

3. Geben Sie einen Überblick über die Preisminderungen im Warenverkehr und erläutern Sie diese kurz.

4. Wie erfolgt im Verlustfall die Verteilung des Verlustes unter den Gesellschaftern einer OHG, sofern im Gesellschaftsvertrag nichts geregelt ist?

5. In welche Kategorien lassen sich Forderungen nach ihrer Einbringlichkeit einteilen?

Aufgabe 2   (10 Minuten)

Teilaufgabe 1   (6 Minuten)

Bitte geben Sie im Folgenden an, welche Rechenelemente bei den jeweiligen Geschäftsvorfällen aus Sicht der *Gallina AG* vorliegen. Begründen Sie Ihre Antwort.

1. Die *Gallina AG* erhält von einem Kunden eine Baranzahlung.

2. Die *Gallina AG* verkauft ein Grundstück. Der Käufer zahlt den Betrag sofort per Banküberweisung. Der Buchwert liegt unter dem Kaufpreis (Buchwert < Kaufpreis).

3. Die *Gallina AG* nimmt eine außerplanmäßige Abschreibung vor.

4. Die *Gallina AG* begleicht eine Rechnung per Banküberweisung.

1

Teilaufgabe 2 (4 Minuten)

Bitte geben Sie im Folgenden an, um welche der vier typischen Bilanzveränderungen es sich bei den jeweiligen Geschäftsvorfällen aus Sicht der *Gallina AG* handelt. Begründen Sie Ihre Antwort.

1. Ein Kunde der *Gallina AG* begleicht eine Forderung aus Lieferungen und Leistungen per Banküberweisung.

2. Die *Gallina AG* kauft ein Grundstück auf Ziel.

3. Die *Gallina AG* vereinbart mit einem Lieferanten, dass eine Verbindlichkeit aus Lieferungen und Leistungen in einen Kredit umgewandelt wird.

4. Die *Gallina AG* hebt Bargeld vom Firmenkonto ab.

Aufgabe 3 (27 Minuten)

Bilden Sie zu den folgenden Geschäftsvorfällen die entsprechenden Buchungssätze aus Sicht der *Raph & Geer GmbH*. Diese vertreibt und veredelt medizinische Produkte. Für die Buchhaltung werden getrennte Warenkonten verwendet. Sofern Sie der Auffassung sind, dass keine Buchung erforderlich ist, begründen Sie Ihre Antwort. Bestehen Wahlrechte bei der Verbuchung, sind alle Alternativen darzustellen. Abschreibungen erfolgen stets direkt. Bilanzstichtag ist der 31.12.

1. Die *Raph & Geer GmbH* nimmt einen Kredit i. H. v. 300.000 € bei ihrer Hausbank auf und erhält den vollen Betrag sofort auf ihr Konto überwiesen.

2. Zur Ausweitung der Kapazität für die Veredelung von Handelswaren erwirbt die *Raph & Geer GmbH* am 01.01. eine neue Siebdruckmaschine zum Preis von 12.000 € (brutto) auf Ziel. Der Lieferant gewährt 5% Rabatt.

3. Die *Raph & Geer GmbH* besitzt ein unbebautes Grundstück in Darmstadt (Buchwert 10.000 €). Da dieses nicht mehr benötigt wird, entschließt sich die Unternehmensleitung zum Verkauf. Der Käufer zahlt 30.000 € per Banküberweisung.

4. Die *Raph & Geer GmbH* bestellt Ende des Jahres einen neuen Lieferwagen für 10.000 € (netto) und zahlt sofort 6.000 € (brutto) in bar an. Die Lieferung erfolgt erst im nächsten Geschäftsjahr.

5. Die *Raph & Geer GmbH* kauft am 01.05. Stoffe zu einem Gesamtpreis von 12.000 € (brutto) bei einem Großhändler ein. Die Lieferung erfolgt sofort. 50% des Betrags werden sofort und unter Abzug von 5% Skonto überwiesen.

6. Ein Großkunde schickt zwei Paletten der von der *Raph & Geer GmbH* vertriebenen Atemmasken aufgrund mangelhafter Verarbeitung zurück. Der Retourbetrag beläuft sich auf 24.000 € (brutto) und wird direkt per Banküberweisung erstattet.

7. Ein Kunde bezahlt eine ausstehende Rechnung in Höhe von 120 € (brutto) unter Abzug von 5% Skonto in bar.

8. Die *Raph & Geer GmbH* erwirbt am 01.01. einen Multifunktionsdrucker für 288 € (brutto) und bezahlt diesen sofort in bar. Die Nutzungsdauer beträgt 3 Jahre, der Restwert 0 €. Geben Sie alle Buchungen des aktuellen Geschäftsjahres an.

9. Am 01.12. entsteht in einer Lagerhalle der *Raph & Geer GmbH* ein Defekt an einem Förderband, sodass es nur noch mit der halben Geschwindigkeit betrieben werden kann. Die notwendige Reparatur, welche 3.500 € (brutto) kosten soll, kann erst im April des kommenden Jahres durchgeführt werden.

10. Ein Lieferwagen der *Raph & Geer GmbH* wird kurz vor Bilanzstichtag von einem durch Blitzeinschlag entstandenen Feuer vollständig zerstört. Das Fahrzeug steht noch mit 10.000 € in den Büchern.

11. Die *Raph & Geer GmbH* hat noch offene Forderungen an einen Kunden i. H. v. 7.200 € (brutto), welcher überraschend Insolvenz anmeldet. Auskünfte des Insolvenzverwalters lassen einen Forderungsausfall von 15% erwarten.

12. Ein weiterer Kunde der *Raph & Geer GmbH* hatte nach mehrmaliger Mahnung seine Forderung i. H. v. 12.000 € (brutto) am 01.09.X1 noch nicht beglichen. Man schrieb daraufhin 50% der Forderung ab. Am 01.02.X2 geht von diesem Kunden eine Überweisung i. H. v. 3.000 € ein. Weitere Zahlungseingänge sind nicht zu erwarten. Nehmen Sie ausschließlich die Buchung für das neue Geschäftsjahr X2 vor.

13. Die *Raph & Geer GmbH* wird im Jahr X1 wegen einer Lieferung von unbrauchbaren medizinischen Masken auf Schadenersatz verklagt. Sollte der Prozess verloren gehen, drohen geschätzte Schadenersatzleistungen i. H. v. 50.000 €. Am 03.01.X2 geht der Prozess verloren und die *Raph & Geer GmbH* zahlt 70.000 € per Banküberweisung an den Geschädigten. Geben Sie die Buchungssätze für beide Geschäftsjahre X1 und X2 an.

14. Die *Raph & Geer GmbH* bezahlt die fällige Miete für ihre Geschäftsräume für den Zeitraum 01.10.X1 bis 30.04.X2 am 01.09.X1 per Banküberweisung. Die Monatsmiete beträgt 1.500 €. Nehmen Sie die Verbuchung für beide Geschäftsjahre X1 und X2 vor.

1.3   Klausur 3

Teil 1

Aufgabe   **(20 Minuten)**

Beantworten Sie bitte die nachfolgenden Fragen:

1. In welche Gütekategorien lassen sich Forderungen einteilen? Nehmen Sie auch eine Erläuterung dieser Kategorien vor.

2. Skizzieren Sie die im HGB formulierten allgemeinen und speziellen Anforderungen an die Buchführung.

3. Welche Unterschiede bestehen zwischen dem Inventar und der Bilanz?

4. Beschreiben Sie die unterschiedlichen Arten von Rechnungsabgrenzungsposten.

5. Erläutern Sie die vier typischen Bilanzänderungen.

6. Geben Sie einen Überblick über die Verfahren der planmäßigen Abschreibung (Schaubild genügt).

7. Aus welchen Komponenten setzt sich der Personalaufwand aus der Sicht eines Arbeitgebers zusammen?

8. Erläutern Sie die Verfahren der Inventur.

Teil 2

Aufgabe 1   **(20 Minuten)**

Verbuchen Sie folgende Geschäftsvorfälle des Unternehmers X. Nutzen Sie hierfür die nachstehenden T-Konten. Schließen Sie ausschließlich die Warenkonten nach dem Bruttoabschlussverfahren ab und ermitteln Sie den Gewinn. Der Warenanfangsbestand beträgt 5.000 € und der Warenendbestand laut Inventur 8.350 €.

Geschäftsvorfälle:

1. X verkauft Waren im Nettowert von 2.500 € und gewährt 10% Skonto bei Zahlung binnen zehn Tagen auf den Netto-Rechnungsbetrag. Der Kunde begleicht nach 4 Tagen Forderungen im Wert von 1.800 € per Banküberweisung.

2. X wird mit Waren im Wert von 5.000 € (netto) beliefert und bezahlt die Hälfte sofort bar. Er erhält auf den Rest 5% Skonto, wenn er in den nächsten 14 Tagen zahlt.

3. Zwei Tage später bemerkt X einige Mängel und schickt unverzüglich Waren im Nettowert von 200 € zurück. Gleichzeitig verrechnet er eine gegen den Lieferanten noch ausstehende Forderung in Höhe von 360 € und überweist am nächsten Tag den restlichen Betrag per Banküberweisung.

S	Wareneinkaufskonto	H

S	Forderungen aus Lieferungen und Leistungen	H

S	VSt	H

S	Bank	H

S	Kasse	H

S	Verbindlichkeiten aus Lieferungen und Leistungen	H

S	USt	H

S	Warenverkaufskonto	H

Aufgabe 2   **(25 Minuten)**

Geben Sie aus der Sicht des Unternehmens *Globus AG* zu den folgenden Geschäftsvorfällen die entsprechenden Buchungssätze sowie zu den folgenden Buchungssätzen die
entsprechenden Geschäftsvorfälle an.

1. Im letzten Jahr wurden von der *Globus AG* aufgrund eines bevorstehenden Pro-
   zesses Rückstellungen für ungewisse Verbindlichkeiten in Höhe von 20.000 € gebildet. Nach dem Gerichtsurteil sind jetzt 13.000 € an die gegnerische Partei zu
   zahlen und es fallen Anwaltskosten in Höhe von 3.000 € an. Die Ausgleichszahlung wird per Banküberweisung beglichen, die Rechnung des Anwalts noch nicht.

2. Buchungssätze der *Globus AG* (Bilanzstichtag: 31.12.):

01.12.

     Bank   an   Mieterträge   600

31.12.

     Mieterträge   an   passive RAP   400

3. Zwecks Anschaffung eines neuen Grundstücks wird von der *Globus AG* ein langfristiges Bankdarlehen in Höhe von 600.000 € aufgenommen. Die Bank zahlt 98%
   aus.

4. Die *Globus AG* schreibt eine ihrer Maschinen indirekt linear ab. Die Anschaffungskosten schlugen damals mit 36.000 € (brutto) zu Buche und die Nutzungsdauer wurde im Zeitpunkt der Anschaffung auf 20 Jahre geschätzt.

5. Die *Globus AG* will sich neue Büromöbel bestellen. Sie schließt einen Vertrag mit einem Lieferanten über Möbel zum Wert von 12.000 € (netto) und überweist einen Bruttobetrag von 6.000 € als Anzahlung. Bei Lieferung wird der Rest zunächst kreditiert und später ebenfalls per Überweisung bezahlt.

6. Buchungssatz der *Globus AG*:

Bank	13.200	an	Maschinen	10.000
			USt	2.200
			sonstiger betrieblicher Ertrag	1.000

7. Die *Globus AG* kauft eine Stanzmaschine zum Nettopreis von 40.000 €. Für die Lieferung durch den Hersteller werden weiterhin 1.000 € (netto) in Rechnung gestellt. Es wird zunächst nichts überwiesen. Die Montage durch das eigene Werkspersonal schlägt mit 500 € Lohn zu Buche.

8. Der Eigentümer der *Globus AG* legt seine Garage im Wert von 20.000 € in das Betriebsvermögen ein. Dafür zieht er von dem Geschäftskonto 200 € für neue Autositzbezüge für den Wagen der Tochter ein. (Buchen Sie nicht über das Eigenkapitalkonto!)

9. Ein Kunde zahlt der *Globus AG* eine gegen ihn noch bestehende Forderung in Höhe von 180 € (brutto) bar ein.

Aufgabe 3   **(10 Minuten)**

Die *Ahoi AG* verkauft eines ihrer alten kleinen Reiseboote (Buchwert: 42.000 €) an einen Meeresbiologen für 48.000 € (brutto). Der Käufer kündigt an, innerhalb kürzester Zeit den Betrag zu überweisen, nachdem er sich von der Funktionstüchtigkeit des Bootes überzeugt habe. Nach vier Wochen ist immer noch kein Geld geflossen und die erste Mahnung geht raus; jedoch ohne Reaktion des Käufers. Auch das zweite Schreiben, eine Woche später, bleibt ohne Antwort. Vorsichtshalber wird schon mal mit einem Ausfall in Höhe von 10% gerechnet.

a) Wie kann dieser Sachverhalt in der Buchhaltung bis zum Bilanzstichtag (31.12.X1) Berücksichtigung finden?

b) Am 05.01.X2 meldet sich der Biologe, der aufgrund technischer Defekte am Motor sowie am Funkgerät mehrere Wochen hilflos im Atlantik herumtrieb, plötzlich per Telefon. Wegen der Mängel, die auf den ersten Blick nicht ersichtlich waren, ist er lediglich bereit, 36.000 € zu bezahlen. Die *Ahoi AG* ist peinlich berührt und willigt selbstverständlich ein. Am nächsten Tag werden die 36.000 € überwiesen.

Teil 3

Aufgabe 4 (15 Minuten)

Die Hauptabschlussübersicht des Eisenwarenhändlers und -herstellers *Stahlking KG* weist nachfolgende Saldenbilanz I auf (siehe nächste Seite!).

Vervollständigen Sie die Hauptabschlussübersicht unter Berücksichtigung der nachfolgenden vorbereitenden Abschlussbuchungen:

1. Abschreibungen auf Gebäude 1.000 €.

2. Abschreibungen auf BGA 4.000 €.

3. Abschreibungen auf Anlagen 5.000 €.

4. Abschluss des Kontos „Privatentnahmen".

5. Der Einstandswert der abgesetzten Waren beträgt 20.000 € (Verbuchung im Sinne des Bruttoabschlussverfahrens).

6. Ein Drittel der gezahlten Pacht betrifft das alte Geschäftsjahr, ein Drittel das laufende und ein Drittel das neue Geschäftsjahr.

Konten	Saldenbilanz I		Umbuchungen		Saldenbilanz II		Schlussbilanz		GVR	
	S	H	S	H	S	H	A	P	Aufwand	Ertrag
Gebäude	150.000									
Maschinen	100.000									
BGA	30.000									
Wareneinkaufskonto	40.000									
Warenverkaufskonto		60.000								
Forderungen aus Lieferungen und Leistungen	8.000									
Bank	15.000									
Kasse	5.000									
Eigenkapital		80.000								
Verbindlichkeiten aus Lieferungen und Leistungen		220.000								
Privatentnahmen	2.000									
Pachtaufwand	9.000									
Zinsaufwand	1.000									
Σ	**360.000**	**360.000**								

1.4 Klausur 4

Teil 1

Aufgabe (20 Minuten)

Beantworten Sie bitte die nachfolgenden Fragen:

1. Nennen Sie die Aufgaben des Rechnungswesens.

2. Warum spricht man von der „doppelten" Buchführung?

3. Wie unterscheidet sich eine direkte von einer indirekten Abschreibung?

4. Definieren Sie die Begriffe „Einnahme" und „Ertrag".

5. Wie lange sind Buchungsbelege aufzubewahren und ab wann beginnt diese Aufbewahrungsfrist?

6. Nach welchen Kriterien ist die Aktiv- bzw. die Passivseite einer Bilanz gegliedert?

7. Erläutern Sie die Begriffe „Sollsaldo" und „Habensaldo".

8. Wie unterscheidet sich das Nettoabschlussverfahren vom Bruttoabschlussverfahren?

9. Durch was unterscheiden sich transitorische von den antizipativen Rechnungsabgrenzungsposten?

10. Welcher Geschäftsvorfall steht hinter dem Buchungssatz?

Bank	12.000	an	Maschinen	9.000
			USt	2.000
			sonstiger betrieblicher Ertrag	1.000

Teil 2

Aufgabe 1 (20 Minuten)

Bilden Sie zu den folgenden Geschäftsvorfällen die entsprechenden Buchungssätze aus der Sicht des Versandhandelsunternehmens *Wohin&Damit OHG*. Schreiben Sie im Falle einer Einzelwertberichtigung direkt ab.

1. Der gesamte Forderungsbestand beträgt 600.000 € (brutto). Er soll pauschal um 6% abgeschrieben werden.

2. *Wohin&Damit* verkauft Waren im Nettowert von 5.000 € an die Schmitz&Katze GmbH auf Ziel.

3. Ein Kunde begleicht seine Verbindlichkeit aus Lieferungen und Leistungen gegenüber der *Wohin&Damit* in Höhe von 3.600 €.

4. Der Großkunde Small&Guy KG meldet Insolvenz an. Gegen ihn besteht noch eine Forderung in Höhe von 72.000 € (brutto). Es wird ein Ausfall von 80% vermutet.

5. Small&Guy überweist 1.800 €.

6. Durch diesen Ausfall bleibt *Wohin&Damit* keine andere Wahl als einen der zwei neuen und edlen Geschäftswagen an einen guten Geschäftsfreund für 100.000 € (netto) zu verkaufen, um wieder etwas liquider zu werden. Dieser verspricht, in naher Zukunft zu bezahlen.

7. Durch einen Geschäftsfreund erfährt die *Wohin&Damit*, dass Schmitz&Katze Schwierigkeiten hat, den Zahlungsverpflichtungen nachzukommen. Tatsächlich blieb die erste Mahnung erfolglos. Man rechnet zunächst mit einem Ausfall von 40%.

8. *Wohin&Damit* braucht jetzt dringend Geld und will den Geschäftsfreund dazu bewegen, endlich den Geschäftswagen zu bezahlen. Zu ihrem Entsetzen muss *Wohin&Damit* feststellen, dass ihr Geschäftsfreund sein Unternehmen aufgelöst hat und sein Aufenthaltsort unbekannt ist.

9. *Wohin&Damit* kann einen vermeintlich guten Kunden gewinnen, die Firma Groß&Raus, die auch sogleich Waren im Nettowert von 160.000 € bestellt und sofort mit einem Zahlungsziel von fünf Tagen beliefert wird. Jedoch kommt es, wie es kommen muss: durch einen schlechten Start kann der neue Kunde wahrscheinlich nicht alles zahlen. Man rechnet mit einem Ausfall von 60%.

10. Schmitz&Katze überweist 6.000 €.

11. Groß&Raus überweist 76.800 €.

12. Auf einen guten Freund ist halt doch Verlass: Aus Mexiko kommt eine Überweisung in Höhe von 120.000 € vom Geschäftsfreund, der dort ein neues Unternehmen gegründet hat.

13. Am Jahresende soll die Pauschalwertberichtigung angepasst werden.

Aufgabe 2 (20 Minuten)

Sie sind der neue Leiter der Buchhaltung des Unternehmens *Account&Fault OHG*. Die geschäftsführenden Gesellschafter wollen von Ihnen wissen, wie die folgenden Geschäftsvorfälle des Jahres X1 in der Buchführung zu berücksichtigen sind.

1. Um sich den Gang zum nächsten Geldautomaten zu ersparen, entnimmt ein Gesellschafter der Firmenkasse 600 €.

2. Es werden Waren im Nettowert von 4.500 € verkauft. Der Kunde bezahlt nach vier Tagen unter Berücksichtigung von 5% Skonto per Banküberweisung.

3. Es werden Waren im Bruttowert von 30.600 € gekauft. Ein Drittel der Rechnung wird unter Berücksichtigung von 5% Skonto sofort bar gezahlt. Der Rest wird kreditiert. Der Verkäufer gewährt weiterhin 5% Skonto bei Begleichung der Rechnung innerhalb einer Woche. Zwei Tage später wird die erste Hälfte des Restbetrags durch Überweisung und nach vierzehn Tagen die zweite Hälfte durch eine letzte Überweisung beglichen.

4. Eine Maschine wird am 01.01.X1 für 120.000 € (netto) erworben. Die Nutzungsdauer beträgt 6 Jahre und die Maschine soll linear abgeschrieben werden. Einen Monat später wird zur Begleichung der Rechnung ein Darlehen in Höhe von 100.000 € aufgenommen. Der Betrag wird auf das Firmenkonto überwiesen und von dort auf das Konto des Verkäufers. Der Rest wird wenig später bar gezahlt. Nehmen Sie auch eine Verbuchung der Abschreibung per 31.12.X1 vor.

5. Man rechnet damit, dass im Jahr X2 Gewährleistungsverpflichtungen in Höhe von 2% vom gesamten Umsatz des Jahres X1 (Der Umsatz für X1 beträgt 15.000.000 €.) anfallen werden.

6. Es sollen alte Büromöbel im Wert von 12.000 € verkauft werden. Der Käufer überweist zunächst eine Anzahlung in Höhe von 4.500 € (brutto). Bei Lieferung wird der Rest zunächst kreditiert und später per Überweisung bezahlt.

7. Ein Bankdarlehen wird durch Zahlung von 30.000 € per Bank und 5.000 € per Kasse getilgt.

8. Die Außenwände des Firmengebäudes werden saniert. Hierfür wurde eine Rückstellung in Höhe von 40.000 € gebildet. Die Kosten der Sanierung durch eine Fremdfirma belaufen sich auf 66.000 € inkl. Umsatzsteuer und werden bar gezahlt.

9. Es wird eine Maschine mit Buchwert von 10.000 € für 9.000 € (netto) verkauft. Die Bezahlung erfolgt per Banküberweisung.

10. Ein Schuldner begleicht eine Verbindlichkeit in Höhe von 500 € (netto) bar.

11. Am 01.03.X1 nimmt die *Account&Fault OHG* einen Kredit in Höhe von 240.000 € auf. Die Zinsen in Höhe von 9.600 € für ein Jahr sind erst am 01.03.X2 fällig und sollen per Banküberweisung beglichen werden. Wie ist dieser Sachverhalt in X1 zu berücksichtigen?

12. Die *Account&Fault OHG* vereinbart mit einem Geschäftspartner, dass dieser im nächsten Jahr ins Geschäft mit einsteigt und dann zwei LKW aus dem Fuhrpark der *Account&Fault OHG* im Nettowert von jeweils 107.000 € kauft.

13. Es wurden 30.000 € von der Bank bar abgehoben. Von diesem Geld wurde ein neuer Gabelstapler für 30.000 € (brutto) gekauft.

14. Es werden Waren im Nettowert von 14.500 € an den Lieferanten zurückgesendet. Der Betrag, der bei Erhalt der Waren sofort überwiesen wurde, wird vom Lieferanten nach einer Woche per Banküberweisung erstattet.

15. Ein langjähriger Kunde begleicht eine offene Rechnung für eine Warenlieferung in Höhe von 2.000 € per Banküberweisung.

16. Die *Account& Fault OHG* verkauft Waren im Nettowert von 10.000 € auf Ziel.

Aufgabe 3   **(10 Minuten)**

Gegeben sind folgende Konten der *Hans&Sausage AG*, eine Aktiengesellschaft, die erfolgreich als Lebensmittelhändler agiert. Schließen Sie die folgenden Konten unter Berücksichtigung nachfolgender Informationen ab und erstellen Sie das Schlussbilanzkonto der *Hans&Sausage AG*.

■ Bilden Sie keine Buchungssätze. Nutzen Sie zum Abschluss ausschließlich die vorgegebenen Konten. Sollten Sie darüber hinaus weitere neue Konten bilden müssen, verwenden Sie die unbeschrifteten T-Konten.

■ Der Wareneinsatz beträgt 10.000 €.

■ Verwenden Sie das Bruttoabschlussverfahren.

■ Die Umsatzsteuer muss nicht an das Finanzamt überführt werden.

S	Maschinen		H	S	BGA		H
AB	200.000	20.000		AB	80.000		
		8.000			10.000		

S	Wareneinkaufskonto		H
AB	20.000		
	4.000		

S	Forderungen aus Lieferungen und Leistungen		H
AB	58.000		6.960
	9.280		
	23.200		

S	VSt		H
	640		8
	1.600		

S	Bank		H
AB	30.000		1.102
	6.612		10.000
	3.480		990

S	Kasse		H
AB	12.000		11.600
	34.800		

S	Eigenkapital		H
		AB	80.000

S	Verbindlichkeiten aus Lieferungen und Leistungen		H
	1.160	AB	4.640

S	Verbindlichkeiten gegenüber Kreditinstituten		H
	10.000	AB	320.000

S	USt	H
48	1.280	
	4.800	
	480	
	3.200	

S	Warenverkaufskonto	H
	8.000	
	20.000	

S	Wertberichtigungen auf Anlagen	H
	15.000	

S	Wertberichtigungen auf BGA	H
	5.000	

S	sonstiger betrieblicher Ertrag	H
	10.000	

S	erhaltene Skonti	H
	50	

S	sonstiger betrieblicher Aufwand	H
5.000		

S	gewährte Skonti	H
300		

S	Abschreibungen auf Anlagen	H
5.000		
15.000		

S	Privatentnahmen	H
990		

S	Schlussbilanzkonto	H

Teil 3

Aufgabe (20 Minuten)

Die *W. Irrt OHG* hat drei Gesellschafter: Virth mit einem Kapitalanteil von 80.000 €, Fuxmann mit einem Kapitalanteil von 70.000 € und Kasper mit einem Kapitalanteil von 50.000 €. Am 01.03. und am 01.11. tätigt Virth Entnahmen in Höhe von jeweils 6.000 €. Kasper leistet am 01.04. eine Einlage in Höhe von 8.000 € und am 01.09. eine Einlage in Höhe von 12.000 €. Der Gewinn am Ende des Geschäftsjahres (31.12.) beträgt 24.000 €. Im Gesellschaftsvertrag ist folgende Regelung für die Gewinnverteilung enthalten: 5%ige Verzinsung des Kapitals; unterjährige Veränderungen der Kapitalanteile sind dabei zu berücksichtigen; der Rest wird nach Köpfen verteilt.

Nehmen Sie eine Gewinnverteilung vor und ermitteln Sie das jeweilige Endkapital der drei Gesellschafter. Nutzen Sie dafür die folgenden Tabellen. Buchungssätze brauchen nicht angegeben zu werden.

Gesell-schaf-ter	Wert-stel-lung	S/H	Betrag	Tage	Zinsen		Zinssaldo	
					Soll	Haben	Soll	Haben
Virst								
Fux								
Kasper								

Gesell-schaf-ter	Anfangs-kapital	Kapital-verzin-sung	Anteil am restlichen Gewinn	Gesamter Gewinn-anteil	Entnah-men	Einlagen	End-kapital
Virst							
Fux							
Kasp							
Σ							

1.5 Klausur 5

Teil 1

Aufgabe (20 Minuten)

Beantworten Sie bitte die nachfolgenden Fragen:

1. Definieren Sie die Begriffe „Einzahlungen", „Einnahmen" und „Erträge". Geben Sie ein Beispiel für einen Geschäftsvorfall, bei dem eine Einzahlung, aber keine Einnahme und kein Ertrag vorliegen. Zeigen Sie auch beispielhaft einen Geschäftsvorfall auf, bei dem eine Einnahme, aber keine Einzahlung und kein Ertrag vorliegen.

2. Wie unterscheiden sich antizipative von transitorischen Rechnungsabgrenzungsposten?

3. Geben Sie einen Überblick über Buchführungsformen.

4. Erläutern Sie die Bestandteile des Personalaufwands.

5. Welche allgemeinen Anforderungen an die Buchführung sind im HGB kodifiziert?

6. Zeigen Sie den Unterschied zwischen direkter und indirekter Abschreibung auf.

7. Geben Sie einen Überblick über die Verfahren der Inventur. Erläutern Sie die einzelnen Verfahren kurz.

8. Welche Unterschiede bestehen zwischen dem Inventar und der Bilanz?

9. Nennen Sie die vier typischen Bilanzänderungen und geben Sie für jede Variante beispielhaft einen Geschäftsvorfall an.

Teil 2

Aufgabe 1 (20 Minuten)

Verbuchen Sie folgende Geschäftsvorfälle des Unternehmers X. Nutzen Sie hierfür die nachstehenden T-Konten. Schließen Sie ausschließlich die Warenkonten nach dem Bruttoabschlussverfahren ab. Der Warenanfangsbestand betrug 10.000 €. Der Warenendbestand beträgt laut Inventur 8.500 €.

1. X verkauft Waren im Wert von 14.000 € (netto) und gewährt 10% Skonto bei Zahlung innerhalb der nächsten drei Tage. Der Kunde tilgt am nächsten Tag Schulden in Höhe von 12.000 € durch Überweisung. Der Rest wird nach einer Woche durch eine gegenüber dem Kunden noch ausstehende Verbindlichkeit aus Lieferungen und Leistungen verrechnet.

2. X erhält Waren im Bruttowert von 3.600 €. Es wird sofort bar bezahlt. Dafür werden 5% Skonto gewährt.

3. X verkauft Waren im Bruttowert von 30.000 € und gewährt 10% Skonto bei Zahlung innerhalb der nächsten vier Tage. Der Kunde bezahlt die Hälfte sofort bar. Er tilgt am nächsten Tag einen Teil seiner Schulden in Höhe von 8.400 € und eine Woche darauf den Rest jeweils durch Überweisung.

4. Von früher verkauften Waren werden von einem Kunden Waren mit Mängeln im Wert von 2.040 € (brutto) zurückgeschickt. Der relevante Betrag wird per Überweisung erstattet.

S	Wareneinkaufskonto	H		S	Forderungen aus Lieferungen und Leistungen	H

S	VSt	H		S	Bank	H

S	Kasse	H		S	Verbindlichkeiten aus Lieferungen und Leistungen	H

S	USt	H	S	Warenverkaufskonto	H

Aufgabe 2   **(15 Minuten)**

Wie sind die folgenden Geschäftsvorfälle der *Wohin&Damit OHG* in den Jahren X1 und X2 zu verbuchen? Abschlussbuchungen der Bestandskonten über das Schlussbilanzkonto bzw. der Erfolgskonten über das Gewinn- und Verlustkonto sollen nicht vorgenommen werden. Die Mehrwertsteuer ist nicht zu berücksichtigen.

1. Am 01.04.X1 schließt die *Wohin&Damit OHG* einen Vertrag mit der Ruf&An AG über die Bereitstellung von Internet und Telefon zu einem Festpreis in Höhe von 4.800 € für ein Jahr bis zum 01.04.X2. Die erste Zahlung soll erst am 01.04.X2 per Bank erfolgen. Buchen Sie auch aus der Sicht der Ruf&An AG!

2. *Wohin&Damit* vermietet seit dem 01.09.X1 ein Fußballstadion an den lokalen Sportverein. Die Miete in Höhe von 6.000 € für den Zeitraum 1. September bis einschließlich Februar ist am 01.02.X2 fällig. Am 31. Mai X2 wurde die Miete noch immer nicht überwiesen. Man rechnet mit einem Mietausfall in Höhe von 50%.

3. *Wohin&Damit* mietet zwei Firmenwagen von der Lease&It GmbH. Die Leasingraten in Höhe von 1.800 € für das letzte Quartal X1 und das erste Quartal X2 überweist *Wohin&Damit* am 01.11.X1. Buchen Sie auch aus der Sicht der Lease&It GmbH!

Aufgabe 3   (15 Minuten)

Sie sind der neue Leiter der Buchhaltung des Versandhandelsunternehmens *Account&Fault OHG*. Die geschäftsführenden Gesellschafter wollen von Ihnen wissen, wie die folgenden Geschäftsvorfälle des Jahres X2 aus der Sicht der *Account&Fault OHG* in der Buchführung zu berücksichtigen sind.

1. Ein Gabelstapler wird für 26.000 € (netto) verkauft, wobei dieser Betrag auch dem Buchwert entspricht. Der Käufer zahlt bar. Eine Woche später wird das Geld von einem der Gesellschafter zur Bank gebracht und auf das Bankkonto eingezahlt.

2. In X1 wurden für das nächste Jahr X2 Rückstellungen für Gewährleistungen in Höhe von 20.000 € gebildet. Mitte des Jahres X2 wird davon nur einmal ein Betrag in Höhe von 1.000 € in Anspruch genommen, der per Bank überwiesen wird. Der Rest wird am Jahresende nicht mehr gebraucht.

3. Es sollen alte Büromöbel im Buchwert von 14.000 € verkauft werden. Der Käufer überweist zunächst eine Anzahlung in Höhe von 4.620 € (brutto). Bei Lieferung wird der Rest zunächst kreditiert und nach wenigen Tagen per Überweisung bezahlt.

4. Ein Bankdarlehen wird in Höhe von 50.000 € aufgenommen. Die von der Bank überwiesene Summe wird zur Hälfte genutzt, um eine Verbindlichkeit aus Lieferungen und Leistungen per Überweisung zu begleichen. Die andere Hälfte wird eine Woche später bar abgehoben.

5. Das Dach des Firmengebäudes soll erneuert werden. Dazu wurde ein Betrag in Höhe von 32.000 € zurückgestellt. Die Kosten für das neue Dach, das durch eine Fremdfirma gedeckt wird, betragen 31.800 € inkl. Umsatzsteuer und werden 2 Wochen nach Rechnungseingang überwiesen.

Teil 3

Aufgabe   **(20 Minuten)**

Die *Ballissimo OHG* hat drei Gesellschafter: Max mit einem Kapitalanteil von 90.000 €, Holle mit einem Kapitalanteil von 50.000 € und Moritz mit einem Kapitalanteil von 60.000 €. Am 01.07. tätigt Max eine Entnahme in Höhe von 4.000 € und am 01.12. eine Einlage in Höhe von 6.000 €. Holle leistet am 01.08. eine Einlage in Höhe von 5.400 € und am 01.10. eine Entnahme in Höhe von 13.000 €. Der Gewinn am Ende des Geschäftsjahres (31.12.) beträgt 28.900 €. Für die Erfolgsbeteiligung gilt die im § 121 HGB festgelegte Gewinn- und Verlustverteilung; unterjährige Veränderungen der Kapitalanteile sind dabei zu berücksichtigen.

Nehmen Sie eine Gewinnverteilung vor und ermitteln Sie das jeweilige Endkapital der drei Gesellschafter! Buchungssätze brauchen nicht angegeben werden.

Gesell-schaf-ter	Wert-stel-lung	S/H	Betrag	Tage	Zinsen		Zinssaldo	
					Soll	Haben	Soll	Haben
Max								
Holle								
Moritz								

Gesell-schaf-ter	Anfangs-kapital	Kapital-verzin-sung	Anteil am restlichen Gewinn	Gesamter Gewinn-anteil	Entnah-men	Einlagen	End-kapital
Max							
Holle							
Moritz							
Σ							

1.6 Klausur 6

Aufgabe 1 (17 Minuten)

Beantworten Sie bitte die nachfolgenden Fragen:

1. Erläutern Sie den Begriff „Anschaffungskosten" im Sinne des § 255 Abs. 1 HGB.

2. Nennen und erläutern Sie die vier typischen Bilanzänderungen.

3. Wie ermittelt sich die Umsatzsteuerzahllast?

4. Nehmen Sie eine Abgrenzung zwischen Nettoabschlussverfahren und Bruttoabschlussverfahren vor.

5. Skizzieren Sie die Bestandteile eines Inventars.

6. Erläutern Sie die Begriffe „Bilanzgleichung" und „Bilanzidentität".

7. In welchen Punkten unterscheidet sich die Bilanz vom Inventar?

8. Welcher Geschäftsvorfall liegt dem nachfolgenden Buchungssatz zugrunde?

Bank	192.000			
sonstiger betrieblicher Aufwand	10.000	an	Maschinen	170.000
			USt	32.000

9. In welche Kategorien lassen sich Forderungen nach ihrer Einbringlichkeit einteilen?

Aufgabe 2 (15 Minuten)

Die Bilanz des Maschinenbauers *Meier* weist am 31.12.X1 folgende Bestände auf:

A	Bilanz zum 31.12.X1		P
Grundstücke und Gebäude	2.000.000	Eigenkapital	2.280.000
Maschinen	600.000	Verbindlichkeiten gegenüber Kreditinstituten	800.000
Waren	100.000	Verbindlichkeiten aus Lieferungen und Leistungen	150.000
Forderungen aus Lieferungen und Leistungen	150.000		
Bank	380.000		
	3.230.000		3.230.000

Geschäftsvorfälle X2:

1. Verkauf von Waren für 50.000 € (netto) unter Gewährung von 5% Skonto bei Zahlung innerhalb von 10 Tagen. Der Kunde überweist nach 4 Tagen 14.250 €.

2. Kauf von Waren im Wert von 50.000 € (netto) und Bezahlung eines Viertels des Rechnungsbetrages nach 3 Tagen per Banküberweisung unter Abzug von 5% Skonto.

Buchen Sie die Anfangsbestände und die Geschäftsvorfälle auf den unten stehenden T-Konten, schließen Sie ausschließlich die Warenkonten sowie deren Unterkonten ab (nach dem Bruttoabschlussverfahren) und ermitteln Sie den Gewinn! Der Warenendbestand beträgt laut Inventur 109.275 €.

S	Gebäude und Grundstücke	H	S	Maschinen	H

S	Wareneinkaufskonto	H	S	Forderungen aus Lieferungen und Leistungen	H

S	VSt	H	S	Bank	H

S	Eigenkapital	H	S	Verbindlichkeiten gegenüber Kreditinstituten	H

	Verbindlichkeiten aus Lieferungen					
S	und Leistungen	H	S		USt	H

S	Warenverkaufskonto	H

Aufgabe 3 (38 Minuten)

Bitte verbuchen Sie die nachfolgenden Geschäftsvorfälle der *TUD GmbH*. Der Bilanzstichtag für alle erwähnten Unternehmen ist der 30.09.!

1. Ein Kunde meldet Insolvenz an. Gegen ihn besteht noch eine Forderung in Höhe von 60.000 € (brutto). Es wird ein Ausfall von 60% vermutet. Die Abschreibung erfolgt direkt.

2. Das Dach eines Firmengebäudes wird saniert. Hierfür wurde eine Rückstellung in Höhe von 100.000 € gebildet. Die Kosten der Sanierung durch eine Fremdfirma belaufen sich jedoch auf 150.000 € (netto). Die Bezahlung der Rechnung erfolgt unter Abzug eines Rabattes in Höhe von 5% per Banküberweisung.

3. Eingang einer Zinsgutschrift von der Hausbank der *TUD GmbH* in Höhe von 3.000 €.

4. Aufgrund von Qualitätsmängeln werden Waren im Wert von 4.600 € (netto) an einen Lieferanten zurückgesendet. Der Betrag, der bei Erhalt der Waren sofort überwiesen wurde, wird vom Lieferanten eine Woche nach Rücksendung per Banküberweisung erstattet.

5. Die *TUD GmbH* hat eine Lagerhalle an die Magendorf KG vermietet. Die Miete für September in Höhe von 2.100 € geht erst im Oktober auf dem Bankkonto ein. Wie ist der Zahlungseingang zu verbuchen?

6. Die *TUD GmbH* überweist die Löhne für September in Höhe von 100.000 € erst am 2. Oktober. Wie ist dieser Geschäftsvorgang im laufenden und im nächsten Geschäftsjahr zu verbuchen?

7. Die *TUD GmbH* nimmt ein Bankdarlehen in Höhe von 20.000 € auf. Die von der Bank überwiesene Summe wird zu einem Viertel genutzt, um eine Verbindlichkeit aus Lieferungen und Leistungen per Überweisung zu begleichen. Der restliche Betrag wird eine Woche später bar abgehoben.

8. Der Inhaber der *TUD GmbH* tätigt eine Privateinlage in Höhe von 100.000 € in bar.

9. Am 30.09. hat die Hausbank der *TUD GmbH* Zinsen für eine Geldanlage für das abgelaufene Geschäftsjahr in Höhe von 300 € noch nicht auf dem Kontokorrentkonto gutgeschrieben. Dies erfolgt erst am 1. Oktober. Wie ist dieser Vorgang am 30.09. und am 01.10. zu berücksichtigen?

10. Die *TUD GmbH* bestellt sich neue Büromöbel. Sie schließt einen Vertrag mit einem Lieferanten über Möbel zum Wert von 10.000 € (netto) und überweist 3.000 € als Anzahlung. Bei Lieferung wird der Rest zunächst kreditiert und später ebenfalls per Überweisung bezahlt.

11. Die *TUD GmbH* bewertet ihren Forderungsbestand und beziffert diesen auf 12.000.000 € (brutto). Aus langjähriger Erfahrung rechnet die *TUD GmbH* mit einem Ausfallsatz in Höhe von 5%.

12. Die *TUD GmbH* sendet Waren im Nettowert in Höhe von 67.000 € an einen Lieferanten zurück, die bereits bei Lieferung bezahlt wurden.

13. Ein paar Tage später erstattet der Lieferant die Hälfte des Betrages, der bei Lieferung gezahlt wurde, per Banküberweisung.

14. Kurz darauf erfährt die *TUD GmbH*, dass der Lieferant Insolvenz angemeldet hat. Die *TUD GmbH* rechnet mit einem Ausfall von 80%. Die Abschreibung erfolgt direkt.

15. Nach Abschluss des Insolvenzverfahrens erhält die *TUD GmbH* aus der Insolvenzmasse 19.200 € auf ihr Bankkonto.

16. Ein Lieferant verklagt die *TUD GmbH* aufgrund einer fehlerhaften Lieferung auf Schadensersatz. Die *TUD GmbH* rechnet damit, dass der Prozess im kommenden Jahr Kosten in Höhe von 30.000 € verursachen wird.

17. Der Prozess wird unerwartet schnell abgeschlossen und es fallen Kosten in Höhe von 25.000 € für die *TUD GmbH* an, die per Banküberweisung beglichen werden.

18. Ein Mieter der *TUD GmbH* überweist am 01.08 die Miete in Höhe von 12.000 € für die kommende 12 Monate im Voraus. Wie ist im laufenden und neuen Geschäftsjahr zu buchen?

19. Für den Erwerb eines neuen Grundstücks nimmt die *TUD GmbH* ein langfristiges Bankdarlehen in Höhe von 600.000 € auf. Die Bank zahlt 97% aus. Wie kann dieser Sachverhalt verbucht werden?

20. Die *TUD GmbH* schreibt eine ihrer Maschinen indirekt linear ab. Der Anschaffungspreis betrug damals 36.000 € (brutto). Die Nutzungsdauer wurde im Zeitpunkt der Anschaffung auf 10 Jahre geschätzt.

21. Die *TUD GmbH* erhält von einem Lieferanten, bei dem sie noch Verbindlichkeiten in Höhe von 1.000 € (netto) hat, einen Bonus in Höhe von 5%.

Aufgabe 4 (20 Minuten)

Die Hauptabschlussübersicht der *TUDAM GmbH* weist nachfolgende Saldenbilanz I auf (siehe nächste Seite!). Vervollständigen Sie die Hauptabschlussübersicht unter Berücksichtigung der nachfolgenden vorbereitenden Abschlussbuchungen:

1. Abschreibungen auf Gebäude in Höhe von 10.000 € und auf Maschinen in Höhe von 2.000 €. Die Abschreibungen sind direkt vorzunehmen.

2. Der Einstandswert der abgesetzten Waren beträgt 20.000 € (Buchungen sind im Sinne des Nettoabschlussverfahrens vorzunehmen!).

3. Von bereits gezahlten Versicherungsprämien für die Brandversicherung in Höhe von 9.000 € betreffen 30% das folgende Geschäftsjahr.

4. Von erhaltenen Zinseinnahmen in Höhe von 3.000 € betreffen 2.000 € das folgende Geschäftsjahr.

Konten	Saldenbilanz I S	Saldenbilanz I H	Umbuchungen S	Umbuchungen H	Saldenbilanz II S	Saldenbilanz II H	Schlussbilanz A	Schlussbilanz P	GVR Aufwand	GVR Ertrag
Gebäude	178.000									
Maschinen	100.000									
BGA	20.000									
Wareneinkaufskonto	40.000									
Warenverkaufskonto		60.000								
Forderungen aus Lieferungen und Leistungen	26.000									
Bank und Kasse	15.000									
Eigenkapital		135.000								
Verbindlichkeiten aus Lieferungen und Leistungen		190.000								
Abschreibungen										
Zinserträge		3.000								
Versicherungsaufwand	9.000									
USt		8.000								
VSt	8.000									
Σ	**396.000**	**396.000**								

2 Klausurlösungen

2.1 Lösung Klausur 1

Lösung Aufgabe 1

Zu 1.

Aktiva	Bilanz zum 31.12.	Passiva
Anlagevermögen (AV)	Eigenkapital (EK)	
o Sachanlagen	Rückstellungen	
Umlaufvermögen (UV)	Verbindlichkeiten	
o Vorräte		
o Bank		

Zu 2.

- Das Gewinn- und Verlustkonto ist in das System der doppelten Buchführung integriert ↔ Die Gewinn- und Verlustrechnung steht außerhalb der doppelten Buchführung

- Für das Gewinn- und Verlustkonto bestehen keine Gliederungsvorschriften ↔ Für die Gewinn- und Verlustrechnung gibt es gesetzliche Gliederungsvorschriften bei Kapitalgesellschaften (§ 275 HGB)

© Springer Fachmedien Wiesbaden GmbH, ein Teil von Springer Nature 2023
R. Quick, H.-J. Wurl, *Doppelte Buchführung*, https://doi.org/10.1007/978-3-658-42596-8_14

Zu 3.

▨ Ein bewegliches Anlagegut dessen Anschaffungs- bzw. Herstellungskosten nicht mehr als höchstens 800 € (ohne Umsatzsteuer) betragen

▨ Wahlrecht:

     ○ Sofortabschreibung im Jahr der Anschaffung/Herstellung oder

     ○ Aktivierung und Abschreibung über die Laufzeit

Zu 4.

▨ Krankenversicherung (KV)

▨ Pflegeversicherung (PV)

▨ Rentenversicherung (RV)

▨ Arbeitslosenversicherung (AV)

▨ Unfallversicherung (UV)

Lösung Aufgabe 2

Zu 1.

BGA	2.000			
VSt	400	an	Kasse	2.400

Zu 2.

Bank	600.000	an	Grundstücke	400.000
			sonstiger betrieblicher Ertrag	200.000

Zu 3.

Maschinen	14.625			
VSt	2.925	an	Bank	8.550
			Verbindlichkeiten aus Lieferungen und Leistungen	9.000

Zu 4.

Zinsaufwand	an	Bank	1.000

Zu 5.

Bank	an	Mieterträge	14.400

Mieterträge	an	passive RAP	6.000

Alternative Lösung:

Bank	14.400	an	Mieterträge	8.400
			passive RAP	6.000

Zu 6.

zweifelhafte Forderungen	an	Forderungen aus Lieferungen und Leistungen	60.000

Abschreibungen auf Forderungen	an	zweifelhafte Forderungen	15.000

Zu 7.

Bank	18.000			
USt	7.000			
sonstiger betrieblicher Aufwand	20.000	an	zweifelhafte Forderungen	45.000

Zu 8.

geleistete Anzahlungen	6.000			
VSt	1.200	an	Kasse	7.200

Zu 9.

außerplanmäßige Abschreibungen auf Fuhrpark	an	Fuhrpark	8.000

Zu 10.

Mietaufwand	an	Bank	12.000

aktive RAP	an	Mietaufwand	8.000

Alternative Lösung:

Mietaufwand	4.000			
aktive RAP	8.000	an	Bank	12.000

Zu 11.

sonstiger betrieblicher Aufwand/Prozessaufwand	an	Rückstellungen für ungewisse Verbindlichkeiten	42.000

Zu 12.

Keine Buchung. Die „unterlassene Instandhaltung" erfolgt nicht in den ersten 3 Monaten des folgenden Geschäftsjahres.

Zu 13.

Verbindlichkeiten gegenüber Kreditinstituten	1.500	an	Bank	1.000
			Kasse	500

333

Lösung Aufgabe 3

Teilaufgabe 1

S	aktive RAP	H

S	Bank	H
	(4)	960

S	Forderungen aus Lieferungen und Leistungen	H
(2.1) 360	(2.2)	360

S	Kasse	H
(2.1) 600		
(2.2) 240		

S	passive RAP	H

S	USt	H
(2.2) 20	(2.1)	160

S	sonstige Verbindlichkeiten	H

S	VSt	H
(1) 40	(3)	140
(4) 160		

S	Wareneinkaufskonto	H
(1) 200		

S	Warenverkaufskonto	H
(2.2) 100	(2.1)	800

S	erhaltene Boni		H	S	sonstige Forderungen		H
		(3)	700	(3)	840		

S	geleistete Anzahlungen		H		Verbindlichkeiten aus Lieferungen		
				S	und Leistungen		H
(4)	800					(1)	240

Buchungssätze:

Zu 1.

	Wareneinkaufskonto	200			
	VSt	40	an	Verbindlichkeiten aus Lieferungen und Leistungen	240

Zu 2.1

	Forderungen aus Lieferungen und Leistungen	360			
	Kasse	600	an	Warenverkaufskonto	800
				USt	160

Zu 2.2

	Warenverkaufskonto	100			
	USt	20			
	Kasse	240	an	Forderungen aus Lieferungen und Leistungen	360

Zu 3.

sonstige Forderungen	840	an	erhaltene Boni	700
			VSt	140

Zu 4.

geleistete Anzahlungen	800			
VSt	160	an	Bank	960

Teilaufgabe 2

S	Bank		H
AB	6.000	USt	1.350

S	Gewinn- und Verlustkonto (GVK)		H
		WVK	6.000

S	USt		H
Σ	450	Σ	2.700
VSt	900		
Bank	1.350		

S	VSt		H
Σ	1.260	Σ	360
		USt	900

S	Wareneinkaufskonto (WEK)		H
Σ	7.200	WVK	4.500
		EB	2.700

S	Warenverkaufskonto (WVK)		H
WEK	4.500	Σ	10.500
GuV	6.000		

2.2 Lösung Klausur 2

Lösung Aufgabe 1

Zu 1.

- Überblickbarkeit
- Einblickbarkeit

Zu 2.

- Stichtagsinventur
- Zeitnahe Inventur
- Vor- oder nachverlegte Stichtagsinventur
- Permanente Inventur

Zu 3.

- Rabatte: Preisnachlässe, die i.d.R. sofort gewährt werden
- Boni: Nachträglich gewährte Preisnachlässe bei Erreichung vorgegebener Absatzmengen
- Skonti: Nachträglich gewährte Preisnachlässe für die Zahlung innerhalb einer bestimmten Frist

Zu 4.

- Der Verlust ist „unter den Gesellschaftern nach Köpfen" zu verteilen (§ 121 Abs. 3 HGB)

Zu 5.

- Vollwertige Forderungen
- Zweifelhafte Forderungen
- Uneinbringliche Forderungen

Lösung Aufgabe 2

Teilaufgabe 1

Zu 1.

Einzahlung: Zugang an liquiden Mitteln (Erhöhung des Zahlungsmittelbestandes; Bargeld)

Zu 2.

Einzahlung: Zugang an liquiden Mitteln (Erhöhung des Zahlungsmittelbestandes; Bargeld + Sichtguthaben)

Einnahme: Erhöhung des Geldvermögens (Zahlungsmittelbestand + Forderungen – Verbindlichkeiten)

Ertrag: Erhöhung des Reinvermögens (Geldvermögen + Sachvermögen)

Zu 3.

Aufwand: Verringerung des Reinvermögens (Geldvermögen + Sachvermögen)

Zu 4.

Auszahlung: Verringerung des Zahlungsmittelbestandes (Bargeld + Sichtguthaben)

Teilaufgabe 2

Zu 1.

Aktiv-Tausch: Zunahme eines Aktivpostens (Bank) und gleichzeitig Abnahme eines anderen Aktivpostens (Forderungen aus Lieferungen und Leistungen).

Zu 2.

Aktiv-Passiv-Mehrung: Sowohl ein Aktivposten (Sachanlagevermögen) als auch ein Passivposten (Verbindlichkeiten) erhöhen sich.

Zu 3.

Passiv-Tausch: Zunahme eines Passivpostens (langfristige Verbindlichkeiten oder Verbindlichkeiten gegenüber Kreditinstituten) und gleichzeitige Abnahme eines anderen Passivpostens (Verbindlichkeiten aus Lieferungen und Leistungen).

Zu 4.

Aktiv-Tausch: Zunahme eines Aktivpostens (Kasse) und gleichzeitig Abnahme eines anderen Aktivpostens (Bank).

Lösung Aufgabe 3

Zu 1.

Bank		an	Verbindlichkeiten gegenüber Kreditinstituten	300.000

Zu 2.

Maschinen	9.500			
VSt	1.900	an	Verbindlichkeiten aus Lieferungen und Leistungen	11.400

Zu 3.

Bank	30.000	an	Grundstücke	10.000
			sonstiger betrieblicher Ertrag	20.000

Zu 4.

geleistete Anzahlungen	5.000			
VSt	1.000	an	Kasse	6.000

Zu 5.

Wareneinkaufskonto	10.000			
VSt	1.950	an	Bank	5.700
			erhaltene Skonti	250
			Verbindlichkeiten aus Lieferungen und Leistungen	6.000

Zu 6.

Warenverkaufskonto	20.000			
USt	4.000	an	Bank	24.000

Zu 7.

Kasse	114			
gewährte Skonti	5			
USt	1	an	Forderungen aus Lieferungen und Leistungen	120

Zu 8.

BGA	240			
VSt	48	an	Kasse	288

Zusätzlich am Ende des Geschäftsjahres:

Abschreibungen auf GWG (BGA)	an	BGA	80

oder Sofortabschreibung (Wahlrecht: Beide Alternativen sind darzustellen!)

Abschreibungen auf GWG (BGA)	an	BGA	240

Zu 9.

Keine Buchung (Rückstellung für im Geschäftsjahr unterlassene Instandhaltung ist nur zulässig, sofern sie innerhalb von 3 Monaten des neuen Geschäftsjahres nachgeholt wird. Hier: erst im April.)

Zu 10.

außerplanmäßige Abschreibungen auf Fuhrpark	an	Fuhrpark	10.000

Zu 11.

zweifelhafte Forderungen	an	Forderungen aus Lieferungen und Leistungen	7.200
Abschreibungen auf Forderungen	an	zweifelhafte Forderungen	900

Zu 12.

Bank	3.000			
USt	1.500			
sonstiger betrieblicher Aufwand	2.500	an	zweifelhafte Forderungen	7.000

Zu 13.

Per 31.12.X1:

Schadenersatzaufwand	an	Rückstellungen für ungewisse Verbindlichkeiten	50.000

Per 03.01.X2:

Rückstellungen für ungewisse Verbindlichkeiten	50.000			
sonstiger betrieblicher Aufwand	20.000	an	Bank	70.000

Zu 14.

Altes Geschäftsjahr X1:

Mietaufwand	an	Bank	10.500
aktive RAP	an	Mietaufwand	6.000

Alternativ auch direkte Abgrenzung möglich:

Mietaufwand	4.500			
aktive RAP	6.000	an	Bank	10.500

Neues Geschäftsjahr X2:

Mietaufwand	an	aktive RAP	6.000

2.3 Lösung Klausur 3

Lösung Aufgabe Teil 1

Zu 1.

- Vollwertige Forderungen:

  Keine Einschränkungen und Zweifel hinsichtlich Einbringlichkeit → keine Zahlungsausfälle zu erwarten

- Zweifelhafte Forderungen:

  Anhaltspunkte (erfolglose Mahnungen, Insolvenzantrag, …) für lediglich eine Teilrealisierung liegen vor. → Zahlungseingang ist als gefährdet einzustufen.

- Uneinbringliche Forderungen:

  Können aller Wahrscheinlichkeit nach nicht mehr eingetrieben werden

Zu 2.

Allgemeine Anforderungen:

- Überblickbarkeit:

  Buchführung muss einen Überblick über die Geschäftsvorfälle und die Lage des Unternehmens vermitteln.

- Einblickbarkeit:

  Ein sachverständiger Dritter muss sich in angemessener Zeit in den Büchern zurechtfinden können.

Spezielle Anforderungen:

- Lebende Sprache, Symbole:

  - o   Aufzeichnung in einer lebenden Sprache

  - o   Abkürzungen, Ziffern, Buchstaben und Symbole dürfen verwendet werden, sofern deren Bedeutung eindeutig festliegt

- Vollständigkeit, Richtigkeit, Zeitgerechtigkeit, Ordnung

  - o   lückenlose Erfassung aller buchungspflichtigen Geschäftsvorfälle

  - o   unveränderte Übernahme der Beleginformationen, Abbildung in Übereinstimmung mit den tatsächlichen Verhältnissen

  - o   korrekte Periodenzuordnung, zeitnahe Erfassung im Grundbuch

  - o   sachgerechtes Kontensystem

- Unveränderlichkeit

  - o   Eintragungen in dauerhafter Form

  - o   bei Veränderungen muss der ursprüngliche Inhalt feststellbar und der Zeitpunkt der Änderung ersichtlich sein

- Zulässigkeit alternativer Buchführungsformen

  - o   Offene-Posten-Buchführung

  - o   Speicherbuchführung

Zu 3.

Inventar	Bilanz
Staffelform	Kontoform
Mengen- und Wertangaben	nur Wertangaben
Vermögensgegenstände und Schulden einzeln aufgelistet	Gleichartige Positionen zu Gruppen zusammengefasst

Zu 4.

- Transitorische RAP

  o Zahlungswirksamkeit vor Erfolgswirksamkeit

  o Ausgabe jetzt, Aufwand später → aktiver RAP

  o Einnahme jetzt, Ertrag später → passiver RAP

- Antizipative RAP

  o Zahlungswirksamkeit nach Erfolgswirksamkeit

  o Aufwand jetzt, Ausgabe später → sonst. Verbindlichkeit

  o Ertrag jetzt, Einnahme später → sonst. Forderung (bei Kapitalgesellschaften: sonstige Vermögensgegenstände)

Zu 5.

- Aktivtausch:

  o Durch einen Geschäftsvorfall ändern sich ausschließlich Bilanzposten der Aktivseite.

  o Ein (oder mehrere) Aktivposten nimmt (nehmen) zu, gleichzeitig nimmt ein anderer (oder nehmen mehrere andere) Aktivposten ab.

- Passivtausch:

  o Durch einen Geschäftsvorfall ändern sich ausschließlich Bilanzposten der Passivseite.

  o Ein (oder mehrere) Passivposten nimmt (nehmen) zu, gleichzeitig nimmt ein anderer (oder nehmen mehrere andere) Passivposten ab.

- Aktiv-Passiv-Mehrung

  o Durch den Geschäftsvorfall erhöhen sich sowohl Aktiv- als auch Passivposten. → Bilanzverlängerung

- Aktiv-Passiv-Minderung

  o Durch den Geschäftsvorfall verringern sich sowohl Aktiv- als auch Passivposten. → Bilanzverkürzung

Zu 6.

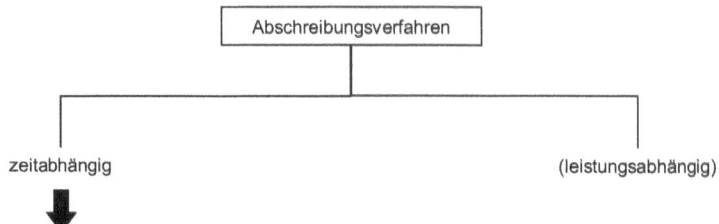

Zu 7.

Personalaufwand = Lohn- und Gehaltsaufwand + Sozialaufwand

▨ Lohn- und Gehaltsaufwand:

    o   Geldbezüge (z. B. Löhne, Gehälter, Provisionen, Gratifikationen, Tantiemen)

    o   Sachbezüge bzw. geldwerte Vorteile (z. B. freie oder verbilligte Wohnung, private Nutzung des Firmen-PKW)

▨ Sozialaufwand:

    o   AG-Anteil zur Sozialversicherung

    o   tarifvertragliche und freiwillige Sozialleistungen

Zu 8.

▨ Körperliche Bestandsaufnahme

    o   Bestandsaufnahme durch zählen, messen, wiegen, schätzen

    o   Vollständige körperliche Bestandsaufnahme:

       Sämtliche aufnahmepflichtigen Positionen werden vollständig nach Art, Menge und Wert erfasst.

    o   Stichprobeninventur:

       Erfassung eines Teils der aufnahmepflichtigen Positionen & Hochrechnung anhand der Wertverhältnisse der Stichprobe auf die Grundgesamtheit

■ Buchmäßige Bestandsaufnahme

Im Rahmen der Bestandsaufnahme werden die Buchwerte übernommen.

- o bei Vermögensgegenständen, die nicht physisch, sondern nur nominell erfassbar sind

- o bei Vermögensgegenständen, die physisch erfassbar sind, bei denen aber eine körperliche BA unmöglich/ unzumutbar ist

- o bei beweglichen Vermögensgegenständen des Anlagevermögens, sofern für jeden Vermögensgegenstand eine gesonderte Anlagenkarte ordnungsmäßig geführt wird und sich aus dem Betriebsgeschehen eine automatische Bestandskontrolle ergibt.

■ Bestandsaufnahme anhand von Dokumenten

- o z. B. bei Unterwegs-Ware, d. h. bei Vermögensgegenständen, die sich am Aufnahmetag auf dem Weg vom Verkäufer zum Käufer befinden, oder bei Waren, die bei Dritten eingelagert sind. Die Bestandsaufnahme erfolgt dann anhand von Rechnungen, Verträgen, Frachtbriefen, Lagerscheinen oder anderen Dokumenten.

Teil 2

Lösung Aufgabe 1

S	Wareneinkaufskonto		H
AB	5.000	(3.1)	200
(2)	5.000	erhaltene Skonti	100
		WE	1.350
		EB	8.350

S	Forderungen aus Lieferungen und Leistungen		H
(1.1)	3.000	(1.2)	1.800
		(3.2)	360

S	VSt		H
(2)	1.000	(3.1)	40
		(3.3)	20

S	Bank		H
(1.2)	1.620	(3.3)	2.280

S	Kasse	H
	(2)	3.000

	Verbindlichkeiten aus Lieferungen		
S	und Leistungen		H
(3.1)	240	(2)	3.000
(3.2)	360		
(3.3)	2.400		

S	USt	H
(1.)	30	(1.1)	500

S	Warenverkaufskonto	H
gewährte Skonti	150	(1.1)	2.500
GVK	2.350		

S	erhaltene Skonti	H
WEK	100	(3.3)	100

S	gewährte Skonti	H
(1.2)	150	WVK	150

S	Gewinn- und Verlustkonto	H
WEK	1.350	WVK	2.350
Gewinn	1.000		

Lösung Aufgabe 2

Zu 1.

Rückstellungen für ungewisse Verbind-lichkeiten	20.000			
		an	Bank	13.000
			sonstige Verbindlich-keiten	3.000
			sonstiger betrieblicher Ertrag	4.000

Zu 2.

Der *Globus AG* wurde Miete überwiesen. Der Mietertrag enthält zum Teil Mietein-nahmen, die im Voraus bezahlt wurden und das nächste Geschäftsjahr betreffen.

Zu 3.

a)

Bank	588.000			
Zinsaufwand	12.000	an	Verbindlichkeiten gegenüber Kreditinstituten	600.000

b)

Bank	588.000			
aktive RAP/ Disagio	12.000	an	Verbindlichkeiten gegenüber Kreditinstituten	600.000

Zu 4.

Abschreibungen auf Anlagen	an	Wertberichtigungen auf Anlagen	1.500
Wertberichtigungen auf Anlagen	an	Maschinen	1.500

Zu 5.

geleistete Anzahlungen	5.000			
VSt	1.000	an	Bank	6.000
BGA	12.000			
VSt	1.400	an	geleistete Anzahlungen	5.000
			Verbindlichkeiten aus Lieferungen und Leistungen	8.400

| | | | an | Bank | 8.400 |
| Verbindlichkeiten aus Lieferungen und Leistungen | | | | | |

Zu 6.

Die *Globus AG* verkauft eine Maschine mit Buchwert von 10.000 € für 11.000 € netto.

Zu 7.

Maschinen	41.000			
VSt	8.200	an	Verbindlichkeiten aus Lieferungen und Leistungen	49.200

Lohnaufwand		an	Bank/ Kasse	500

Maschinen		an	Lohnaufwand	500

Zu 8.

Gebäude		an	Einlagen	20.000

Privat		an	Bank	200

Zu 9.

Kasse		an	Forderungen aus Lieferungen und Leistungen	180

Lösung Aufgabe 3

a)

Forderungen aus Lie- ferungen und Leistun- gen	48.000			
sonstiger betrieblicher Aufwand	2.000	an	Fuhrpark	42.000
			USt	8.000

b)

1. Möglichkeit:

zweifelhafte Forderungen	an	Forderungen aus Lie- ferungen und Leistun- gen	48.000
Abschreibungen auf Forderun- gen	an	zweifelhafte Forde- rungen	4.000

2. Möglichkeit:

zweifelhafte Forderungen		an	Forderungen aus Lie- ferungen und Leistun- gen	48.000
Abschreibungen auf Forderun- gen		an	Wertberichtigungen auf Forderungen	4.000
Wertberichtigungen auf Forde- rungen		an	zweifelhafte Forde- rungen	4.000
Bank	36.000			
sonstiger betrieblicher Aufwand	6.000			
USt	2.000	an	zweifelhafte Forde- rungen	44.000

Lösung Aufgabe Teil 3

Konten	Saldenbilanz I S	Saldenbilanz I H	Umbuchungen S	Umbuchungen H	Saldenbilanz II S	Saldenbilanz II H	Schlussbilanz A	Schlussbilanz P	GVR Auf-	GVR Ertrag
Gebäude	150.000			(1) 1.000	149.000		149.000			
Maschinen	100.000			(3) 5.000	95.000		95.000			
BGA	30.000			(2) 4.000	26.000		26.000			
Wareneinkaufskonto	40.000				40.000		20.000		(5) 20.000	
Warenverkaufskonto		60.000				60.000				60.000
Forderungen aus Lieferungen und Leistungen	8.000				8.000		8.000			
Bank	15.000				15.000		15.000			
Kasse	5.000				5.000		5.000			
Eigenkapital		80.000	(4) 2.000			78.000		78.000		
Verbindlichkeiten aus Lieferungen und Leistungen		220.000	(6) 3.000			217.000		217.000		
Privatentnahmen	2.000			(4) 2.000						
Pachtaufwand	9.000			(6) 6.000	3.000				3.000	
Zinsaufwand	1.000				1.000				1.000	
Abschreibungen			(1), (2), (3) 10.000		10.000				10.000	
aktive RAP			(6) 3.000		3.000		3.000			
Σ	360.000	360.000	18.000	18.000	355.000	355.000	321.000	295.000	34.000	60.000
Gewinn								26.000	26.000	
							321.000	321.000	60.000	60.000

2.4 Lösung Klausur 4

Lösung Aufgabe Teil 1

Zu 1.

- Dokumentations- und Kontrollfunktion

- Reinvermögens- und Gewinnermittlungsfunktion

- Rechenschafts- und Informationsfunktion

- Dispositionsfunktion

Zu 2.

- Doppelbuchung, d. h. jede Buchung berührt mindestens zwei Konten

- Geschäftsvorfälle werden in zeitlicher und in sachlicher Ordnung erfasst.

- Doppelte Erfolgsermittlung (Vergleich des Eigenkapitals am Ende und am Anfang der Periode; Vergleich von Erträgen und Aufwendungen)

Zu 3.

- Direkt: Gegenbuchung im Haben des betreffenden Bestandskontos

- Indirekt: Gegenbuchung im Haben eines Wertberichtigungskontos (= passives Bestandskonto)

Zu 4.

- Einnahme: Erhöhung des Geldvermögens (Zahlungsmittelbestand + Forderungen – Verbindlichkeiten)

- Ertrag: Erhöhung des Reinvermögens (Geldvermögen + Sachvermögen), erfolgswirksame, periodisierte Einnahme

Zu 5.

- 10 Jahre

- Die Frist beginnt mit dem Ende des Kalenderjahres.

Zu 6.

- Aktivseite: nach zunehmender Liquidität
- Passivseite: nach abnehmender Fristigkeit (zunehmender Dringlichkeit)

Zu 7.

- Sollsaldo: Saldo auf der Habenseite
- Habensaldo: Saldo auf der Sollseite

Zu 8.

- Nettoabschlussverfahren: Gegenbuchung des Wareneinsatzes im Soll des Warenverkaufskontos
- Bruttoabschlussverfahren: Gegenbuchung des Wareneinsatzes im Soll des Gewinn- und Verlustkontos

Zu 9.

- transitorisch: Zahlungswirksamkeit jetzt, Erfolgswirksamkeit später
- antizipativ: Erfolgswirksamkeit jetzt, Zahlungswirksamkeit später

Zu 10.

Verkauf einer Maschine mit dem Buchwert von 9.000 € zu einem Preis von 10.000 € (netto). Die Zahlung erfolgt sofort per Banküberweisung.

Teil 2

Lösung Aufgabe 1

Zu 1.

Abschreibungen auf Forderungen	an	Pauschalwertberichtigung auf Forderungen	30.000

Zu 2.

Forderungen aus Lie-ferungen und Leistun-gen	6.000	an	Warenverkaufskonto	5.000
			USt	1.000

Zu 3.

Bank		an	Forderungen aus Lie-ferungen und Leistun-gen	3.600

oder

Kasse		an	Forderungen aus Lie-ferungen und Leistun-gen	3.600

Zu 4.

zweifelhafte Forderungen		an	Forderungen aus Lie-ferungen und Leistun-gen	72.000
Abschreibungen auf Forderun-gen		an	zweifelhafte Forde-rungen	48.000

Zu 5.

USt	11.700			
sonstiger betrieblicher Aufwand	10.500			
Bank	1.800	an	zweifelhafte Forde-rungen	24.000

Zu 6.

Forderungen aus Lie- ferungen und Leistun- gen	120.000	an	Fuhrpark	100.000
			USt	20.000

Zu 7.

zweifelhafte Forderungen		an	Forderungen aus Lie- ferungen und Leistun- gen	6.000
Abschreibungen auf Forderun- gen		an	zweifelhafte Forde- rungen	2.000

Zu 8.

Abschreibungen auf Forderungen	100.000			
USt	20.000	an	Forderungen aus Lie- ferungen und Leistun- gen	120.000

Zu 9.

Forderungen aus Lie- ferungen und Leistun- gen	192.000	an	Warenverkaufskonto	160.000
			USt	32.000
zweifelhafte Forderungen		an	Forderungen aus Lie- ferungen und Leistun- gen	192.000
Abschreibungen auf Forderun- gen		an	zweifelhafte Forde- rungen	96.000

Zu 10.

Bank	6.000	an	zweifelhafte Forderungen	4.000
			sonstiger betrieblicher Ertrag	2.000

Zu 11.

Bank	76.800			
USt	19.200	an	zweifelhafte Forderungen	96.000

Zu 12.

Bank	120.000	an	sonstiger betrieblicher Ertrag	100.000
			USt.	20.000

Zu 13.

Neuer Nettobestand 437.000 € → 6% = 26.220 € – 30.000 = 3.780

Pauschalwertberichtigung auf Forderungen	an	sonstiger betrieblicher Ertrag	3.780

Lösung Aufgabe 2

Zu 1.

Privat	an	Kasse	600

Zu 2.

Forderungen aus Lieferungen und Leistungen	5.400			
		an	Warenverkaufskonto	4.500
			USt	900

Bank	5.130			
gewährte Skonti	225			
USt	45	an	Forderungen aus Lieferungen und Leistungen	5.400

Zu 3.

Wareneinkaufskonto	25.500			
VSt	5.015	an	Verbindlichkeiten aus Lieferungen und Leistungen	20.400
			Kasse	9.690
			erhaltene Skonti	425

Verbindlichkeiten aus Lieferungen und Leistungen	10.200			
		an	Bank	9.690
			erhaltene Skonti	425
			VSt	85

Verbindlichkeiten aus Lieferungen und Leistungen	10.200	an	Bank	10.200

Zu 4.

Maschinen	120.000			
VSt	24.000	an	Verbindlichkeiten aus Lieferungen und Leistungen	144.000

Bank		an	Verbindlichkeiten gegenüber Kreditinstituten	100.000

Verbindlichkeiten aus Lieferungen und Leistungen		an	Bank	100.000

Verbindlichkeiten aus Lieferungen und Leistungen		an	Kasse	44.000

1. Möglichkeit

Abschreibungen auf Anlagen		an	Maschinen	20.000

2. Möglichkeit

Abschreibungen auf Anlagen		an	Wertberichtigungen auf Anlagen	20.000

Zu 5.

Gewährleistungsaufwand		an	Rückstellungen für ungewisse Verbindlichkeiten	300.000

Zu 6.

Bank	4.500	an	erhaltene Anzahlungen	3.750
			USt	750

erhaltene Anzahlungen	3.750			
Forderungen aus Lieferungen und Leistungen	9.900			
		an	BGA	12.000
			USt	1.650

Bank		an	Forderungen aus Lieferungen und Leistungen	9.900

Zu 7.

Verbindlichkeiten gegenüber Kreditinstituten	35.000	an	Bank	30.000
			Kasse	5.000

Zu 8.

Rückstellungen für unterlassene Instandhaltungen	40.000			
sonstiger betrieblicher Aufwand	15.000			
VSt	11.000	an	Kasse	66.000

Zu 9.

Bank	10.800			
sonstiger betrieblicher Aufwand	1.000	an	Maschinen	10.000
			USt	1.800

Zu 10.

Kasse		an	Forderungen aus Lieferungen und Leistungen	600

Zu 11.

Bank		an	Verbindlichkeiten gegenüber Kreditinstituten	240.000

Zinsaufwand		an	sonstige Verbindlichkeiten	8.000

Zu 12.

Kein Buchungssatz! Erst bei erster Leistung der Geschäftspartner.

Zu 13.

Kasse		an	Bank	30.000

Fuhrpark/ Maschinen	25.000			
VSt	5.000	an	Kasse	30.000

Zu 14.

Forderungen aus Lieferungen und Leistungen	17.400			
		an	Wareneinkaufskonto	14.500
			VSt	2.900

Bank	17.400	an	Forderungen aus Lieferungen und Leistungen	17.400

Zu 15.

Bank		an	Forderungen aus Lieferungen und Leistungen	2.000

Zu 16.

Forderungen aus Lieferungen und Leistungen	12.000	an	Warenverkaufskonto	10.000
			USt	2.000

Lösung Aufgabe 3

S	Maschinen		H
AB	200.000		20.000
			8.000
		WBK	15.000
		SBK	157.000

S	BGA		H
AB	80.000	WBK	5.000
	10.000	SBK	85.000

S	Wareneinkaufskonto		H
AB	20.000	erhaltene Skonti	50
	4.000	WE	10.000
		EB	13.950

S	Forderungen aus Lieferungen und Leistungen		H
AB	58.000		6.960
	9.280	SBK	83.520
	23.200		

S	VSt		H
	640		8
	1.600	USt	2.232

S	Bank		H
AB	30.000		1.102
	6.612		10.000
	3.480		990
		SBK	28.000

S	Kasse		H
AB	12.000		11.600
	34.800	SBK	35.200

S	Eigenkapital		H
Privat	990	AB	80.000
SBK	81.710	GVK	2.700

Verbindlichkeiten aus Lieferungen			
S	und Leistungen		H
	1.160	AB	4.640
SBK	3.480		

Verbindlichkeiten gegenüber			
S	Kreditinstituten		H
	10.000	AB	320.000
SBK	310.000		

S	USt		H
	48		1.280
VSt	2.232		4.800
SBK	7.480		480
			3.200

S	Warenverkaufskonto		H
gewährte Skonti	300		8.000
GVK	27.700		20.000

S	Wertberichtigungen auf Anlagen		H
Maschinen	15.000		15.000

S	Wertberichtigungen auf BGA		H
BGA	5.000		5.000

S	sonstiger betrieblicher Ertrag		H
GVK	10.000		10.000

S	erhaltene Skonti		H
WEK	50		50

S	sonstiger betrieblicher Aufwand		H
	5.000	GVK	5.000

S	gewährte Skonti		H
	300	WVK	300

S	Abschreibungen auf Anlagen		H
	5.000	GVK	20.000
	15.000		

S	Privatentnahmen		H
	990	EK	990

S   Gewinn- und Verlustkonto   H

Abschr. auf Maschinen	20.000	sonst. b. Ertrag	10.000
sonst. b. Aufwand	5.000	WVK	27.700
WEK	10.000		
EK	2.700		

S   Schlussbilanzkonto   H

Maschinen	157.000	Eigenkapital	81.710
BGA	85.000	Verbindlichkeiten gegenüber Kreditinstituten	310.000
Waren	13.950	Verbindlichkeiten aus Lieferungen und Leistungen	3.480
Forderungen aus Lieferungen und Leistungen	83.520	sonstige Verbindlichkeiten (gegenüber Finanzamt)	7.480
Bank	28.000		
Kasse	35.200		
	402.670		402.670

Lösung Teil 3

Gesell-schaf-ter	Wert-stel-lung	S/H	Betrag	Tage	Zinsen		Zinssaldo	
					Soll	Haben	Soll	Haben
Virst	01.01.	H	80.000	360		4.000		
	01.03.	S	6.000	300	250			
	01.11.	S	6.000	60	50			3.700
Fux	01.01.	H	70.000	360		3.500		3.500
Kasper	01.01	H	50.000	360		2.500		
	01.04.	H	8.000	270		300		
	01.09.	H	12.000	120		200		3.000

Gesell-schaf-ter	Anfangs-kapital	Kapital-verzin-sung	Anteil am restlichen Gewinn	Gesamter Gewinn-anteil	Entnah-men	Einlagen	End-kapital
Virst	80.000	3.700	4.600	8.300	12.000	0	76.300
Fux	70.000	3.500	4.600	8.100	0	0	78.100
Kasp	50.000	3.000	4.600	7.600	0	20.000	77.600
$\sum$	200.000	10.200	13.800	24.000	12.000	20.000	232.000

2.5 Lösung Klausur 5

Zu 1.

■ Einzahlung: Zugang an liquiden Mitteln; Erhöhung des Zahlungsmittelbestandes (Bargeld + Sichtguthaben)

■ Einnahme: Erhöhung des Geldvermögens (Zahlungsmittelbestand + Forderungen – Verbindlichkeiten)

■ Ertrag: Erhöhung des Reinvermögens des Unternehmens (Geldvermögen + Sachvermögen); erfolgswirksame, periodisierte Einnahme

Beispiele:

■ Kunde begleicht seine Verbindlichkeiten per Banküberweisung

■ Verkauf von Waren auf Ziel

Zu 2.

■ Transitorische RAP:

Hier liegt die Zahlungswirksamkeit vor der Erfolgswirksamkeit.

■ Antizipative RAP:

Hier liegt die Zahlungswirksamkeit nach der Erfolgswirksamkeit.

Zu 3.

- Konventionelle Buchführungsformen:

  o Gebundene Bücher (Übertragungsbuchführung)

  o Lose-Blatt-Buchführung (Durchschreibebuchführung)

  o Offene-Posten-Buchführung

- EDV-Buchführung

Zu 4.

Personalaufwand = Lohn- und Gehaltsaufwand + Sozialaufwand

- Lohn- und Gehaltsaufwand:

  o Geldbezüge (z. B. Löhne, Gehälter, Provisionen, Gratifikationen, Tantiemen)

  o Sachbezüge bzw. geldwerte Vorteile (z. B. freie oder verbilligte Wohnung, private Nutzung des Firmen-PKW)

- Sozialaufwand:

  o AG-Anteil zur Sozialversicherung

  o tarifvertragliche und freiwillige Sozialleistungen

Zu 5.

- Überblickbarkeit:

  Die Buchführung muss einen Überblick über die Geschäftsvorfälle und die Lage des Unternehmens vermitteln.

- Einblickbarkeit:

  Ein sachverständiger Dritter (z. B. ein Abschlussprüfer oder ein steuerlicher Betriebsprüfer) muss sich in angemessener Zeit in den Büchern zurechtfinden können.

Zu 6.

▨ Direkte Abschreibungen:

Der Abschreibungsbetrag wird auf einem Abschreibungskonto erfasst. Die Gegenbuchung erfolgt unmittelbar auf dem Konto, dessen wertmäßiger Bestand abzuschreiben ist.

▨ Indirekte Abschreibungen:

Die Gegenbuchung erfolgt nicht auf dem Konto des abzuschreibenden Vermögensgegenstandes, sondern auf einem Wertberichtigungskonto (Passivkonto).

Zu 7.

▨ Körperliche Bestandsaufnahme

  o Bestandsaufnahme durch zählen, messen, wiegen, schätzen

  o Vollständige körperliche Bestandsaufnahme:

    Sämtliche aufnahmepflichtigen Positionen werden vollständig nach Art, Menge und Wert erfasst.

  o Stichprobeninventur:

    Erfassung eines Teils der aufnahmepflichtigen Positionen & Hochrechnung anhand der Wertverhältnisse der Stichprobe auf die Grundgesamtheit

▨ Buchmäßige Bestandsaufnahme:

Im Rahmen der Bestandsaufnahme werden die Buchwerte übernommen.

  o bei Vermögensgegenständen, die nicht physisch, sondern nur nominell erfassbar sind

  o bei Vermögensgegenständen, die physisch erfassbar sind, bei denen aber eine körperliche BA unmöglich/ unzumutbar ist

  o bei beweglichen Vermögensgegenständen des Anlagevermögens, sofern für jeden Vermögensgegenstand eine gesonderte Anlagenkarte ordnungsmäßig geführt wird und sich aus dem Betriebsgeschehen eine automatische Bestandskontrolle ergibt.

▨ Bestandsaufnahme anhand von Dokumenten

  o z. B. bei Unterwegs-Ware, d. h. bei Vermögensgegenständen, die sich am Aufnahmetag auf dem Weg vom Verkäufer zum Käufer befinden, oder bei Waren, die bei Dritten eingelagert sind. Die Bestandsaufnahme erfolgt dann anhand von Rechnungen, Verträgen, Frachtbriefen, Lagerscheinen oder anderen Dokumenten.

Zu 8.

Inventar	Bilanz
Staffelform	Kontoform
Mengen- und Wertangaben	nur Wertangaben
Vermögensgegenstände und Schulden einzeln aufgelistet	Gleichartige Positionen zu Gruppen zusammengefasst

Zu 9.

- Aktivtausch:

  Bsp.: Bareinkauf von Waren, Abhebung vom Girokonto, Kauf eines Grundstückes per Banküberweisung

- Passivtausch

  Bsp.: Ablösung von kurzfristigen durch langfristige Schulden, ein Gläubiger wird als Gesellschafter aufgenommen, so dass aus Fremdkapital jetzt Eigenkapital wird

- Aktiv-Passiv-Mehrung

  Bsp.: Kauf von Waren auf Ziel, Aufnahme eines Bankdarlehens

- Aktiv-Passiv-Minderung

  Bsp.: Tilgung einer Lieferantenschuld durch Banküberweisung, Barausgleich eines überzogenen Kontokorrentkontos

Teil 2

Lösung Aufgabe 1

S	Wareneinkaufskonto	H	S	Forderungen aus Lieferungen und Leistungen	H
AB	10.000	erhaltene Skonti	150	(1.1)	16.800	(1.2)	12.000

S	Wareneinkaufskonto		H	S	Forderungen aus Lieferungen und Leistungen		H
AB	10.000	erhaltene Skonti	150	(1.1)	16.800	(1.2)	12.000
(2)	3.000	WE	4.350	(3.1)	15.000	(1.3)	4.800
		EB	8.500			(3.2)	8.400
						(3.3)	6.600

S	VSt	H
(2)	570	

S	Bank	H
(1.2)	10.800	(4) 2.040
(3.2)	7.560	
(3.3)	6.600	

S	Kasse	H
(3.1)	13.500	(2) 3.420

S	Verbindlichkeiten aus Lieferungen und Leistungen	H
(1.3)	4.800	

S	USt	H
(1.2)	200	(1.1) 2.800
(3.2)	140	(3.1) 4.750
(4)	340	

S	Warenverkaufskonto	H
(4)	1.700	(1.1) 14.000
gewährte Skonti	2.950	(3.1) 25.000
GVK	34.350	

S	erhaltene Skonti	H
WEK	150	(2) 150

S	gewährte Skonti	H
(1.2)	1.000	WVK 2.950
(3.1)	1.250	
(3.2)	700	

S	Gewinn und Verlustkonto	H
WEK	4.350	WVK 34.350
Gewinn	30.000	

Lösung Aufgabe 2

Zu 1.

Wohin&Damit

X1

Telefonaufwand		an	sonstige Verbindlich- keiten	3.600

X2

sonstige Verbindlich- keiten	3.600			
Telefonaufwand	1.200	an	Bank	4.800

Ruf&An

X1

sonstige Forderungen		an	Telefonerträge	3.600

X2

Bank	4.800	an	sonstige Forderungen	3.600
			Telefonerträge	1.200

Zu 2.

X1

sonstige Forderungen		an	Mieterträge	4.000

X2

sonstige Forderungen		an	Mieterträge	2.000

1. Möglichkeit:

| zweifelhafte Forderungen | an | sonstige Forderungen | 6.000 |

| Abschreibungen auf Forderun-gen | an | zweifelhafte Forde-rungen | 3.000 |

2. Möglichkeit:

| zweifelhafte Forderungen | an | sonstige Forderungen | 6.000 |

| Abschreibungen auf Forderun-gen | an | Wertberichtigungen auf Forderungen | 3.000 |

Zu 3.

Wohin&Damit

X1

| Leasingaufwand | an | Bank | 1.800 |

| aktive RAP | an | Leasingaufwand | 900 |

X2

| Leasingaufwand | an | aktive RAP | 900 |

Lease&It GmbH

X1

| Bank | an | Leasingerträge | 1.800 |

| Leasingerträge | an | passive RAP | 900 |

X2

passive RAP		an	Leasingerträge	900

Lösung Aufgabe 3

Zu 1.

Kasse	31.200	an	Fuhrpark/ Maschinen	26.000
			USt	5.200

Bank		an	Kasse	31.200

Zu 2.

Rückstellungen für ungewisse Verbindlichkeiten		an	Bank	1.000

Rückstellungen für ungewisse Verbindlichkeiten		an	sonstiger betrieblicher Ertrag	19.000

Zu 3.

Bank	4.620	an	erhaltene Anzahlungen	3.850
			USt	770

erhaltene Anzahlungen	3.850			
Forderungen aus Lieferungen und Leistungen	12.180			
		an	BGA	14.000
			USt	2.030

| Bank | | an | Forderungen aus Lieferungen und Leistungen | 12.180 |

Zu 4.

| Bank | | an | Verbindlichkeiten gegenüber Kreditinstituten | 50.000 |

| Verbindlichkeiten aus Lieferungen und Leistungen | | an | Bank | 25.000 |

| Kasse | | an | Bank | 25.000 |

Zu 5.

Rückstellungen für unterlasse Instandhaltungen	32.000			
VSt	5.300	an	sonstiger betrieblicher Ertrag	5.500
			Verbindlichkeiten aus Lieferungen und Leistungen	31.800

| Verbindlichkeiten aus Lieferungen und Leistungen | | an | Bank | 31.800 |

Lösung Teil 3

Gesell-schaf-ter	Wert-stel-lung	S/H	Betrag	Tage	Zinsen		Zinssaldo	
					Soll	Haben	Soll	Haben
Max	01.01.	H	90.000	360		3.600		
	01.07.	S	4.000	180	80			
	01.12.	H	6.000	30		20		3.540
Holle	01.01.	H	50.000	360		2.000		
	01.08.	H	5.400	150		90		
	01.10.	S	13.000	90	130			1.960
Moritz	01.01.	H	60.000	360		2.400		2.400

Gesell-schaf-ter	Anfangs-kapital	Kapital-verzin-sung	Anteil am restlichen Gewinn	Gesamter Gewinn-anteil	Entnah-men	Einlagen	End-kapital
Max	90.000	3.540	7.000	10.540	4.000	6.000	102.540
Holle	50.000	1.960	7.000	8.960	13.000	5.400	51.360
Moritz	60.000	2.400	7.000	9.400			69.400
Σ	200.000	7.900	21.000	28.900	17.000	11.400	223.300

2.6   Lösung Klausur 6

Lösung Aufgabe 1

Zu 1.

	Anschaffungspreis
+	Anschaffungsnebenkosten
–	Anschaffungspreisminderungen
+	nachträgliche Anschaffungskosten
=	Anschaffungskosten

Alternativ:

Anschaffungskosten sind die Aufwendungen, die geleistet werden, um einen Vermögensgegenstand zu erwerben und ihn in einen betriebsbereiten Zustand zu versetzen, soweit sie dem Vermögensgegenstand einzeln zugeordnet werden können. Zu den Anschaffungskosten gehören auch die Nebenkosten sowie die nachträglichen Anschaffungskosten. Anschaffungspreisminderungen sind abzusetzen.

Zu 2.

- Aktivtausch: Ein (oder mehrere) Aktivposten nimmt (nehmen) zu, während gleichzeitig ein anderer (oder mehrere andere) Aktivposten abnimmt (abnehmen).

- Passivtausch: Ein (oder mehrere) Passivposten nimmt (nehmen) zu, gleichzeitig nimmt (nehmen) ein anderer (oder mehrere andere) Passivposten ab.

- Aktiv-Passiv-Mehrung: Durch den Geschäftsvorfall erhöhen sich sowohl Aktiv- als auch Passivposten.

- Aktiv-Passiv-Minderung: Durch den Geschäftsvorfall verringern sich sowohl Aktiv- als auch Passivposten.

Zu 3.

- USt-Zahllast = USt-Traglast – abziehbare VSt

Zu 4.

- Nettoabschlussverfahren:

  Die Gegenbuchung zur Registrierung des Wareneinsatzes im Haben des WEK erfolgt nach diesem Ansatz im Soll des WVK.

- Bruttoabschlussverfahren:

  Die Gegenbuchung des Wareneinsatzes im Haben des WEK erfolgt hier im Soll des GVK.

Zu 5.

- Vermögen (Anlage- und Umlaufvermögen)
- Schulden
- Reinvermögen (Reinvermögen = Σ Vermögen - Σ Schulden)

Zu 6.

- Bilanzgleichung: Σ Aktiva = Σ Passiva
- Bilanzidentität: Die Schlussbilanz des alten Geschäftsjahres muss mit der Eröffnungsbilanz des neuen Geschäftsjahres übereinstimmen!

Zu 7.

Inventar	**Bilanz**
Staffelform	Kontoform
Mengen und Wertangaben	Enthält nur Wertangaben
Vermögensgegenstände und Schulden einzeln aufgelistet	Gleichartige Positionen zu Gruppen zusammengefasst

Zu 8.

Verkauf einer Maschine mit Buchwert von 170.000 € zu 160.000 € (netto). Der Käufer bezahlt sofort per Banküberweisung.

Zu 9.

- Vollwertige Forderungen,
- zweifelhafte Forderungen,
- uneinbringliche Forderungen

Lösung Aufgabe 2

S	Gebäude und Grundstücke	H	S	Maschinen	H
AB	2.000.000		AB	600.000	

S	Wareneinkaufskonto	H	S	Forderungen aus Lieferungen und Leistungen	H
AB	100.000	erhaltene Skonti 625	AB	150.000	(1.2) 15.000
(2.1)	50.000	WE 40.100	(1.1)	60.000	
		EB 109.275			

S	VSt	H	S	Bank	H
(2.1)	10.000	(2.2) 125	AB	380.000	(2.2) 14.250
			(1.2)	14.250	

S	Eigenkapital	H	S	Verbindlichkeiten gegenüber Kreditinstituten	H
		AB 2.280.000			AB 800.000

S	Verbindlichkeiten aus Lieferungen und Leistungen	H	S	USt	H
(2.2)	15.000	AB 150.000	(1.2)	125	(1.1) 10.000
		(2.1) 60.000			

S	Warenverkaufskonto	H		S	erhaltene Skonti	H
gewährte Skonti	625	(1.1) 50.000		WEK	625	(2.2) 625
GVK	49.375					

S	gewährte Skonti	H		S	Gewinn- und Verlustkonto	H
(1.2)	625	WVK 625		WE	40.100	WVK 49.375
				Gewinn	9.275	

Lösung Aufgabe 3

Zu 1.

zweifelhafte Forderungen		an	Forderungen aus Lieferungen und Leistungen	60.000
Abschreibungen auf Forderungen		an	zweifelhafte Forderungen	30.000

Zu 2.

Rückstellungen für unterlassene Instandhaltungen	100.000			
sonstiger betrieblicher Aufwand	42.500			
VSt	28.500	an	Bank	171.000

Zu 3.

Bank		an	Zinserträge	3.000

Zu 4.

Forderungen aus Lie- ferungen und Leistun- gen	5.520	an Wareneinkaufskonto	4.600
		VSt	920

Bank		an Forderungen aus Lie- ferungen und Leistun- gen	5.520

Zu 5.

Bank		an sonstige Forderungen	2.100

Zu 6.

Buchung im alten Geschäftsjahr:

Lohnaufwand		an sonstige Verbindlich- keiten	100.000

Buchung am 02. Oktober:

sonstige Verbindlichkeiten		an Bank	100.000

Zu 7.

Bank		an Verbindlichkeiten gegenüber Kreditinsti- tuten	20.000

Verbindlichkeiten aus Lieferun- gen und Leistungen		an Bank	5.000

Kasse		an Bank	15.000

Zu 8.

Kasse		an	Privateinlagen	15.000

Zu 9.

Buchung am 30. September:

sonstige Forderungen		an	Zinserträge	300

Buchung am 01. Oktober:

Bank		an	sonstige Forderungen	300

Zu 10.

geleistete Anzahlungen	2.500			
VSt	500	an	Bank	3.000

BGA	10.000			
VSt	1.500	an	Verbindlichkeiten aus Lieferungen und Leistungen	9.000
			geleistete Anzahlungen	2.500

Verbindlichkeiten aus Lieferungen und Leistungen		an	Bank	9.000

Zu 11.

Abschreibungen auf Forderungen		an	Pauschalwertberichtigung auf Forderungen	500.000

Zu 12.

Forderungen aus Lieferungen und Leistungen	80.400			
		an	Wareneinkaufskonto	67.000
			VSt	13.400

Zu 13.

Bank	40.200	an	Forderungen aus Lieferungen und Leistungen	40.200

Zu 14.

zweifelhafte Forderungen		an	Forderungen aus Lieferungen und Leistungen	40.200
Abschreibungen auf Forderungen		an	zweifelhafte Forderungen	32.160

Wichtig: Es handelt sich hier um eine Geldforderung in Höhe von 40.200 €, daher liegt auch keine Umsatzsteuerpflicht vor. Die VSt wurde bereits bei Rücksendung der Ware korrigiert (siehe Aufgabenteil 12).

Zu 15.

Bank	19.200	an	sonstiger betrieblicher Ertrag	11.160
			zweifelhafte Forderungen	8.040

Zu 16.

Prozessaufwendungen		an	Rückstellungen für ungewisse Verbindlichkeiten	30.000

Zu 17.

Rückstellungen für ungewisse Verbindlichkeiten	30.000			
		an	Bank	25.000
			sonstiger betrieblicher Ertrag	5.000

Zu 18.

Im laufenden Geschäftsjahr:

Bank	12.000	an	Mieterträge	2.000
			passive RAP	10.000

Alternativ:

Bank	12.000	an	Mieterträge	12.000
Mieterträge	10.000	an	passive RAP	10.000

Im neuen Geschäftsjahr:

passive RAP	10.000	an	Mieterträge	10.000

Zu 19.

Bank	582.000			
Zinsaufwand	18.000	an	Verbindlichkeiten gegenüber Kreditinstituten	600.000

oder:

Bank	582.000			
aktive RAP	18.000	an	Verbindlichkeiten gegenüber Kreditinstituten	600.000

Zu 20.

    Abschreibungen auf Anlagen   an   Wertberichtigungen   3.000
                                                                  auf Anlagen

Zu 21.

    Verbindlichkeiten aus   60
    Lieferungen und Leis-
    tungen   an   erhaltene Boni   50
                                                      VSt   10

Lösung Aufgabe 4

Konten	Saldenbilanz I S	Saldenbilanz I H	Umbuchungen S	Umbuchungen H	Saldenbilanz II S	Saldenbilanz II H	Schlussbilanz A	Schlussbilanz P	GVR Aufwand	GVR Ertrag
Gebäude	178.000			(1) 10.000	168.000		168.000			
Maschinen	100.000			(1) 2.000	98.000		98.000			
BGA	20.000				20.000		20.000			
Wareneinkaufskonto	40.000			(2) 20.000	20.000		20.000			
Warenverkaufskonto		60.000	(2) 20.000			40.000				40.000
Forderungen aus Lieferungen und Leistungen	26.000				26.000		26.000			
Bank und Kasse	15.000				15.000		15.000			
Eigenkapital		135.000				135.000		135.000		
Verbindlichkeiten aus Lieferungen und Leistungen		190.000				190.000		190.000		
Abschreibungen			(1) 12.000		12.000				12.000	
Zinserträge		3.000	(4) 2.000			1.000				1.000
Versicherungsaufwand	9.000			(3) 2.700	6.300				6.300	
USt		8.000	8.000							
VSt	8.000			8.000						
aktive RAP			(3) 2.700		2.700		2.700			
passive RAP				(4) 2.000		2.000		2.000		
Σ	396.000	396.000	44.700	44.700	368.000	368.000	349.700	327.000	18.300	41.000
Gewinn								22.700	22.700	
							349.700	349.700	41.000	41.000

Stichwortverzeichnis

The manufacturer's authorised representative in the EU is Springer
Nature Customer Service Centre GmbH, Europaplatz 3, 69115 Heidelberg,
Germany. If you have any concerns regarding our products, please
contact ProductSafety@springernature.com

Printed and bound by CPI Group (UK) Ltd, Croydon, CR0 4YY
28/04/2026
02098515-0013